형충파해합 간법
刑沖破害合 看法

형충파해합 간법

刑沖破害合 看法

이영환 지음

여리

형충파해는 명서마다 골고루 언급하고 있으나 시대마다 보는 법이 약간씩 달라져서 내려왔다. 형충파해에 대한 자료는『삼명통회』가 가장 세밀하고 깊이 있게 다루었으므로 기본 도서가 된다.『삼명통회』의 형충파해 이론은 주로『삼명통회』이전까지 나왔던 명서에 의지하여 설명하고 있기 때문에 전통적이다. 즉,『삼명통회』의 내용은『연해자평』과『명통부』는 물론이고 그 이전 명서들의 간법과도 일치한 부분이 나타나고 있으므로 기본적이고 또한 고전적이라고 할 수 있는 것이다.

　『삼명통회』에서 설명하고 있는 형충파해 기본 이론은 지지가 합이 되거나 극을 받는 세력이 크면 형충파해의 피해는 없고 오히려 복福이 된다고 했다. 아울러 子午는 충이지만 二午 一子는 충이 안 된다는 二午 一子 불충론不沖論이 나왔고 이것은 전통과 다른 해석의 여지가 있어 주목되는 바이다. 또『자평진전』은 二卯一子 불형론不刑論을 내놨다.『자평진전』의 이 이론은『삼명통회』를 모델로 한 것이라 보여 진다. 어찌되든『삼명통회』는 형충을 받는 지지의 세력이나 역량이 크면 형충을 크게 걱정할 필요가 없다는 기본 이론이 문서에 나타나기 시작했다.

형충파해 연구자들이 두 번째로 주목해야 하는 명서는『자평진전』이다.『자평진전』은 여러 면에서 특수하고 명리학자들이 반드시 기본적으로 마스터해야 하는 명서이다. 이 명서가 대부분 전대의 명리 이론들을 충실히 따랐다는 것에서 전통 명서로 볼 수 있고, 특히 재·관·인·식 4길신과 살·상·인·겁 4흉신을 중심으로 순용과 역용으로 월지 용신을 해석하는 방법은 모두『연해자평』의 월령 격국론을 체계화시키고 정밀화시킨 것이다.

『자평진전』「논형충회합해법」에 나오는 '형충으로 형충을 해소하는 법'은 전대에 없는 매우 독특한 방법이다. 다만 이 형충회합해법 용례는 월지 중심 설명에 많은 부분을 할애하고 있으나 「논형충회합해법」 이론을 월지가 아닌 연·일·시지에도 그대로 적용되는 것이므로 「논형충회합해법」은 반드시 알아두어야 할 챕터이다. 이상의 두 명서는 그동안 구전으로 내려오던 방법을 비로소 기록으로 전하기 시작한 태동이라고 할 수 있으므로 앞으로도 명리학계에서 계속 주목받을 것이다.

세 번째로 주목되는 명서는『적천수천미』이다.『삼명통회』와『자평진전』이 기본적이고 고전적인 것에 비하여『적천수천미』는 응용의 비재라고 할 수 있을 정도로 비약적이다. 중요한 문장은 '왕자충쇠쇠자발旺者沖衰衰者拔 쇠신충왕왕신발衰神沖旺旺神發'이지만 유백온과 임철초가 적천수 원문에 주를 달면서 보충적으로 아주 유용한 이론들을 소개하여 형충파해합 보는 방법을 넓게 인식시켰다. 기존의 이론들은 합이 되면 형충이 안 된다고 했던 입장에서 벗어나 합이 되거나 세력이 크다 해도 형충 등은 언제나 작동하는 것으로 인식하게 한 기틀을 마련했다.

이러한 인식은 「옥정오결」에서 '천간은 생극제화를 보고 지지는 형충파해를 본다.'라고 했던 원리에 좀 더 가까이 접근하게 한 것이다. 동정론에서 천간은 동動이고 지지는 정靜이라고 했던 것에서 진일보하여 형충파해가 되는 지지들은 지지 중에서도 동하는 글자들이므로 이들 지지는 작용한다는 지평을 열어준 것이다. 이로써 천간은 언제든지 상생상극하나 지지는 형충파해합이 되는 글자만 동하는 것으로 보고 이것으로 명조를 풀 수 있게 된 것이다.

이상 3개 명서가 형충파해합 기본 명서이다. 그런데 시대마다 약간씩 달랐던 형충파해 이론은 전대와 후대의 이론이 충돌을 빚는 경우가 있으므로 그중 어느 설을 따라야 할지 혼란을 겪을 수밖에 없다. 즉, 『자평진전』과 고대 명서들은 합이 되면 형충파해는 없는 것으로 보나, 『적천수천미』의 이론은 합이 되어도 형충파해는 유효한 것이고 형충파해될 때는 양자의 세력을 저울질해서 길흉을 추산하는 방법인 것이다.

독자들은 이 부분에 대해서 처음부터 두 가지 방식을 인정하고 입문한다면 혼동을 겪지 않을 것으로 생각한다. 즉, 형충파해는 기본적인 방법과 응용적인 방법 두 가지가 있는 것이다. 신법 사주학만 해도 1200년의 역사를 이어왔기 때문에 시대마다 이론이 약간씩 달라진 것은 불가피한 일이다. 학문은 수정, 추가, 새로운 학설을 이어가면서 역사가 진위를 가린다. 따라서 명리 일부 이론에 대해서는 아직 그 진위가 백일하에 드러나지 않은 마당에 학자마다 다른 이론을 가지고 추론하는 것 역시 인정되어야 하는 것이다.

아울러 간명자가 기본 이론과 응용을 적절히 배합하여 간명하는 것도 한 방법이 될 것이므로 굳이 어느 한 방법만 고수할 필요는 없다고 생각한다. 본 연구자가 볼 때는 그만큼 두 이론의 타당성, 적합성, 적중성, 역사성이 크므로 쉽게 어느 하나를 버릴 수 없다고 생각하기 때문이다.

본 연구자는 『적천수천미』, 『연해자평』, 『자평진전』 순으로 명서를 공부했다. 『자평진전』을 마스터하고는 그 조직성과 체계에 감탄을 했다. 그러나 시간이 가면서 『자평진전』 이론으로도 풀리지 않는 사례들이 나타나면서 명리 이론에서 뭔가 빠진 것이 있다는 것에 공감했다. 그것이 무엇일까 오랫동안 생각하다가 형충파해합 이론에 관심을 갖기 시작한 것이다. 10여 년의 세월이 지난 연후에야 비로소 어떤 명조도 다 해석되는 형충파해합 간법을 발견하고서야 비로소 잃어버린 한 조각을 되찾게 된 것이다.

본 연구자는 수년 전에 『형충파해합 용법』을 출간했고, 근년에 『형충파해합 응용』을 출간한 바 있다. 『형충파해합 응용』이 출간되자마자, 기본적인 것을 주로 다루었던 『형충파해합 용법』을 찾는 독자들이 많이 있었으나 책은 이미 절판되었고 e-book으로만 읽을 수 있는 실정이다. 시간이 가도 책을 소장하고 싶은 독자들의 전화가 자주 오고 있으므로 이번에 책의 전반부는 '용법' 내용은 그대로 싣고 책의 중반 이후는 '응용'과는 다른『형충파해합 간법』을 출간한다.

지난번에 출간한『형충파해합 응용』은『적천수천미』의 형충파해 이론을 비탕으로 하고 천간 관성 간법만『연해자평』과『자평진전』의 설을 따라 설명한 것이었다. 이번에 출간한『형충파해합 간법』은 천간은『자평진전』간법을 따르고 지지 형충파해 이론은『적천수천미』를 따르는 방법에 초점을 둔 것이다.

본서『형충파해합 간법』은 3대 명서『삼명통회』,『자평진전』,『적천수천미』의 형충파해합 간법을 모두 소개하고 분석했다. 형충파해합을 연구하는 학자들에게 중요한 기본 텍스트가 될 것이다. 또 3개 명서의 간법을 결합하여 하나의 간법으로 압축한 방법도 소개했다. 결합의 핵심은 '월지 손상'이다. 월지 손상 여부의 판단은 가능한『자평진전』의 학설이 중심이 되게 해서 월지와 천간의 유기적인 관계를 유지시키고『자평진전』의 논리에 입각해서 보는 격국 간법에 이상이 없도록 했다. 월지는 천간 지지에 다 해당되므로 월지 손상 여부에 대해서 천간과 지지가 다르다는 입장을 존중한 것이다.

예를 들어, 월지가 합이 되고 형충파해도 있으면 천간과의 관계에 대해서는『자평진전』의 논리를 따라서 월지가 손상이 없는 것으로 보지만, 월지와 지지와의 관계에 대해서는『적천수천미』의 논리를 따라서 월지가 합이 되어도 월지보다 세력이 훨씬 큰 제신이 형충파해하면 월지는 손상이 있고, 월지 오행과 같은 오행의 기타 지지가 세력을 형성하여 중중하면 월지는 합이 없어도 형충파해의 손상을 입지 않는다고 보는 것이다. 또 1子 2卯 불형론도 월지가 子일 때는 子의 손상이 없는 것으로 보나, 대운에서 2卯가 되면 형이 가능하다고 보았고, 월지가 卯이면 월지 卯는 안전하나 연·일·시에 있는 卯는 子를 형하는 것으로 보았다. 그리고 『자평진전』 「논형충회합해법」의 논리는 월지에서 주로 적용되는 것으로 보았다.

아울러, 『자평진전』은 연·일·시지도 합이 있으면 형충파해가 불가한 것으로 보나 본서는 월지를 제외한 연·일·시지는 모두 『적천수천미』의 학설을 준용해서 합이 있어도 세력에 의해 손상될 수 있다고 보았다. 이러한 방법은 필자가 여러 해 여러 자료를 중험한 뒤에 본 연구자의 간법으로 정착한 간명법을 소개하는 것이기도 하다. 따라서 본서에서 인용한 사례의 통변이 이전의 책과 다소 다른 부분이 있다는 것을 미리 밝혀둔다. 그리고 본서의 용신법 역시 천간은 『자평진전』을 모태로 한 것이지만 지지는 『연해자평』, 『삼명통회』, 『적천수천미』, 『자평진전』의 논리를 종합적으로 취용했다.

본 연구자가 명리에 입문한 지도 어느덧 40년이 가까워간다. 본 연구자는 주로 7개 기본 명서에 천착하여 명리 이론을 읽고 또 읽으면서 연구에 임하고 있으나 일부 이론에 있어서는 아직도 진위를 가리지 못하고 있는 것이 있다. 그런데도 불구하고 이 책을 내는 것은 후학들이 이러한 연구 방향을 모태로 하여 완벽한 명리 이론을 완성하길 바라는 마음이 있어서이다.

신법 명리만해도 1천2백여 년 이상의 역사를 가지고 있으나 명리학계에서 아직도 진위를 가리지 못하고 연구할 것이 더 있다면, 인간의 운명이 그만큼 복잡하거나 아니면 인간의 삶이 시대에 따라 새롭게 변해가는 것이기 때문일지도 모르겠다. 그것도 아니면, 50만 4천여 개의 명조를 단 200여 개의 법칙만을 자(尺)로 삼아 재서 운명을 해석하려는 것 자체가 천부당만부당한 일인이지도 모를 일이다. 어쨌든 인간의 미래 운명을 적중하는 논리를 찾는 것은 명리 역사가 그러하듯 매우 어려운 일임은 분명하다.

그런 가운데에서도 1998 戊寅년 납월까지 활동했던 하중기와 같은 명인은 수많은 이론 중에서 오로지 진설이 되는 것들만 기억하고 있었기 때문에 간명 즉시 적중하여 내방자의 감탄을 받았던 상담 사례가 기록으로 전해지고 있는 것은 매우 반가운 일이 아닐 수 없다. 하중기 선생은 가까운 제자에게도 그 구결을 전하지 않았기 때문에 명리 이론이 결여된 책임에도 불구하고 이 책의 사례는 명리 연구가들에게 귀중한 등대불과도 같다. 명서에 있는 이론들을 하나하나 증험하다 보면 언젠가 진설을 찾을 수 있다는 희망을 주기 때문이다. 아울러 명리 연구자 입장에서는 비록 앞으로 수백 년이 지난 뒤에야 다시 구결이 완성된다 해도 현재 명리 연구 자체는 허무맹랑한 것을 좇는 것이 아니고 인류 문화사에 진정 가치 있는 일이라는 의미를 부여해 준다.

대저 명리에 입문하는 사람들은 항상 수백 년, 수천 년의 명리 역사를 염두에 두고 연구에 임해야 한다. 행여 긴 역사를 무시하고 짧은 시간 안에 자신만의 학설을 펴겠다는 포부를 내세우거나, 명서 1편을 읽고 명리에 통달한 것으로 생각하면 그것은 오산이다.

또 긴 세월 동안 서로 다른 명리 이론이 있었던 것은 그만큼 인간의 운명을 다양한 각도로 연구했다는 것이고, 또 한 가지 방법으로는 적중하기 어렵다는 것을 반증하는 것이기도 하다. 이미 『삼명통회』 제 6권에서도 밝힌 바 있지만, 한날한시에 태어난 동일 명조의 사망 시기가 무려 10년, 20년씩 차이가 나는 사례가 있고, 동일 명조의 부귀도 현격히 다른 경우가 있었다. 이런 사례들은 모두 인간의 운명을 탐구하는 일은 매우 신중해야 한다는 경종을 울리는 일일 것이다.

형충파해합 보는 법을 복원하기 위해 명서 읽기를 수없이 반복했고, 또 주경야독하면서 자료를 찾아 동분서주 10여 년을 하루같이 보내었던 세월이 실로 감개무량하다. 이제 형충파해합에 대한 기본 연구는 이것으로 종결한다. 좀 더 심화 과정이 분명 있지만 그것은 이 책을 깊이 탐독한 사람이라면 스스로 알 수 있는 것들이라 각자의 연구에 일임하는 바이다.

2020년 12월

이 영 환

| 차례 |

Ⅲ. 형충파해합 간법

Ⅳ. 기타 실례

Ⅰ. 12지 형충파해합의 상관관계

Ⅰ. 12지 형충파해합의 상관관계

1. 천간과 지지

10간 : 甲木 乙木 丙火 丁火 戊土 己土 庚金 辛金 壬水 癸水

12지 : 子水 丑土 寅木 卯木 辰土 巳火 午火 未土 申金 酉金

　　　 戌土 亥水

　천간은 양陽이고 동動이다. 천간은 외부이고 대외적이다. 천간
은 항상 상생상극의 작용이 일어난다. 천간은 좌하 지지를 생하
고 지지도 좌상 천간을 생한다. 그러나 지지는 천간을 극할 수
없다. 천간은 지지를 극할 수 있으나 지지를 손상시키지는 못한
다. 천간 합은 유정한 관계이다. 따라서 일간의 합은 배우자이다.
합하여 유정하지만 상생상극의 작용을 잃어버리지는 않는다.

천간의 한 글자는 생이 있어도 극을 한다. 그러나 운에서 통관하면 극을 중지하고 상생한다. 천간에 오행이 다 갖추어지면 상생 유통이 되어 흐르므로 오행은 다 작동한다. 이때는 왕한 자가 약한 자를 극할 수 있다.

지지는 음陰이고 정靜이다. 지지는 내부이고, 속사정이다. 지지간 상생 작용은 하나 상극 작용은 미미하여 거의 없는 것과 같다. 다만 형충파해합이 있으면 동動하게 되고 비로소 전극戰剋의 작용이 선명하게 나타난다.

지지는 천간을 생해준다. 지지가 직상 천간을 생하는 속도는 다른 지지를 생하는 것보다 빠르고 우선적이다. 천간이 좌하 지지에 근원을 두고 있으면 그 천간은 왕하거나 중하다고 한다.

지지에서 한 글자가 극을 받으면 운에서 그것을 복구해 주어야 길하다. 지지 합은 암합, 육합, 반합, 삼합이 작동하고, 이중에서 반합과 삼합은 합신이 천간과 지지에 다 작용한다. 일지와 합은 유정하므로 배우자이다. 합은 유정하나 상극의 작용을 잃어버리지 않는다.

연은 조상이고, 월은 부모이고, 일은 나이고, 시는 자식이다. 따라서 연이 근원이고 시는 열매이다. 연월은 좌측이고 일시는 우측이다. 연월은 뒤이고 과거이다. 일시는 앞이고 미래이다. 그런데 실제는 양陽은 좌측이고 음陰은 오른쪽이라는 이론이 더 잘 맞는다.

일간과 월간은 머리이다. 월간은 머리 뒷면이고, 연간과 월간은 왼쪽 어깨와 가슴이다. 일간과 시간은 얼굴이고, 우측 어깨와 가슴이다. 월지와 일지는 가슴 아래 몸통이다. 연지는 다리이고 양陽은 좌측이고 음陰은 우측이다. 또 연지는 항문이고 시지는 생식기이다.

또 글자가 가지고 있는 특성도 참고해야 한다. 예를 들어 木은 간肝이고 손가락, 발가락이다. 기타 신체 부위도 이것으로 유추하되 이상의 부위가 반드시 그러한 것이 아니므로 경험에 의해 정확한 장소를 찾기 바란다.

2. 사맹四孟

사맹은 寅巳申亥를 말하는데, 계절의 초입에 있으므로 맹孟이다.

寅과 申은 충沖이 되는데 申이 寅을 극한다.　　　申→寅
그러나 寅이 午나 戌을 대동하고 있으면 寅이 申을 극한다.
　　　　　　　　　　　　　　　　　　　　　　　寅→申

巳와 申은 형합刑合이 되는데 巳가 申을 극한다.　　巳→申
그러나 申이 子나 辰을 대동하고 있으면 申이 巳를 극한다.
　　　　　　　　　　　　　　　　　　　　　　　申→巳

寅과 巳는 상생상형相生相刑이고 서로 손상이 있다.　寅↔巳
申과 亥는 상생상해相生相害이고 서로 손상이 있다.　申↔亥

巳와 亥는 충沖이 되는데 亥가 巳를 극한다.　　　亥→巳
그러나 火土가 왕하면 巳가 亥를 충한다.　　　　巳→亥

3. 사중四仲

사중은 子卯午酉을 말하는데, 계절의 중간에 있으므로 중仲이다.

子는 午와 충沖이 되고 子가 午를 극한다.   子→午

그러나 火土가 왕하면 午가 子를 충한다.   午→子

子는 未와 해害가 되고 未가 子를 극한다.   未→子

子는 卯와 상생상형相生相刑이고 서로 손상된다.   子↔卯

子는 酉와 상생상파相生相破이고 서로 손상된다.   子↔酉

卯는 午와 상생상파相生相破이고 서로 손상된다.   卯↔午

卯는 辰과 해害가 되고 卯가 辰土를 극한다.   卯→辰

午는 丑과 해가 되고 午가 丑中辛金을 극한다.   午→丑

酉는 卯와 충沖이 되고 酉가 卯를 극한다.   酉→卯

酉는 戌과 해가 되고 戌中丁火가 酉를 극한다.   戌→酉

육해六害

해害의 표기에 대해 『연해자평』, 『삼명통회』, 『자평진전』은 천(穿: 뚫을 천)과 해를 겸하여 표기했고, 『적천수』는 천으로 표기했다. 해의 작용력은 의외로 강력하다. 『삼명통회』 「논육해」에 나오는 육해의 원리는 다음과 같다.

子未 해害는 未 旺土와 亥子 旺水 세가勢家가 해하는 것이다. 고로 子가 未를 보면 해가 된다.

丑午 해는 午의 旺火가 丑의 死金을 업신여기는 것이다. 진귀(眞鬼 : 관성)가 해하는 것이다. 고로 丑이 午를 보고 午가 다시 丑의 干에 진귀丁를 차고 있으면 그 해가 더욱 심하다.

寅巳 해는 벼슬아치가 멋대로 임하여 서로 해하는 것이다. 만약 간신干神 왕래에 귀(鬼: 관성)가 있으면 더욱 심하다. 하물며 형이 그 가운데에 있는데 재앙은 감소되고 복이 온다고 말할 수 있겠는가.

卯辰 해는 卯의 旺木이 辰의 死土를 업신여기는 것이다. 이것은 소小가 장長을 해로 업신여기는 것이다. 고로 辰이 卯를 보고 卯가 다시 辰의 간干에 진귀(甲)를 차고 있으면 그 해가 더욱 심하다.

申亥 해는 관官이 멋대로 임하여 재능을 시기하는 것이므로 다투어 서로 해가 된다. 고로 申이 亥를 보거나 亥가 申을 보면 균均히 해가 된다. 납음에서는 상극이 중하다.

酉戌 해는 戌의 死火가 酉의 旺金을 해하는 것이다. 고로 酉가 戌을 보면 흉하나 戌이 酉를 보는 것은 재앙이 없다. 만일 乙酉人이 戊戌을 만나면 乙은 眞金이 있고 戊는 眞火가 있으므로 해가 더욱 극심하다.[1]

이상과 같이 『삼명통회』의 문장을 보면 해에게도 분명 극하는 자가 있고 극을 받는 자가 있음을 알 수 있다. 그러므로 육해는 다음과 같이 극하는 자와 극을 받는 자의 관계가 성립된다.

子未 害는 未土가 子水를 극한다.　　未→子

丑午 害는 午火가 丑金을 극한다.　　午→丑

卯辰 害는 卯木이 辰土를 극한다.　　卯→辰

酉戌 害는 戌火가 酉金을 극한다.　　戌→酉

寅巳 害는 寅과 巳가 서로 해한다.　　寅↔巳

申亥 害는 申과 亥가 서로 해한다.　　申↔亥

---

1) 『三命通會』「論六害」 p. 152. "子未相害者, 謂未旺土, 亥子旺水, 名勢家相害. 故子見未則爲害. 醜午相害者, 謂午以旺火淩醜死金, 名官鬼相害. 故醜見午, 而午更帶醜幹之眞鬼則爲害尤甚. 寅巳相害者, 謂名恃臨官擅能而進相害, 若幹神往來有鬼者尤甚, 況刑在其中, 尤不可不加減災福言之. 卯辰相害者, 謂卯以旺木淩辰死土, 此以少淩長相害. 故辰見卯, 而卯更帶辰幹眞鬼則其害尤甚. 申亥相害者, 謂名恃臨官, 競嫉才能, 爭進相害. 故申見亥, 亥見申均爲害, 更納音相克者重. 酉戌相害者, 謂戌以死火害酉旺金, 此嫉妒相害, 故酉人見戌則凶, 戌人見酉無災 ： 若乙酉人得戊戌, 乙爲眞金, 戌爲眞火, 爲害尤甚."

4. 사계四季

사계는 辰戌丑未를 말하는데, 계절의 끝에 있으므로 계季라고 한다. 혹은 지지 土에 각기 암장신을 감추고 있으므로 고庫, 혹은 묘墓라고도 한다. 진술축미는 土의 작용도 하고 개고되면 고장물의 작용에도 중점을 둔다.

개고법開庫法

개고는 辰戌丑未 4고가 형충파해를 만나 암장 묘신墓神이 작동하는 것을 말하는데 실제는 형충에서 주로 많이 열리고 파破에서는 辰丑 파에서만, 해害에서는 酉戌 해에서만 戌中火가 개고된다.

4고가 형충파해를 만나면 辰에서 水가 나오고, 戌에서 火가 나오고, 丑에서 金이 나오고, 未에서 木이 나온다. 모두 묘신이다. 고와 고가 만나 개고되면 마치 막혔던 것이 뚫리는 것과 같아서 발산이 일어나므로 발동發動으로 본다.

명서에 나타난 개고 이론은 『연해자평』 이전 명서에서부터 보이기 시작한다. 즉, 서자평이 찬撰한 『명통부』에서

"관고재고官庫財庫는 충沖으로 열면 영봉작녹榮封爵祿한다. 닫히면 가난하고 재물이 등을 돌린다.[2]"

라는 문장이 보이기 시작한 것이다. 여기서 관고재고는 암장 묘신墓神을 뜻한다. 즉, 辰戌丑未의 묘신은 癸, 丁, 辛, 乙인데 충형파를 만나면 이들 묘신이 투출하여 작동한다는 것이다.

개고법에 대한 구체적 문장은 초기 명서『연해자평』에 나온다. 『연해자평』「논잡기」에 다음의 글이 있다.

"다만 고중지물庫中之物이 한가롭게 감추어져 있으면 모름지기 잠글 쇠가 열릴 때까지 기다려야 바야흐로 발복發福한다. 잠글 쇠를 여는 것은 무엇인가? 형충파해刑沖破害이다. 또 사주 중에 원래 형충파해가 있는데 다시 이와 같은 운기運氣로 가서 형충파해가 많아지면 도리어 그 복福이 손상된다.[3]"

여기서 형충파해로 개고되면 복福이 된다는 문장을 유심히 보아야 한다. 진술축미가 형충파해가 되면 흉하다는 논리보다 길하다는 논리를 보인 것은 형충파해를 무조건 흉으로 보는 사고방식을 지향해야 함을 알려주고 있기 때문이다.

개고하면 복이 된다는 이런 이론은 후대『적천수천미』에서는 왕한 자가 쇠약한 자를 충하면 쇠약한 자가 제거되어 흉하지만, 쇠약한 자가 왕한 자를 충하면 왕자는 발동하여 복이 된다는 사상으로 발전했다.

또『연해자평』「사언독보」에서는 "재관이 고庫에 이를 경우 충

---

2)『三命通會』「明通賦」p.909. "官庫財庫, 衝開則榮封爵祿, 塞閉則貧乏資財."
3)『淵海子平』「論雜氣」p.34. "但庫中物皆閉藏, 須待有以開其局鑰, 方言發福, 所以開局鑰者, 何物也. 乃刑沖破害耳. 且如四柱中, 元有刑沖破害, 復行此登運氣, 則刑沖破害多, 反傷其福."

하지 않으면 발發하지 않는다."4)라고 했고, 「십이체상」에서는 "辰은 즉시 자물통을 개고해야 하는데 3충三冲을 만나면 문門이 파괴된다."라고 했다. 즉, 고를 여는 신은 1개로 충분한데 3개가 되면 충 성립이 불가하므로 되레 土(門)가 닫히게 되므로 이것을 문이 파괴된다고 표현한 것이다.

또 『삼명통회』 「논잡기」에는

"원기부에 이르기를 잡기 재관을 충한 즉 발發한다.
元機賦云 : 雜氣財官行衝則發.

천리마에 이르기를 진술축미가 형충을 만나면 발하지 않는 사람이 없다.
千里馬云 : 辰戌丑未遇刑衝無人不發.

수수론에 이르기를 재성이 입고하면 재물이 모여든다.
搜髓論云 : 財星入庫主聚財.

고가古歌에서 이르기를 잡기 재관은 월궁月宮의 것을 쓴다. 천간에 투간하면 개시된다. 재다財多하고 관왕官旺하면 충파함이 마땅하다. 간지 압복중은 꺼린다.
古歌云 : 雜氣財官用月宮, 天干透露始爲, 財多官旺宜衝破, 切忌干支壓伏重.

---

4) 《獨步》云 : "辰戌丑未, 四土之神, 天元三用, 透旺爲眞." 又云 : "財官臨庫, 不沖不發. 四柱之干, 喜行相合."

또 하물何物이 능히 개고開庫시키는가? 충형해파가 열쇠이다. 재관
이 드러나면 바야흐로 쓴다. 신身이 쇠衰하고 귀鬼가 묘墓에 이르
면 심히 위급함을 의심하라.

又 : 要知何物能開庫, 衝刑破害是匙. 露得財官方得用, 身衰鬼墓甚
危疑."

라고 하면서 여러 명서의 문장을 소개하는 중에 개고開庫라는 문
장이 등장한다. 또 「논편재」에서는

"戊己土가 극하는 水는 재물이다. 水의 묘墓는 辰이다. 고가古歌에
이르기를 연간年干이 극하는 것은 천재天財이다. 묘의 정고正古를
극하면 고庫가 열린다. 재성이 입고했다면 곡식과 비단이 많고 집
안에 금은보석이 쌓이게 된다.[5]"

라고 하면서 고庫를 극했을 때도 개고된다는 문장까지 나타나나
후대로 갈수록 극보다는 형충파해가 되어야 개고한다는 사상으
로 정착되었다. 또 『삼명통회』는 이외에도 구체적인 개고 이론이
나오는데,

"가령 六甲일 丑월생은 丑中辛金은 관성이 되고, 己土는 재성이
되고, 癸水는 인수가 된다. (이 중에) 어떤 글자가 천간에 투출하면

---

5) 如戊己土剋水爲財, 水墓辰是也. 古歌云 : 年干剋下是天財, 剋墓之鄕正庫
開, 財入庫時多穀帛, 家豪金物積成堆. 如畢狀元己巳, 癸酉, 庚辰, 甲申是
也.

복福이 된다. 다음은 절기 심천을 보고, 무엇이 당령했는지 본다. 대개 재성이 투출하면 부자이고, 관성이 투출하면 귀하다. 인수는 부모가 성공하여 복을 이루고 자신은 그 음비(陰庇: 유산)의 귀貴를 받는다. 투출이 없으면 충형沖刑을 만나야 한다.[6]"

라고 했다. 이 문장은 고庫에 있는 3개의 암장신이 천간에 투출했을 때 작용하는 것을 설명했다. 여기, 본기, 묘신을 불문하고 월령이 천간에 투출한 것은 복이 된다고 했으므로 고에서 투출한 암장신도 다 귀하게 본 것이다.

그런데 마무리 문장에서 투간한 것이 없으면 충형을 만나야 한다고 한 이 부분은 애매한 문장이 되었다. 충형을 만나면 3개의 암장신이 다 작동한다는 것인지, 아니면 묘신만 작동한다는 것인지에 대해서 불명확하게 말하고 있기 때문이다. 그런데 다른 문장에 있는 자료들을 보면, 개고하는 당사자는 오직 묘신墓神에게만 해당되는 말이라는 것을 알 수 있다.

또 「논지지」에 나오는 다음의 문장이 의미심장하다.

"未는 계하季夏이다. … 丑과 戌이 없으면 고庫가 열리지 않는다."[7]
"戌은 뜨거운 용광로의 고이다. 둔철은 연마해야 이룬다. 辰을 보면 壬水가 충출沖出한다. 비와 이슬이 발생하는 것이다."[8]

---

6) 假令六甲日生得丑月, 以丑中辛金爲官, 己土爲財, 癸水爲印, 看天干透出何字爲福, 次分節氣淺深, 何物當令, 大槪透財者富, 透官者貴, 印綬享父祖見成之福, 受宣蔭庇之貴, 如無透出, 衝刑少許.

7) 『三命通會』「論支地」p.98. "未當季夏, 則陰深而火漸衰. 未中有乙木, 有丁火, 是藏官, 藏印, 不藏財也. 無亥卯以會之, 則形難變, 只作火土論: 無丑戌以刑沖之, 則庫不開, 難得官印力."

未가 丑을 만나면 충이 작용하고, 未가 戌을 만나면 형이 된다. 즉, 『삼명통회』에서도 형충으로 개고하는 법을 소개한 것이다. 그런데 위『삼명통회』문장에서 戌이 辰을 만나는 것은 충을 말하는 것인데 충출沖出하는 신神을 壬水라고 한 것이 주목된다. 원래 묘신墓神은 동생동사론을 취용하기 때문에 음양을 가리지 않는다. 즉, 지지 辰中墓神은 癸로 표현하지만 음양을 가리지 않고 천간에 투간한 壬癸는 다 묘墓의 투출신으로 보는 것이다.[9]

그렇다면 진술 충에서 개고하는 신은 丙丁과 壬癸라고 해야할 터인데 위 문장에서는 壬만 충출한다고 한 이유는 무엇일까? 충으로 투출한 丙丁은 왜 언급이 없는가? 여기에 대한 답은 丙丁이 壬癸에 극을 받아 火의 작용이 중지되었다는 것을 생각해 볼수 있다. 즉, 辰戌이 만나 충하는 순간, 水와 火는 개고되어 만나는 것이고 水와 火가 만나면 당연 水剋火가 작동하여 火는 소멸되고 水는 남아 작용하는 것으로 본 것이다.

다음의 『삼명통회』「논잡기」글에서도 극이 발생한 후 남은 오행에 주목했다.

"丁亥 戊子 丙申 己丑. 이 명조 丙火에게 丑墓는 재고이다. 未운에 丑을 충하면 재물을 얻는다. 壬辰을 보면 관고가 되고 戌운이 辰을 충하면 관(水)을 얻는다."[10]

---

8) 『三命通會』「論支地」p.98. "戌乃洪爐之庫, 鈍鐵頑金, 賴以煉成. 見辰龍則 沖出壬水, 而雨露生焉."
9) 『子平眞詮』「論雜氣」: "如甲生辰月, 透戊爲財, 又或透壬癸以爲印, 透癸則 戊癸作合, 財印兩失, 透壬則財印兩傷."
10) "如丁亥, 戊子, 丙申, 己丑, 丙用丑墓爲財庫, 行未運衝丑庫發財. 見壬辰爲 官庫, 至戌運沖辰庫發官."

"만약 사주에 戊辰 己丑과 같이 (戊己가) 창고를 누르고 있으면 재물과 관을 얻을 수 없다. 좋은 명이라 할 수 없다. (또) 충을 하려는데 먼저 합이 되어버리면 충이 작용하지 않는다."[11]

"잡기 재관이 재왕운으로 가면 귀현하다. 앞에서 어려워도 뒤에는 좋다."[12]

"재성이 많고 창고가 충실하면 충으로 손상시켜야 한다."[13]

맨 위 문장 丑未 충沖과 辰戌 충의 설명에 주목해야 한다. 즉, 丑庫는 金 재성이고 未庫는 木 인수인데 축미 충이 되면 金木이 개고되고, 그러면 木 인수 부모 음비도 받아야 할 것인데 그에 대한 사안을 놔두고 유독 金 재성이 작동했던 것에만 초점을 두고 재물을 얻는다고 했다. 진술 충도 마찬가지이다. 辰庫는 水 관성이고 戌庫는 火 비겁인데 유독 水 관성에만 초점을 두고 관을 얻는다고 한 것이다. 그렇다면 과거 명리학자들은 은연중에 축미충, 진술 충을 金剋木, 水剋火의 사건으로 보았고, 여기서 극을 받는 자 木火는 작용력이 없고 극하는 자 金水는 남아서 작동하는 것을 지켜보았다는 것을 알 수 있다.

이처럼 『삼명통회』는 충을 상극으로 보되 극의 방향이 있는 것을 언급하기 시작한 명서이다. 예를 들어 子午 충이 되면 충하는 순간 水剋火가 작동되면 水는 남지만 火는 손상된다고 보았던 측

---

11) "柱中別有戊辰, 己丑壓伏庫上, 則不能發財發官, 難作好命看, 若有衝見合, 則又不能衝矣."
12) "雜氣財官, 行財旺運貴顯, 先難後易."
13) "財多庫實要衝傷"

면이 있다.『삼명통회』가 고장끼리 진술 충을 설명하면서 자연스럽게 水剋火에서 火는 손상되고 水는 드러난다고 소개한 것이다.

또 사고四庫 중에 암장신은 3개인데 이중에 묘신이 개고하는 당사자라는 것을 구체적으로 보인 결정적인 문장이 있는데 다음과 같다.『삼명통회』「논12월지득일간길흉」에 있는 내용이다.

"丑월 … 甲乙일 丑월은 잡기 관귀이고 관성이 투간하면 기쁘다. 불투不透하면 충을 요한다.[14]"

이 문장은 甲乙일이 丑中辛金 관성이 논論의 초점이므로 중요한 자료이다. 丑이 있고 金 관성이 투하면 좋으나 투금透金이 없으면 충을 요한다고 했는데 그 이유는 충을 받으면 丑中金 관성이 개고하기 때문이다.

여기서 金 관성은 묘墓이고 위 문장에서 관성이 불투不透하면 형충으로 열어야 한다고 말하고 있으므로『삼명통회』역시 개고법은 진술축미 중에 묘신墓庫이 개고한다고 보았다는 것을 알 수 있다.

그런데, 한편『삼명통회』는 삼형 설명에서는 여기餘氣도 작용하는 것으로 설명하고 있으므로 사고四庫의 암장간 묘신과 여기는 상황에 따라 모두 작용하는 것으로 이해해야 한다. 다시 말해서, 형충에 의한 2자字의 개고는 동생동사론을 준용한 묘신만 개고할 수 있는 것이 원칙이고, 3자 삼형이 작용할 때에는 여기도 전체 세력과 관련하여 작용하는 것이다.

---

14)『삼명통회』「논12월지득일간길흉」p.250. "甲乙日得丑月爲雜氣官貴. 喜官星透干 : 不透要衝"

5. 회합會合

1) 천간 합天干 合

천간 합은 유정有情한 합이다. 유정한 속에서 상하 질서가 분명하다. 극하는 자는 상上이고 극을 받는 자는 하下이다.

甲己 合 = 甲은 己를 극하므로 사랑한다.
乙庚 合 = 庚은 乙을 극하므로 사랑한다.
丙辛 合 = 丙은 辛을 극하므로 사랑한다.
丁壬 合 = 壬은 丁을 극하므로 사랑한다.
戊癸 合 = 戊는 癸를 극하므로 사랑한다.

2) 육합六合

육합은 子丑, 寅亥, 卯戌, 辰酉, 巳申, 午未를 말한다. 합하는 중에도 생극의 작용이 있다.

子丑 合 = 子와 丑의 합은 金水가 교류한다.
寅亥 合 = 寅과 亥의 합은 木이 왕해지고 丙은 손상된다.
卯戌 合 = 卯와 戌의 합은 火가 왕해지고 戌는 손상된다.

辰酉 合 = 辰과 酉의 합은 金이 왕해지고 乙은 손상된다.

巳申 合 = 巳와 申의 합은 火가 金을 극하나 子나 辰이 함께
　　　　　　있으면 巳가 손상된다.

午未 合 = 午와 未의 합은 火土가 교류한다.

3) 삼합三合

삼합은 회會라고도 표현하는데 寅午戌, 巳酉丑, 申子辰, 亥卯未을 말한다. 3자가 다 모이면 삼합이고 2자가 모이면 반합이다. 삼합, 반합이 되면 중신仲神 오행이 투출하게 되므로 천간 지지에다 영향을 준다. 『연해자평』과 『자평진전』은 반합도 유용한 것으로 설명하고 있다. 삼합 중에 생극하는 작용이 있다.

巳 = 巳가 酉나 丑을 만나면 金局이 발생하고 합 속에서 火가 金을 극한다. 巳가 자신 속에 있는 申金을 포함하여 2金을 극하는 것이므로 金의 제거는 아니나 金이 어느 정도 손상은 있다.

未 = 未가 亥를 만나면 土가 水를 극하므로 水는 손상되고 木은 남는다. 木은 未土를 극하지 않는다.

卯 = 卯가 未를 만나면 木은 왕해지고 土는 극을 받는데 손상이 크다.

寅 = 寅이 戌을 만나면 火는 왕해지고 土는 극을 받으나 손상이 작다.

4) 암합暗合

암합暗合은 지지의 암장간暗藏干끼리 합하는 것을 말한다. 암합은 지지가 암중의 합이지만 일단 암합이 된 상태에서도 상극의 작용은 유효하다. 길흉 운만 아니라 결혼운 등에서도 넓게 쓸 수 있다. 암합이 해합 인자로 작용한다는 명서 내용은 없으나 해합 인자로 작용했던 사례들이 나타나고 있는 중이다.

亥午 暗合 = 해중壬이 오중丁과 간합이 되어 亥가 午를 극한다.
亥→午
寅丑 暗合 = 인중甲이 축중己와 간합이 되어 寅이 丑을 극한다.
寅→丑
寅未 暗合 = 인중甲이 미중己와 간합이 되어 寅이 未을 극한다.
寅→未
申卯 暗合 = 신중庚이 묘중乙과 간합이 되어 申이 卯를 극한다.
申→卯
巳酉 暗合 = 사중丙이 유중辛과 간합이 되어 巳가 酉를 극한다.
巳→酉

5) 천지 자합天地 自合

천지 합天地合은 『적천수천미』에서 천합지자天合地者라는 문장으로 소개했다. 천지 합이 되면 천간과 지지가 유정한 관계가 된다. 동정법動靜法에 의하면 지지는 천간을 극할 수 없다고 했다. 그러나 丁亥와 辛巳 등은 천지 자합이 되므로 지지가 천간을 극할 수 있고 또 천간이 지지를 극할 수 있다. 합중에 극이 작용한다.

丁亥 自合 = 丁과 해중壬은 간합이 되므로 亥가 丁을 극한다.
亥→丁
辛巳 自合 = 辛과 사중丙은 간합이 되므로 巳가 辛을 극한다.
巳→辛
戊子 自合 = 戊와 자중癸는 간합이 되므로 戊가 子를 극한다.
戊→子
己亥 自合 = 己와 해중甲은 간합이 되므로 己가 亥를 제한다.
己→亥
壬午 自合 = 壬과 오중丁은 간합이 되므로 壬이 午를 극한다.
壬→午

기타

『연해자평』과『삼명통회』는 신법 명서의 원전들이기 때문에 문장 한 구절 한 구절에는 분명한 그 이유가 있다. 그러므로 신중하게 인지할 필요가 있다. 4고가 열리는 것을 도표로 표시해 보면 다음과 같다.

4고	고장물	개고 신	형충파해
辰	癸	戌丑卯	沖破害
戌	丁	辰未丑酉	沖刑害
丑	辛	未戌辰午	沖刑害
未	乙	丑戌子	沖刑害

4고庫가 12지의 형충파해를 만나 고장물庫藏物들이 개고되면 서로 전극戰剋하는 경우가 있고 상생하는 경우가 있는데, 상생하는 경우는 2자字가 다 작동하지만, 상극관계에서는 극하는 자는 작동하고 극을 받는 자는 작동이 중지된다.

　　辰戌 沖 = 辰에서 癸가 나오고, 戌에서 丁이 나오므로 水剋火가
　　　　　　되어 火는 작동이 중지되고 癸水는 작동한다.

　　辰丑 破 = 丑에서 辛이 나오고, 辰에서 癸가 나오는데 金水는 상
　　　　　　생관계이므로 파破하는 순간 金水가 동시에 작동한다.

　　辰卯 害 = 卯가 辰土를 극하므로 癸水는 흘러나와 흩어져버린다.
　　　　　　辰土는 작동이 중지되고 卯는 작동한다.

　　戌未 刑 = 戌에서 丁이 나오고, 未에서 乙이 나오는데 木火는 상
　　　　　　생관계이므로 형刑하는 순간 木火가 작동한다.

　　戌丑 刑 = 戌에서 丁이 나오고, 丑에서 辛이 나오므로 火克金이
　　　　　　되어 金은 작동이 중지되고 丁火는 작동한다.

　　戌酉 害 = 戌에서 丁火가 나오므로 火克金이 되어 酉金은 작동이
　　　　　　중지되고 丁火는 작동한다.

　　丑午 害 = 丑에서 辛金이 나오므로 火克金이 되어 辛金은 작동이
　　　　　　중지되고 丁火는 작동한다.

　　未子 害 = 未가 子를 극하므로 土克水가 되어 子水는 작동이 중지
　　　　　　되고 土는 작동한다. 未에 있는 마른 목乾木乙이 이슬子
　　　　　　을 쫓아 겉으로 삐져나오나 水가 고갈되므로 말라 버려
　　　　　　서 쓸모가 없다.

	海中金		爐中火		大林木		路傍土		劍鋒金		旬空	納音空亡
一旬	甲子	乙丑	丙寅	丁卯	戊辰	己巳	庚午	辛未	壬申	癸酉	戌亥	水
二旬	山頭火		潤下水		城頭土		白蠟金		楊柳木		申酉	無
	甲戌	乙亥	丙子	丁丑	戊寅	己卯	庚辰	辛巳	壬午	癸未		
三旬	井泉水		屋上土		霹靂火		松柏木		長流水		午未	金
	甲申	乙酉	丙戌	丁亥	戊子	己丑	庚寅	辛卯	壬辰	癸巳		
四旬	沙中金		山下火		平地木		壁上土		金泊金		辰巳	水
	甲午	乙未	丙申	丁酉	戊戌	己亥	庚子	辛丑	壬寅	癸卯		
五旬	覆燈火		天河水		大驛土		劍釧金		桑柘木		寅卯	無
	甲辰	乙巳	丙午	丁未	戊申	己酉	庚戌	辛亥	壬子	癸丑		
六旬	大溪水		沙中土		天上火		柘榴木		大海水		子丑	金
	甲寅	乙卯	丙辰	丁巳	戊午	己未	庚申	辛酉	壬戌	癸亥		

납음 오행 활용

① 납음 오행을 명식 보좌 기氣로 취한다.

② 생일 납음 오행은 성격을 본다.

　예) 庚辰 : 自養[15]; 이 날 출생자는 모든 일에 원만, 상경하련

　　　하고 만사에 타인을 이롭게 하고나서 자기 이利를 생각

　　　한다.

③ 궁합에 유용하다.

납음 오행과 궁합

　연월일시 납음 오행을 상대 연월일시 납음 오행과 비교하여

상생비화하면 길하고 상극하면 좋지 않다. 그러나 아래 경우는

길하다.

---

15) 납음 오행 연구서에 60갑자마다 특징이 나열되어 있는 것을 참고하면
　　된다.

平地木은	金을 만나면 오히려 취영就榮하다.
霹靂火 天上火는	水를 만나면 오히려 복록이
	영창榮昌하다.
路傍土 大驛土 沙中土는	木을 만나면 오히려 평탄하다.
沙中金 劍鋒金은	火를 만나면 오히려 기쁜 일이 생긴다.
天河水 大海水는	土를 만나면 오히려
	자연형통自然亨通한다.

〈지지형충파해회합표〉

	子	丑	寅	卯	辰	巳	午	未	申	酉	戌	亥
刑	卯	未戌	巳申	子	辰	申	午	戌丑	巳寅	酉	未丑	亥
冲	午	未	申	酉	戌	亥	子	丑	寅	卯	辰	巳
破	酉	辰	亥	午	丑	申	卯	戌	巳	子	未	寅
害	未	午	巳	辰	卯	寅	丑	子	亥	戌	酉	申
合	丑土	子土	亥木	戌火	酉金	申水	未	午	巳水	辰金	卯火	寅木
會	申辰	巳酉	午戌	亥未	申子	酉丑	寅戌	亥卯	子辰	巳丑	寅午	卯未

※ 형충파해합용법은 제신과 피제신이 명확해야 한다. 사맹사
중사계가 서로 만났을 때 어느 쪽이 손상되는 것인지 분명히 인
지해 두어야 한다.

Ⅱ. 명서命書의 형충파해합 간법看法 분석

Ⅱ. 명서命書의 형충파해합 간법看法 분석

1. 『삼명통회』의 형충파해 간법

명서에서 형충파해 이론이 태동할 초기는 형충파해를 한결같이 좋지 못한 것으로 인식했다. 형충파해를 흉살과 같은 것으로 보았고 또 양 글자가 다 손상되는 것으로 보았다. 그러다 점차 형충파해 원리를 탐구하기 시작하면서 『삼명통회』에서는 충이 되는 이유를 암장되어 있는 오행간의 상극 이론으로 파악했다. 그리고 상극론 중에서 한 방향의 극도 언급하기 시작했다. 따라서 『삼명통회』의 형충파해는 극을 하는 자가 있고 극을 받는 자가 있다는 것을 언급한 최초의 명서이다.

그러나 『삼명통회』의 형충론이 모두 극의 한 방향성만 설명하는 문장으로 구성된 것은 아니다. 이미 알려진 바대로 『삼명통회』

는 이전의 여러 명서 내용을 소개하는 것에 많은 지면을 할애했기 때문에 양자 손상을 전제한 고대의 형충파해론도 상당수 발견된다.

형충파해에 대해서 언급하기 시작한 것은 명서 초기부터이다. 『연해자평』이전 명서『명통부는』

"일월에서 관록을 도충倒衝하는 것이 전실되지 않고 묶이지도 않으면 녹마비래祿馬飛來이다."[16]

"전인全印, 전충全沖, 전제全制, 전식全食은 명命이 강강하고 파괴되지 않으면 녹祿을 받는 것이 천 가지이다."[17]

라는 문장에서 충에 대한 자료가 보이기 시작한다. 『명통부』는 이 외에도 형충파해에 대한 자료가 골고루 들어있다. 또『연해자평』「인감론」은 "생시가 만약 형충을 만나면 평생 궁핍하고 …"[18]라고 하면서 명조에 형충이 있으면 격이 떨어진다는 고대적 의미를 그대로 전달했다.

『삼명통회』「옥정오결」은 "천간은 오로지 생극제화를 논하고 지지는 오로지 형충파해를 논한다."[19]라고 하여 지지는 형충파해를 중심으로 간명한다는 분명한 원칙을 강조했다. 이를 따라『삼명통회』「간명구결」에서도 "무릇 명은 먼저 간신干神의 극제 유무

---

16) 『三命通會』「明通賦」p. 910. "日月倒沖官祿, 無壤無絆, 而祿馬飛來."
17) 『三命通會』「明通賦」p. 915. "全印, 全沖, 全制, 全食, 命强無破測祿受千鐘."
18) 『淵海子平』「論人鑑」"生時若遇刑衝, 一生屢乏."
19) 『三命通會』「玉井奧訣」p. 790. "天干專論生剋制化 地支專論刑沖破害."

와 지신支神의 형충 유무와 간지 납음 전투 항복의 유무를 살펴보라."[20]고 하여 천간과 함께 지지의 형충 등을 반드시 살펴보아야 할 것으로 강조했다.

또 『삼명통회』 「증애부」에서는 "인수와 녹신이 형충의 지地에 있으면 심란하고 몸을 잊는다."[21]라고 했고, 동서 『무함찰요』는

"삼형三刑과 육해六害의 충격을 받으면 가파른 언덕을 만난다."[22]

"일시日時의 상충은 처자의 공이 없다."[23]

"다만 형충극파刑沖剋破가 없으면 공명부귀하나 반대이면 그렇지 아니하다. 예컨대 자귀子貴라면 丑未의 극파剋破, 午의 충파沖破, 卯의 형파刑破 류를 꺼린다."[24]

라는 문장들이 나타나 있는데 모두 형충파해를 좋지 못한 것으로 언급한 것이다.

1) 형충파해 해소

형충파해가 있으면 형충파해를 해소하는 법도 있다는 것이 기본 명서들의 입장이다. 형충파해 해소 부분은 『삼명통회』에 와서

---

20) 『三命通會』 「看命口訣」 p.762. "凡命, 先看幹神有無克制, 支神有無刑沖, 干支納音有無戰鬥, 降伏."

21) 『三命通會』 「憎愛賦」 p.853. "印綬在刑衝之位 心亂身亡."

22) 『三命通會』 「巫咸撮要」 p.781. "三刑六害衝擊者, 難得崢嶸."

23) 『三命通會』 「巫咸撮要」 p.781. "日時相衝妻子無功."

24) 『三命通會』 「巫咸撮要」 p.901. "但得其一無衝刑剋破者, 功名富貴, 反之則否. 犯垣如子貴, 忌丑未剋破, 午衝破卯刑破之類."

완전한 이론으로 정착했기 때문에 학자들에게 『삼명통회』는 중요한 명서이다. 우선 고대의 명서들에서 나타나 있는 형충 해소에 대한 문장부터 살펴보면, 「명통부」는

> "오행五行 정귀正貴는 형충극해刑衝剋害의 신을 두려워한다. 사주 길신이 관官을 왕하게 하는 생生과 합合의 지지를 기뻐한다.[25]"

라고 했는데, 여기서 정귀正貴는 정재正財, 정인正印, 정관正官 등 길신을 말한 것으로 보인다. 정관이 형충 등으로 손상되면 정관을 생하여 왕하게 하거나, 또 정관을 합合하는 신을 기뻐한다고 했으므로 형충은 흉하지만 파괴된 신을 돕거나 합으로 구하면 길하다는 의미가 나타나기 시작했다.

또 취성자가 찬한 「기상편」에서는 "육합六合이 공功이 있으면 육부六部의 권존權尊이 된다."[26]라고 하면서 육합의 공을 길상으로 보기 시작했고, 이에 대해 만육오는 주해를 달면서

> "무릇 사주 중에 형충극해파刑衝剋害破가 있는 상은 본래 흉으로 논한다. 유력한 합신을 얻어서 당기면 즉시 반대로 상서로움이 된다. 그 복이 높고 길다.[27]"

---

25) 『三命通會』 「明通賦」 p.921. "五行正貴 怕刑衝剋害之神 四柱吉神 喜官旺生合之地."
26) 『三命通會』 「氣象篇」 p.839. "六合有功權尊六部."
27) 『三命通會』 「氣象篇」 p.839. 解 "凡四柱中有刑衝剋害破象, 本爲凶論, 得神挽合有力, 即反爲祥, 其福高遠."

라고 하면서 충을 구하는 것은 합이고 합이 있으면 되레 복이 된다는 사상이 나타나기 시작했다. 또『삼명통회』「총론제신살」에서는

"또 이르되 상충상파相沖相破는 삼합, 육합이 명중에 있으면 오행이 구해진다는 것은 어떤 것인가? 혹 화禍 중에 복福이 생하고 복 중에 화가 생하는 것이다. 예컨대 사절死絶이 다시 생을 만나는 것이고 공망이 파를 받아 상극상성相剋相成이 되는 것과 같다. 곧 화 중에서 복이 생하는 것이다. 이것의 반대가 곧 복 중에서 화가 발생하는 것이다.[28]"

라는 문장이 나오는데, 이것은 형충파해를 삼합, 육합으로 구할 수 있는 방법이 이미 오래전부터 있었다는 것을 시사한 내용이다. 또 삼합, 육합으로 구하는 것은 사절이 생을 만나는 것과 같고 공망이 파破를 받아 상성相成되는 것과 같다고 했다. 또『무함촬요』에서도 "관官이 충을 받고 합이 없으면 표류하는 무리이다."[29]라고도 했다.

이상의 문장을 종합해 보면 형충파해가 있어도 합 등을 만나면 안전하다는 것을 알 수 있고 오히려 형충 등이 해소되면 그 복이 크고 길다고 했으므로 해소가 길상이면 해소와 동시에 길국吉局을 짓는 것으로 이해해야 한다.

---

28)『三命通會』「總論諸神煞」p.215. "又云, 相沖相破, 三合六合, 命中有之, 卽求五行相得何如. 或禍中生福, 福中生禍. 如死絶複生, 空亡受破, 相克相成, 則禍中生福, 反此, 則福中生禍."
29)『三命通會』「巫咸撮要」p.780. "衝官無合, 乃飄流之徒."

만육오의 충에 대한 이론 중에 형충파해를 연구하는 사람들이 반드시 짚고 넘어가지 않을 수 없는 문장이 있다. 만육오는 서자평이 찬한 『명통부』를 주해하면서 "다만 그 중에 하나를 얻어도 충형극파가 없어야 부귀공명한다."[30]라고 하면서

"1子 2午 파진破盡은 한 개는 얻을 수 있으므로 한 개의 복은 된다. 파국破局은 예컨대 申子辰이 寅午戌 충파沖破하는 류를 꺼리는 것이고 대흉하다.[31]"

라고 했는데 여기서 1子 2午는 복이 된다고 한 것을 주의 깊게 보아야 한다. 이 문장에서 2子 1午가 아니고 왜 1子 2午일까? 그것은 만육오가 은연중에 충은 극하는 방향이 있음을 드러낸 것이다. 즉, 子는 水이고 午는 火이므로 자오 충이 되면 수극화가 발생하여 火가 손상되는 것인데 1子 2午는 극을 받는 자가 두 개가 되어 안전하다는 의미를 보인 것이다.

만육오는 이 문장 외에도 여러 곳에서 이런 식으로 충의 한 방향성에 대한 문장을 남겼다. 고대의 형충파해에서 양자가 서로 손상된다는 논리와 다르게 충이 되면 극을 하는 자(제신)가 있고 극을 받는 자(피제신)가 있다는 극의 방향성을 암시한 것이다. 따라서 위 문장 1子 2午는 충을 받는 자 입장에서 충 방어를 설명한 것이다. 이 설명에서 충극을 받는 자는 같은 글자가 많을수록

---

30) 『三命通會』 p.901. "但得其一無衝刑剋破者, 功名富貴, 反之則否."
31) 『三命通會』 p.901. "一子二午破盡, 一半得半福, 破局 如申子辰 忌寅午戌 衝破之類 大凶."

안전하다는 것을 알 수 있고 더불어 그런 경우는 복이 발생한다는 것이다.

뒤의 문장 '파국破局은 申子辰이 寅午戌 충파沖破하는 류를 꺼리는 것이고 대흉한 것이다.'라고 한 부분도 매우 주목된다. 신자진과 인오술은 양자 모두 3합이 되는데도 불구하고 충파가 되는 것으로 설명했기 때문이다. 이 양 그룹은 실제 水와 火가 같은 세력으로 子午 충, 寅申 충, 辰戌 충이 작동한다.

申子辰 → 寅午戌

寅 ↔ 申子 ↔ 午戌 ↔ 辰　寅 ↔ 申　子 ↔ 午　戌 ↔ 辰

위 도식은 신자진 인오술 6개의 지지가 충하는 방식을 나타낸 것이다. 원국 4개와 대운, 세운까지 작용하면 6개의 지지가 두 그룹을 지어서 충할 수 있다. 또한 충이 되는 글자를 나열해 보면 2자씩 배열할 수 있고 합이 되는데도 불구하고 충이 된다는 것을 알 수 있다. 저 앞 「총론제신살」에서 합이 충파를 구한다는 것과 연계해서 설명하자면, 기존의 합이 있어도 충파는 가능한 것이고 충파 뒤에 합을 만나면 합이 충파를 구한다는 사상이 됨을 알 수 있다. 이 문장은 합이 있어도 충이 된다고 했던 최초의 『삼명통회』 문장이다.

그리고 '신자진이 인오술 충파하는 것을 꺼린다.'라는 문장 역시 충파의 방향성을 나타낸 것이다. 즉 申 자신은 水의 그룹이고 주어이다. 인오술은 火의 그룹이고 목적어인데 수세水勢가 화세火勢를 충하는 것을 우려하고 있는 것이다. 따라서 양자가 합이 되어도 충은 가능한 것이고 또 양자의 세력이 1:1로 같으면 극을 받는 자가 충을 당하여 손상된다는 사상이 나타나기 시작한 것이다.

계속해서 만육오는,

"甲의 근원은 寅인데 申이 충파하는 것을 꺼린다. 만약 2寅 1申이나 2甲 1庚이면 또한 무해하다. 甲은 힘이 있어서 나아간다(進). 또 寅이 申의 충을 받으나 亥가 있으면 가히 구할 수 있다. 亥가 강건하다면 십분 복福이 된다. '亥가 戊의 극剋이나 己의 충을 받으면 패敗가 된다.' 만일 亥자가 많으면 두렵지 않다. 또한 강력하게 나아간다(進). 진퇴가 서로 거듭되면 1성1패한다. 다만 세운이 어느쪽을 돕는가를 살펴보면 복과 화를 가히 알 수 있다.[32]"

라고 했다. 윗 문장 역시 2寅 1申이나 2甲 1庚이 안전하다고 했다. 여기서 2申 1寅, 2庚 1甲이 아니고 2寅 1申이나 2甲 1庚이라고 한 것도 金 → 木의 극 방향성을 염두에 두고 기술한 문장이고 극을 받는 木이 여러 개이면 충극을 받아도 木이 안전하다는 것을 말하고 있다. 아울러 충극이 있어도 충극을 받는 자의 세력이 왕하면 오히려 복을 불러온다고 했다.

그리고 원문 아래 문장에서 만육오는 확실하게 충이 극하는 방향이 있다는 것을 문장 속에 드러내었다. 즉, '인피신충寅被申沖'이라는 문장으로 충의 방향성을 명확하게 표현한 것이다. 인피신

---

32) 『三命通會』「明通賦」pp.901-902. "如甲朝垣於寅, 忌申衝破, 若有二寅一申, 二甲一庚, 亦無害, 以甲有力而進也. 又 寅被申沖, 有亥可救, 亥字堅盛, 爲福十全. 亥或受戊克, 己沖則敗. 若亥字多不怕, 亦强而進也. 進退相仍, 一成一敗. 只看歲運助起何邊, 爲福爲禍可知."

충은 '寅이 申의 충을 받는다.'는 뜻이다. 신피인충申被寅沖이라 하지 않고 왜 인피신충이라고 했을까? 만육오는『삼명통회』에서 누차 이런 식의 문장 위주로 서술해 나갔다. 양 방향의 충을 주장하는 전대의 이론을 존중하면서도 자신은 한 방향의 충에 무게를 두고 설명했던 것이다.

그런데 이들 몇 개의 예문들만 보고 만육오가『적천수천미』처럼 충의 한 방향성을 확정적으로 주장했다고 보기는 어렵다.『삼명통회』안에서 만육오가 주註한 문장에는 상충, 상형한다는 문장이 간헐적으로 나오기 때문이다. 따라서『삼명통회』는 충의 한 방향성을 제시하기는 했어도 그것을 법칙으로 선언하지는 않았던 것으로 보는 것이 합당하다.

계속 위의 문장을 좀 더 분석해 본다. 寅申 충에서 寅을 합으로 구하는 亥가 戊의 극剋을 받거나 己의 충을 받으면 패敗가 된다는 문장은 명리학사에서 매우 중요한 부분이다. 이것을 도식으로 표시하면 다음과 같다.

申 → 寅亥 ← 戊   申 → 寅亥 ← 己

이것은 충이 합을 만나면 구해지나 합으로 구원하는 합신이 또 다른 지지에 의해 극충을 받으면 패敗가 된다는 것인데, 결국 합을 양쪽에서 충극하는 상이 된다. 실제 간명에서도 위 도식처럼 합을 양쪽에서 충형하는 경우가 있다. 이때 합은 어떻게 되는 것일까 라는 질문에 대한 해답이다. 합을 양쪽에서 극충하면 해합解合되어 합은 무산되고 형충은 유효해지는 것이다. 만일 申→

寅亥 ↔ 巳라면 寅亥 합은 해합되고 寅申 충, 巳亥 충으로 寅亥 2
자가 손상되어 합은 패가 되는 것이다. 이로써 합은 영원히 무너
지지 않는 절대 합이 아니고 조건에 부합하면 언제든지 해합될
수 있는 것이 합이라는 사상이 나타난 것이다.

　그런데 위 문장은 오늘날 학자들에게는 약간의 문제가 있는
문장으로 보여 질 수 있다. '亥가 戊의 극魁이나 己의 충沖'을 받는
일은 실제상에서는 없기 때문이다. 이 문장은 만육오가 합도 충
이 된다는 것을 나타낸 두 번째 문장이다. 따라서 이 두 번째 문
장은 일단 논리에 중점을 둔 것으로 이해해야 할 것이다. 만육오
는 '합신 亥가 형충 등을 받으면 패가 된다.'는 의미를 전달하고자
했던 것이다. 이 와중에 '戊의 극이나 己의 충'이라는 문장을 기록
했고 이것은 어디까지나 착오가 일어난 오교였을 것이다. 후학의
입장에서는 이 문장을 '戊의 충이나 未의 극'으로 바꾸었다면 학
자들의 이해가 좀 더 명확했을 것이라는 아쉬움이 있다.

　그런데 만육오가 '亥가 戊의 극이나 己의 충을 받으면'이라고
했던 이유를 군이 찾아본다면 몇 가지 있을 수 있겠지만[33] 군이
이유를 찾지 않아도 위 만육오 문장이 아주 잘못된 문장은 아니
다. 『삼명통회』의 만육오 문서들을 분석해 보면 만육오 시대에는
이미 충을 극으로 이해하기 시작했다. 또 역설적으로 극을 충으
로 이해했던 문서도 명서 여러 곳에 등장한다. 천간 음양이 같은
오행끼리의 극을 충으로 보았던 문서들이 다수 있는 것이다. 그

---

33) 그 중 하나는 문장의 비급화이다. 『삼명통회』 시대에는 명리의 비급이
　　돌아다니던 시대이다. 알려진 명리학자들도 명서의 진의를 애매하게 기
　　술해서 아는 사람만 알게 하고자 했던 서술이 유행했다.

렇다면 亥가 己의 충을 받는다는 문장도 오교가 아닌 당시대의 자연스러운 표현이었을 것이다. 실제 亥가 戊己에 의해 극충을 받는 글자는 巳己未이다. 당대 명리학자들은 巳를 戊로 보는 것은 자연스러운 일이고, 또 亥上에 己가 있으면 己剋亥도 가능하다. 또 未는 亥未 합에서 未剋亥라는 이론 발생도 가능하다.

또, 申 → 寅亥 ↔ 巳 식의 해합 이론은 후대에 나온 『자평진전』「논형충해합해법」에서도 나오는데 酉丑 합 때문에 子午 충이 성립된다[34]고 함으로써 결과적으로 酉⌒丑子 ↔ 午가 되어 子丑 합이 해합되는 이론이 나온다. 『자평진전』은 고대의 상충상형론을 지지하는 문서이다. 『자평진전』에서 이런 식의 문장이 보인 것은 이런 식의 해합 이론이 이미 오래전부터 구두로 전해져 내려왔기 때문일 것이다.

따라서 『삼명통회』의 위 문장에서 학자들이 취할 수 있는 것은 '합을 양쪽에서 형충하면 합은 해합되고 형충은 유효하다.'는 의미이다. 이것은 형충파해합을 연구하는 학자들에게 중요한 사항이므로 깊이 각인해 두어야 한다.

그런데, 위 원문 중에 합신 양자 중에 한 자가 같은 자 2개 이상 중복해 있거나 혹 亥가 亥卯 합 등의 세력이 있어서 합의 일방 세력이 풍후하다면 충은 무해하고 되레 복이 된다는 것도 놓치지 말아야 할 부분이다. 이 이론은 그대로 수백 년을 전해져 내려가 『적천수』에서 쇠신충왕왕신발衰神沖旺旺神發의 문장으로 소개한 것이다. 이렇게 되면 합만 중요한 것이 아니고 충형을 하는

---

34) 『자평진전』「논형충해합해법」 "子年午月, 日坐丑位, 丑與子合, 可以解沖, 而時沖巳酉, 則丑與巳酉會, 而子復沖午."

자의 세력이나 충을 받는 자의 세력을 구분하는 것도 중요한 한 간점이 된다는 것을 알 수 있다.

또 세운이 어느 쪽을 돕는가를 보면 복과 화를 안다고 했으므로 대운, 세운에 따라 형충의 변화가 무쌍함을 설명하고 있다. 만 육오의 충에 대한 이런 이론들을 깊이 음미해 보면 고전부터 명리학자들은 형충파해 보는 법이 명확했었다는 것을 알 수 있다.

2) 축술미丑戌未 삼형三刑

丑戌未 삼형三刑은 묘신墓神과 여기餘氣까지 상극에 참여하는 논리이므로 형충파해를 연구하는 학자들은 참고로 알아둘 필요가 있다. 예컨대 丑戌 형의 두 글자 개고 논리는 묘금墓金과 묘화墓火 가 투출하는 것으로 보는데 비하여, 삼형에서는 丑戌 중에 여기수 餘氣水가 묘신화墓神火를 극하는 것으로 설명하고 있기 때문이다.

위에 나온 개고장에서 『삼명통회』는 묘신과 묘신이 개고하는 전래의 개고법을 소개하다가 삼형을 설명하는 이 부분에 와서는 축술미의 여기가 축술미의 묘신을 극하는 것으로 설명하고 있다. 따라서 『삼명통회』는 형에 대해서 2가지 설을 소개하고 있는 셈 이다. 하나는 형충이 되는 순간 묘신끼리 상극하는 방법이 있고, 또 하나는 여기가 묘신을 극하는 방법이 있는 것이다.

삼형의 논리는 고중庫中의 세 가지 오행 즉, 여기餘氣, 본기本 氣, 묘신墓神까지 능활하게 작용하는 것으로 본다. 즉, 丑戌未가 3 자가 만나면 이들 암 중에 있는 乙丁丁己己戊辛辛癸 5행 9자가 동시에 다 동하는 것이다. 그러므로 이 삼형 논리는 개고 논리와 다른 삼형의 특수 논리로 인식하는 것이 좋다.

『삼명통회』의 「논삼형」 설명을 보면,

> "丑戌未를 왜 시세恃勢라고 하는가? 대개 丑中에는 旺水가 있으므로 丑은 곧 水中土이다. 戌中에 墓火가 있다. 丑은 왕수를 믿고 戌中墓火를 형한다.[35]"

라고 되어 있다. 묘신 간 개고와 다른 논리이다. 그런데 여기 축술미 삼형을 시세恃勢라고 한 말에 주목해야 한다. 시세는 '세력을 믿는다.'는 뜻이다. 丑과 戌 2자가 만나면 순간 丁己戌辛辛癸가 동하는데 이것은 火土金水 4행의 동이다. 이중 水火 사이에 木의 통관신이 없고 金金水는 3이고 火는 1이므로 왕한 여기餘氣 丑水가 약한 묘신 戌火를 극하는 것이다. 즉 丑戌 형은 水의 왕한 세력이 약한 火의 세력을 극하는 원리인 것이다. 즉, 삼형이 되면 암장신 여기와 묘신은 다 작동하게 되고 그 중에서 왕자가 약자를 극하는 방식인 것이다.

이처럼 축술미 3형은 2형과 달라서 세력이 중요하고 세력에 의해 극을 받는 자와 극을 당하는 자가 정해진다. 그래서 이를 '시세지형'이라고 한 것이다. 연속된 다음 글을 보면 시세라는 의미가 좀 더 명료해진다.

> "戌은 육갑의 존尊이다. 未는 육계의 비卑이다. 戌은 육갑지존을

---

35) 丑戌未何以謂之恃勢? 蓋丑中有旺水, 丑乃水中之土, 戌中有墓火, 丑恃旺水刑戌中之墓火.

믿고 未의 육계지비를 형한다.[36]"

戌과 未가 형하면 辛丁戊丁乙己 木火土金 4행이 동한다. 金木 사이에 水 통관신이 없고 왕한 戌金은 약한 未木을 극한다. 여기 金이 묘신 木을 극하는 것이다. 따라서 戌이 未와 형하여 삼형을 형성할 때는 木이 손상된다는 것이다.[36]

"未는 旺土가 있다. 다시 세력을 믿고 丑中의 水를 형한다.[37]"

未와 丑이 만나면 암장신이 다 동하고 丁乙癸辛己己 金水木火 土가 작용하는데 5행이 다 상생한다. 이렇게 5행 상생하면 이때 는 시세론에 의해 왕한 자가 약한 자를 극할 수 있다. 즉, 丑未는 둘 다 土이고 未土가 가장 왕한 자이므로 未土가 丑水를 극할 수 있다는 것이다. 未丑 형은 본신 未土가 여기 水를 극하는 것이다. 그래서 未土가 丑水를 형하는 것인데 모두 세력에 의해서 형을 보는 것을 설명하고 있고 그 중에 土도 세력에 포함된다.

『삼명통회』는 축술미 삼형에 대해서 상기 설명 말고 또 다른 설을 소개하고 있는데, 거기서 나온 문장도 축술미 삼형이 세력 에 의한 극이라는 것에는 변함이 없다.

"또 이르기를 未는 丁火를 믿고 丑中의 金을 형할 수 있고, 丑은 旺水의 세를 믿고 戌의 丁火를 형할 수 있고, 戌은 金의 세를 믿고

---

36) 戌爲六甲之尊, 未爲六癸之卑, 戌恃六甲之尊刑未六癸之卑.
37) 未有旺土, 複恃勢刑丑中之旺水.

未의 木을 형할 수 있다. 고로 가로되 시세라고 한다.[38]"

이 설도 왕한 자 여기餘氣가 약한 자 묘신墓神을 형하는 원칙은
같다. 두 설을 종합하면 삼형은 여기가 묘기墓氣를 형하는 이론이
고, 다만 저 위쪽의 원문은 未丑 형으로 본기 未中土가 여기 丑中
癸水를 형한다고 한 것만 다르다.

축술미 삼형 안에서 개별적 2형이 작용하는 도식을 보면 다음
과 같다.

丑中癸水(餘氣) ⇒ 戌中丁火(墓神)

戌中辛金(餘氣) ⇒ 未中乙木(墓神)

未中丁火(餘氣) ⇒ 丑中辛金(墓神)

未中未土(本氣) ⇒ 丑中癸水(餘氣)

결론적으로 축술미 삼형이 되면 암장신 9개는 다 작동하는 것
이고 이 중에 여기가 묘고를 극하는 것은 여기가 묘고보다 힘이
강하기 때문이라고 생각하기 쉬운데, 실제는 그렇지 않을 것으로
본다. 본기가 여기를 극하는 위 원문 분석에서도 보듯 여기가 묘
고를 극했던 것은 여기의 오행이 왕신의 대표가 되기 때문이었을
것이다. 위 3형의 논리는 암장신 9자가 다 동하는 것을 원칙으로
하고 있다. 이것은 상황이 되면 묘신이 묘신을 극하거나 묘신이
여기를 극할 수도 있다는 말이 된다. 다만 축술미 삼형은 세력이

---

38) 又云 : 未恃丁火之勢以刑丑中之金, 丑恃旺水之勢以刑戌中之火, 戌恃辛金
之勢以刑未中之木, 故曰恃勢.

형하는 시세지형이기 때문에 축술미와 火金水만 있는 곳에서는 묘신이 여기를 극하는 일은 없는 것이다.

그렇다면 축술미에 다른 오행이 함께 있을 때는 어떻게 될까? 그때는 왕자와 쇠신을 가려서 묘신이 왕의 대표가 되면 묘신이 묘신을 극하거나 묘신이 여기를 극하는 것도 가능할 것으로 보아야 할 것이다. 필자는 실 사례에서 그런 자료가 나타나고 있는 것을 발견했다.

이상의 丑戌未 삼형三刑의 논리를 다시 정리하면 암장 9자는 다 동한다. 土는 손상이 없고 내장물만 손상된다. 내장물 여기 대 묘신餘氣對 墓神, 본기 대 여기本氣對 餘氣의 극을 설명한 것이다. 시세지형은 세력이 왕한 자가 약한 자를 극하는 원리이다. 이런 것을 고려할 때 丑戌未 삼형이 되는 순간 묘墓와 묘의 형이나 묘와 여기의 형도 가능할 것으로 본다.

한편 충의 이론은 묘와 묘의 개고이고 상극론을 설명하고 있는 것에 비하여 삼형은 여기와 묘신의 상극론을 말하고 있고 결론적으로 삼형은 왕세가 약세를 극하는 논리가 주 간점이 된다. 삼형에서 왕세와 약세를 따져서 결과를 추론하는 이런 논리는 『적천수천미』에서는 좀 더 구체적으로 발전하여 설명하고 있으므로 후대 학자가 형충파해를 이해하는데 이 삼형의 논리는 자못 시사하는 바가 크다.

그런데 묘墓 개고론에서 형충은 묘신끼리의 개고를 논하고, 삼형에서는 시세恃勢를 논했던 것을 두고 책을 읽는 독자들은 헷갈려 할 필요는 없다. 삼형의 논리는 어디까지나 3형이 성립된 상태에서 나타나는 시세에 의한 극의 현상이다. 3형이 아닌 2형에서는 굳이 3형의 논리를 신경 쓸 필요는 없고 묘신과 묘신의 개고 논리를 그대로 적용하면 된다.

또 축술미 3글자가 모인 삼형은 시세론을 따르는 것이 원칙인만큼, 丑戌未와 나머지 지지 한 자가 木, 火이면 木火 세력이 왕한 자가 되므로 이때는 묘신과 묘신의 극인 丑戌 형 火剋金을 적용하는 것이 가능하고,[39] 丑戌未와 나머지 한 자가 金, 水이면 金水가 왕한 자가 되므로 이때는 여기와 묘신의 상극인 水剋火를 따르는 것이 시세론의 사상에 부응하는 것[40]이 된다 할 것이다.

다만 주의해야 할 것은 묘신간 개고론 취용자들은 삼형에서도 천편일률적으로 묘신의 개고론만 적용하려 해서는 안 된다는 것이다. 이미 축술미 삼형에서 묘신과 여기가 다 동한다는 이론이 나온 바이므로 축술미 삼형에서는 반드시 여기의 동을 고려해야 하기 때문이다.

---

39) 丑戌卯未의 오행을 나열하면 木木火火土土土金金水의 상이 된다. 여기서 실제 卯木의 역량은 타의 2배 이상 역량이 있으나 卯木을 대략 1개라고 해도 木火의 역량은 4가 되고 金水의 역량은 3이 된다. 최왕자 5토가 3水를 극하는 토극수는 논리적으로는 가능하나 실제는 그런 일이 일어나지 않는다. 丑土에서 투출한 癸水는 土를 벗어난 水이기 때문이다. 따라서 암장신 중에 실제 최왕한 자는 木火의 세인 火이고 4火의 역량이 있다. 土를 뺀 金의 역량은 2金이다. 따라서 4:2의 火剋金이 작동한다. 화극금을 재현하는 형식은 미술 형, 미축 형, 축술 형인데 이중 미술 형은 묘신이 여기를 극하는 화극금의 논리 자체가 없으므로 성립 불가하고, 미축 형은 여기가 묘신을 극하는 화극금이므로 성립 가능, 축술 형은 묘신이 묘신을 극하는 것이므로 성립 가능하다. 따라서 축술미 삼형에서 목화가 왕하면 화극금이 작용하게 된다.

40) 丑戌酉未의 오행을 나열하면 土土土金金水木火火의 상이 된다. 이중에서 5토가 4수를 극하는 토극수는 제외하고 암장신 중에 최왕한 자는 金水 도합 4水의 역량이 있다. 火는 목화 도합 3水이다. 이 수극화가 작용하는 형식은 축술 형 하나뿐이다. 여기가 묘신을 극하는 시세지형의 논리에 부합하는 것이다.

『삼명통회』자체가 丑戌未 삼형을 특수 논리로 취급하고 있고 고庫에서 여기가 동하는 문서 자체는 오로지 삼형에만 있는 내용이다. 다만 여기餘氣도 개고로 볼 수 있는 여지를 남겨둔 한 문장은 있는데 『삼명통회』「논잡기」에 다음의 문장이 바로 그것이다.

"辛일이 己丑시를 만나면 험난하다. 재관이 매몰된 未가 충하면 기특하다.[41]"

위 문장 중에 未는 丁乙己가 암장되어 있는데 丑시와 충하면 암장된 '재와 관'이 발한다는 뉘앙스를 준다. 축미 충은 원래 축미 형도 되므로 未中乙財 묘신만 아니라 未中丁官 여기도 개고한다는 생각을 갖게 할 수 있는 것이다. 이 문장 때문에 필자는 명서들을 일일이 검색해 보았다. 결과는 여기餘氣가 개고된다는 것을 추적할 수 있는 문장은 『삼명통회』이 부분뿐이었다.

그런데 이 문장도 저자가 축술미 삼형이 될 때를 감안하여 쓴 글일 수도 있고 또 未는 그 자체가 남방 관성이 작용하는 운이기 때문에 형이 아니어도 여기 관성이 작동하는 것으로 보아도 되는 내용이다. 따라서 이 자료만 갖고 삼형이 아닌데도 불구하고 丑未 2자 형에서, 선뜻 여기도 개고된다고 보기는 어려운 일이다. 따라서 현재로서는 축술미 삼형 될 때만 여기가 동한다는 것으로 결론지을 수밖에 없다.

---

41) 『삼명통회』「논잡기」 "己丑時逢辛日險, 財官埋沒未爲奇 : 六親骨肉多刑害, 年月衝開富貴推."

乾 윤선거尹宣擧[42]   1610년

87 77 67 57 47 37 27 17 07	時 日 月 年
壬 辛 庚 己 戊 丁 丙 乙 甲	庚 壬 癸 庚
辰 卯 寅 丑 子 亥 戌 酉 申	子 申 未 戌

24세 癸酉(1633)년 생원 진사시에 합격하고 성균관에 들어갔다. 27세 병자호란(1636년 12월 28일) 때 강화도 성문을 지켰으나 강화가 점령당하여 친구들과 처는 죽었으나 평민 복장으로 탈출하여 혼자 살아남은 것을 자책하고 평생 벼슬에 나아가지 않고 성리학을 연구했다. 60세 己酉년(1669년 4월 21일, 己巳 癸未), 병으로 죽리竹里에서 사망. 영의정에 추증되었다. 송시열과는 친구이자 사돈이지만 예송논쟁 이후 평생 적이 됨.

未戌 형으로 未土가 동하고 정관격이다. 未 정관은 지지에 있고 庚 인수가 천간에서 작동하여 평생 학자로 살았다.

己丑 대운에 己 정관이 노출되지만 길신 정관운에 사망했고, 사망한 뒤에야 영의정에 추증된 것이 아이러니하다. 원국에 식상이 없고 다만 丑운은 金 인수가 입묘운이다. 신약관왕이라면 정관이 흉인 것이 분명하겠지만 壬申 일주는 신중身重하다. 丑 대운에 金 인수가 무기해도 북방 수운은 신왕한 운이다. 그런데 왜 己丑 정관 대운에 사망인가?

이때 丑戌未 시세지형 이론을 대입하면 사망 원인을 금방 수긍할 수 있다. 金水가 왕하므로 丑戌未 형을 여기 대 묘신餘氣對

---

42) http://cafe.daum.net/haksun53/43tA/442

墓神의 극 즉, 水剋火가 작동한다. 丑 대운에 火 재성의 손상은 곧 정관의 근원을 손상하는 것이라 흉 대운이 된다.

60세 己酉년 己巳월은 대운, 세운, 월운이 己 중관重官 흉운이다. 정관이 중첩되면 잡관이 되어 흉을 짓는다. 세운은 대운과 다른 반국反局 운이 작용하여 사망한 것이다.

시세지형 삼형 설명에서 여기가 동하는 것을 소개했던 만육오는 막상『명통부』를 주해하면서는 2자字 형에 대해서 확실하게 묘신간의 개고설을 강조했던 문장이 나온다. 관련된 내용은 다음과 같다.

명통부 : "관의 녹이 극파되면 요사한다. (정관의) 묘고墓庫가 충衝되어 흩어져도 먹을 찬이 없다. 거듭 파괴되어 의지할 것 없는 것을 꺼린다. 비견으로 가히 구하는 것을 기뻐한다.[43]"

육오해 : "甲 일간이 丑을 보는 것은 관고이다. 未字를 만나야 충개衝開하는데 未가 2丑를 만나도 안 되고 丑이 2未를 만나도 안 된다.[44]"

위『명통부』원문은 삼형이 아닌 고庫와 고 2자字가 만나 충할 때에 대한 문장이다. 고에 암장된 묘신 정관이 충파되면 흉하다는 것을 기술하고 있다. 예컨대 庚일 戌월이라면 戌中丁은 정관

---

43)『삼명통회』「명통부」p.924. "官祿剋破夭死兮, 庫墓衝散無餐兮. 忌重破而無依, 喜比肩而可救."
44)『삼명통회』「명통부」p.924. "又如甲以丑爲官庫, 要得未字衝開, 用未不可見二丑, 有丑不可見二未."

의 녹이다. 辰을 만나 충하면 戌中丁이 손상되고 흩어지는 것이 므로 좋지 않다는 것이다.

밑의 만육오 주해는 거듭 충파되는 문제에 대해서 만육오의 의견을 달은 것인데 甲일이 丑을 보면 관고官庫라고만 했다. 이것이 주목되는 문장이다. 丑未 충은 형도 되는 것이고 丑에는 癸辛이 암장되어 있는데 관인고官印庫라고 하지 않고 유독 辛 관官만 지칭하여 관고라고만 말한 것이다. 평상시 습관적으로 묘신墓神 관고에 포인트를 두고 설명했다고 볼 수 있는 내용인 것이다.

한편 밑의 문장은 만육오가 1자字 대 2자의 충은 충이 불가한 것으로 설명한 것이다. 예들 들어 甲일 丑월은 丑에 관고가 있는 것이 명을 보는 하나의 포인트인데 未를 만나 충하면 辛 관官이 개고되어 작동하지만 혹 '未가 2丑을 만나거나' '丑이 2未를 만나면 개고가 안 되어 관고는 허망하게 된다.'라는 설명인 것이다. 만육오가 고대 이론을 따른 것이다.

원래 고전의 丑未 충 1:1의 상태에서는 丑에서 辛金이 개고하고 未에서는 乙木이 개고한다. 그런데 1丑 2未나 1未 2丑의 충은 성립이 안 된다는 것이다. 이것은 1子 2卯 불형론이나 1子 2午 불충론과 같은 논리이다. 단순한 1:1의 개고에서는 丑未 충의 순간 辛이 개고하고 乙木이 개고하는 바이지만, 未가 중첩해서 작용할 때(1丑 2未)는 未가 세력을 형성한 것이다. 따라서 未中乙은 2개가 되어 충에서 안전하거나 아니면 아예 충이 작용하지 않는다는 논리인 것이다. 삼형의 시세지형은 각각 다른 글자 3개가 모여서 丑戌未 삼형을 이룬 것이므로 1未 2丑 등과는 구분해 주어야 한다.

그런데 이런 1자 대 2자의 형충파해 불가론도 『적천수천미』에

와서는 한낱 고대의 이론으로 취급해버렸다. 『적천수천미』는 근대 명서이기 때문에 『삼명통회』와 수백 년의 거리가 있다. 후대 명서는 1자 대 2자의 형충파해와 같은 유형도 절대적 법칙으로 여기지 않았다. 후대 명서는 어떻게 됐든, 합이 있든 없든 충형은 되는 것이고 이때 양 오행의 세력 중에 왕한 자는 약한 자를 극한다는 논리만을 참된眞 논리로 보는 것이다. 그런 면에서는 『적천수천미』는 축술미 삼형의 시세지형론을 지지한 것으로 볼 수 있다.

결론적으로 고와 고가 만나는 2자字의 형은 묘신간 개고론을 취해야 한다는 것을 알 수 있다. 전술한 대로 만육오도 축술미 삼형에는 시세지형을 소개했으나 2자 형에서는 묘신간 개고론을 서술했기 때문에 이것으로 당시대의 개고 간명법看命法을 파악할 수 있는 것이다. 실제 사례가 하나 있다.

乾 『적천수천미』「반국反局」									時 日 月 年
丙 乙 甲 癸 壬 辛 庚 己 戊 丁									戊 辛 丙 戊
寅 丑 子 亥 戌 酉 申 未 午 巳									戌 丑 辰 戌

초운 火土에 형상파패刑喪破敗했고 탕진하여 남아있는 것이 없었다. 한번 庚申으로 바뀌자 크게 때를 얻었고, 辛酉 대운에 酉丑이 공拱하여 돈을 바치고 벼슬에 나아갔다. 壬戌 대운은 쾌오낙직(罣誤落職: 일이 잘못되어 낙직)했다.

삼형이 아닌 丑戌 형 2자字 형이 있다. 丑戌 형을 여기 대 묘신 水剋火의 논리로 보면 壬戌 대운 낙직에 대한 답이 나오지 않는

다. 戊 인수가 丙 관官을 쓰므로 水 식상은 기신이 되고 庚申, 辛
酉 서방운은 水 식상을 돕는 흉운이므로 벼슬에 나아가기도 힘들
다. 壬戌 대운도 戊土가 壬 식상을 제압하고 있기 때문에 길 대
운이다. 따라서 반드시 낙직하는 운은 아니다.

　그런데 2자의 丑戌 형을 묘신 대 묘신 火剋金 개고 논리로 보
는 것은 사례와 맞아떨어진다. 丑中辛 녹신 손상이 주 간점이 되
기 때문이다. 천간 丙 관官이 辛 일간을 합극하고 지지 丑戌 형은
戊丁 편관이 丑辛 녹신을 손상한다. 이것은 천합지형이고 마치
관살혼잡이 작동한 것과도 같다. 이때 지지 水 식상은 길신이 되
고 土 인수는 흉신이 된다. 당연 남방 火土운은 고난이 많고 金
水운은 길운이 작동하는 것이다.

　이 명조를 천간 丙 관官에다만 간점을 두고 丑戌 형 화극금을
무시하게 되면 壬戌 대운에 壬 상관이 戊 인印에 제어되는 길운
으로 나오게 되므로 쾌오낙직한 것이 이해되기 어려운 것이다.

3) 인사신寅巳申 삼형三刑

　『삼명통회』의 寅巳申 삼형 무은지형無恩之刑 역시 丑戌未 삼형
처럼 암장신끼리 상극하는 논리로 인하여 형이 성립된다고 설명
하고 있으므로 寅巳申 삼형 논리 역시 형충파해를 연구하는 학자
들은 기본적으로 알고 있어야 한다.

　왜냐하면, 子卯 무례지형無禮之刑의 경우에는 순수 子와 순수
卯가 형하는 것이다. 암장신을 극하는 것이 아니고 표면에 나타
난 오행을 형하는 것이기 때문에 서로 손상이 된다. 그러나 이것

도 종국에는 子卯가 있는 8자 내에서 水가 왕하면 卯가 손상되고 木이 왕하면 子가 손상되는 것으로 볼 수 있다. 그러나 같은 세력 하에서 子卯 형은 서로 손상되는 것으로 보는 것이 원칙이다.

그에 비하여 사맹 형刑인 寅巳 형, 巳申 형, 申寅 형 등은 표면에 있는 오행을 공격하는 것과 동시에 암장신도 상대를 공격하는 것이므로 암장신도 극의 주체가 된다. 8자 내에서 누구를 극하는 것이 유리하고 불리한가를 가려야 할 때는 분명한 극의 대상을 알 수 있으므로 子卯 형, 卯午 파破와는 다르다. 『삼명통회』「논삼형」 내용은 다음과 같다.

"寅巳申을 왜 무은지형無恩之刑이라 하는가? 寅中甲木이 巳中戊土를 형하기 때문이다. 戊는 癸水의 상합을 요한다. 즉, 癸水는 甲木의 모母이다. 戊土는 癸水의 남편이고 또 甲의 부父이다. 저것은 내(甲)가 부(戊)를 형하므로 은혜를 잃은 것이다. 巳中丙이 申中庚을 형하고, 申中庚이 寅中甲을 형하는 이치 또한 같다.[45] 또, 이르기를 寅中生火가 巳中生金을 형하고, 巳中生土가 申中生水를 형하고 申中生水가 寅中生火를 형한다. 불휼소생不恤所生이 멀리서 상극相克하므로 무은이라 한다.[46]"

본문 삼형 설명은 두 가지 이론을 다 소개하여 표면과 암장신

---

45) 然寅巳申何以謂之無恩? 蓋寅中有甲木刑巳中戊土, 戊以癸水相合爲要, 則癸水者, 甲木之母也. 戊土既爲癸水之夫, 乃甲之父也, 彼父而我刑之, 恩斯忘矣. 巳中之丙刑申中之庚, 申中之庚刑寅中之甲, 准此同義.

46) 又云 : 寅有生火刑巳上生金, 巳上寄生之土刑申上長生之水, 申中生水刑寅中生火. 不恤所生, 遙相克制, 故曰無恩

이 동시에 극하여 상형이 된다는 것을 설명하고 있다. 즉, 본문 상의 문장은 표면에 있는 오행이 극하는 이론이다. 巳申 형刑과 申寅 형은 화극금, 금극목의 표면 오행의 극을 말하고 있고 寅巳 형은 본기 甲이 상대 巳 중에 암장되어 있는 戊를 극한다고 하지 만 본래 巳와 戊는 같은 것으로 볼 수 있으므로 이 역시 표면 오 행의 극이라고 할 수 있다. 아래 문장의 이론은 암장 여기가 여 기를 극하는 경우를 설명한 것이다.

이 두 가지 이론을 종합해서 관찰해 보면 寅巳申 삼형은 표면 적으로는 목극토, 화극금, 금극목으로 상대를 극하고 또 다른 상 대에 의해 극을 받아 자신도 파손되는 상형이론이다. 그리고 암 장에서도 여기가 화극금, 토극수, 수극화로 상대 오행을 극하는 동시에 또 다른 상대의 여기에게 극을 받아 파손되므로 寅巳申은 내외부에서 3자字가 쫓기고 쫓으면서 상대를 파손하는 논리이다. 그러므로 이 3자 중에 1자라도 결여되면 삼형은 불가하게 된다.

그런데 3자를 다 만나지 않고 寅巳, 巳申, 寅申 2자씩 만나는 경우는 어떠할까? 일단 여기에 대해서『삼명통회』는 따로 설명한 것이 없다. 당시는 양자 서로 손상이 원칙일 때라 2자가 만나 한 방향의 극으로 1자만 손상되는 이론 자체가 불필요하기 때문이 다. 또 후대 명서『자평진전』에서 2자 형을 서로 손상으로 취용하 고 있으므로 이러한 고대 간법을 고려한다면 2자 형은 서로 손상 되는 것이 원칙이라 할 것이다.

그런데 고대에서 2자 형을 서로 손상되는 이론을 취하게 된 이 유 중에 하나는 내부의 상극 때문이라고 할 수 있다. 寅巳는 서 로 목극토 금극목이 가능하고, 巳申은 서로 화극금 수극화가 가능하고 寅申은 금극목 화극금이 가능한 것이다. 표면은 본기가 상대 본기를 극하지만 암중에서는 여기가 상대 본기를 극하여 상형相刑하는 것이다. 축술미 삼형에서도 이미 여기 오행이 동하여 묘신을 극하는 이론이 나온 이상 암장신의 오행은 본기, 여기, 묘신 누구를 막론하고 극의 작용이 유효하다는 원칙은 고대부터 서 있는 셈이다. 따라서 여기가 상대 본기를 극하여 상형이 되었다는 이론도 전혀 생소한 논리는 아닐 것이다.

그렇다면 현대 명리에서는 이 2자의 관계를 어떻게 보았을까? 『적천수천미』는 우선 왕자와 쇠자로 형충파해를 봄으로 寅巳申에 암장되어 있는 여기 丙, 庚, 壬도 왕쇠에 영향을 주는 오행으로 본다. 그리고 지지 한 글자가 다른 글자를 대동하여 세력을 형성하면 역극역충할 수 있다는 이론이 있다. 예를 들어 寅申 형刑은 금극목이 정상이지만, 寅이 午와 합이 된 상태에서 申을 형하면 화극금이 작용하고, 申巳 형은 화극금이 원칙이나 申이 子와 합이 되어 형하면 수극화가 가능하다고 보는 것이다. 이 또한 왕자와 쇠자를 기본한 것이지만 어디까지나 암장 오행이 겉으로 표출해야 역극이 가능하다는 원칙을 지키는 것이다.

『천미』이후 현대에서도 필자는 월지에 한해서는 『자평진전』의 이론을 따라 申巳 형이 서로 손상되는 상형이 유효한 것으로 본다. 뿐만 아니라 세력을 중시하는 월지외 지지에서도 고대처럼 申巳 형을 서로 손상되는 상형相刑으로 보는 것을 열어두어야 한다고 생각한다. 왜 이런 말을 하는가 하면 월지가 아닌 申이 子나 辰을 대동하지 않은 申巳 형에서 巳가 손상되는 것으로 보아야 하는 사례들이 심심치 않게 나오고 있기 때문이다. 申巳 형

내부에는 이미 壬水가 있기 때문에 막연히 부정할 수만은 없다. 이 부분에 대해서는 앞으로 명리학자들의 연구가 있어야 할 것으로 본다.

이상을 정리해 보면 축술미 삼형은 세력으로 극하므로 시세지형이라고 하지만 인사신 삼형 무은지형은 내외 안팎으로 3자가 철저하게 서로 극하는 논리이다. 그렇다면 이런 논리 속에서 형이라는 명칭은 세우지만 그 내면에는 상극하는 원리를 따르는 것임을 알 수 있고, 이런 것들은 장차 지지 형충파해가 복잡하게 뒤섞여 있는 명조를 살펴보는 데 있어서 하나의 일정한 규칙을 가지고 계산할 수 있는 장점이 된다. 즉, 형충은 대개 상극하는 원리에 의해 간명하면 된다는 요점을 얻을 수 있는 것이다.

2. 『자평진전』의 형충파해 간법

　『삼명통회』에 나오는 개고론이나 삼형론 등을 읽어보면 형충이라는 말을 사용하기는 하지만 그 내막에는 극의 원리가 중심이 된다. 형충의 극은 가격하는 자가 있고 공격을 당하는 자가 있는 극의 방향성이 있는 것을 암시하고 있다. 그런데 모든 명서가 다 그러했던 것은 아니다. 일부에서 소개하는 고대 명서에서는 양자가 서로 형충한다는 설도 있으므로 『삼명통회』는 두 가지 설을 다 취하고 있다.

　『자평진전』은 극의 방향성은 없고 고대의 이론을 따라 서로 충돌하는 상충相沖의 개념을 취했다. 예를 들어 『적천수전미』의 子午 충沖은 子가 午를 충(子→午)하는 형식이지만 『자평진전』은 子↔午, 즉 子가 午를 충하고 午도 子를 충하여 서로 충이 되는 것으로 보는 것이다.

　명서가 이렇게 다른 이론이 등장한 것에 대하여 과연 어느 것이 맞는가 라는 질문이 일순간 들겠으나 독자들이 다음 장 『적천수천미』의 형충파해까지 읽어가면 자연스럽게 취사선택이 되리라 보이므로 여기서는, 다만 명서가 지지 오행의 속성에 의한 극의 방향성이 있다는 설이 하나 있고, 또 양자가 서로 충하고 서로 형하는 상충상형의 논리가 하나 있는데 『자평진전』은 고대의 설에 입각하여 서로 충(相沖)하고 서로 형(相刑)하는 논리를 취했다는 것을 기억해 두면 된다.

『자평진전』의 형충파해합 논리는 「논형충회합해법」에서 상세히 다루고 있고 이외에도 예문이나 행운 보는 법 등에서도 다루고 있지만 논리가 모두 「논형충회합해법」을 벗어나지 않는다. 그리고 본문 내용은 주로 형충에 대해서 다루고 있으나 『자평진전』 본문 정관격 등에서는 분명 형충파해의 폐해에 대해서도 언급했다.

그리고 전래적으로 형충과 파해을 보는 방식은 같은 것으로 취급하고 있다. 다만 파해는 좀 약한 것으로 보는 편이다. 따라서 본서만 아니라 어느 명서든 형충만 다루고 파해를 상세히 다루지 않더라도 파해를 보는 법이 형충의 논리와 같다고 이해하면 된다.

『자평진전』은 「논형충회합해법」장만 아니라 전체 문장 속에서도 간헐적으로 형충에 대한 것들을 다루었다. 그중에 「논용신성패구응」에서는 "예컨대 정관이 재와 인수를 만나고 또 형충파해가 없으면 정관격은 성격된다."라고 함으로써, 『옥정오결』의 이론을 받아 들여 지지가 파괴되는 것은 형충파해가 될 때라고 했다.

또 뒤의 문장에서는 "무엇을 구응이라고 하는가? 예컨대 … 정관이 형충이 있어도 회합으로 해소한다. …" 라고 하면서 지지에서 월지 정관에게 손상을 입히는 것은 형충파해이고, 또 형충파해를 해소하는 지지는 회합이 되는 글자라고 했다.

그런데 『자평진전』의 형충파해합 간법은 고대에 양자가 서로 손상된다는 상충 이론을 취용하고 있으므로 이 『자평진전』식 형충론은 다른 형충론과 상충되는 이론이다. 따라서 『자평진전』의 형충론은 오늘날 천간을 보는 격국법에서만 제한적으로 쓰는 것이 좋다고 생각된다. 그렇지만 진술축미의 토동론土動論과 형충으로 형충을 해소하는 법 등은 『자평진전』에서만 나오는 유일한 이론이므로 다른 명서와 결부하여 같이 사용해도 좋다.

1)『자평진전』의 진술축미辰戌丑未 형충론刑沖論

『자평진전』에서 특별한 점은 진술축미 4고의 형충론이다. 그동안 명서에서 다루지 않던 이론이라 새롭기도 하고 중요하기도 하고 일방 연구 과제이기도 하다. 묘고의 형충에 대해서는 「논묘고형충지설論墓庫刑沖之說」에 상세하게 이론을 펼치고 있다. 주 내용은 개고론을 부정하고 사묘四墓가 형충이 되면 토동土動한다는 것이다. 관련된 내용은 다음과 같다.

"진술축미는 형충을 기뻐한다면서 재관이 입고入庫하면 충하지 않으면 발하지 않는다고 하는데 이것은 속서俗書의 설이다. 자평 선생은 그런 말을 한 적이 없다. 대저 잡기가 투간회지透干會支한 것이 어찌 심히 아름답지 않겠는가? 또 어찌 형충을 쓴단 말인가?[47]"

「묘고형충지설」 첫머리부터 개고설을 부정하는 문장으로 시작한다. 개고설을 속서俗書의 설이라고 깎아내리면서 자평 선생은 그런 말을 한 적이 없다는 것이다. 그런데 이 문장은 저자의 착각이다. 서자평은 『명통부』에서 "관고재고官庫財庫를 충으로 열면

---

47) 十七, 論墓庫刑沖之說 : 辰戌丑未 最喜刑沖 財官入庫 不沖不發. 此說雖俗書盛稱之 然子平先生造命 無是說也. 夫雜氣透干會支 豈不甚美 又何勞刑沖乎.

영봉작록榮封爵祿한다. 닫히면 가난하고 재물이 등을 돌린다.[48]"라고 하면서 명서 초기부터 분명하게 개고설을 논했던 적이 있다. 그러므로 이 문장은 저자가 천간 간법을 중심으로 명리 이론을 소개하다보니 개고론이 장애가 되었고 그런 입장에서 결국 개고설을 부정하기에 이른 것으로 받아들여야 할 것이다.

"이르되 인고印庫는 충개沖開해야 가可하다고 하나, 하물며 사고의 충은 오행이 다 갖춘 것이지만 土가 주主가 된다. 충한 즉 土가 영험한 것인데 金木水火가 어찌 사고의 충으로 동動한단 말인가.[49]"

『자평진전』저자는 잡기 암장물 金木水火 자체가 있는 것은 일단 인정한다. 그러나 암장물 묘신이 개고하여 작용하는 것은 인정하지 않고 형충이 되면 다만 土가 작용할 뿐이라고만 했다. 잡기 암장물은 오직 투간회지透干會地로 암장물과 상통했을 때만 의미가 있다는 것이다.

그런데 우선 묘고 형충이 될 때 土가 동한다는 이것을 간단히 이해하고 넘어갈 문제가 아니다. 월지에 있는 土가 동하면 천간에 투출한 오행에까지 상생상극의 영향을 주게 되므로 길신이 투간했을 때는 흉이 발생하고 흉신이 투간했을 때는 길이 발생하므로 간단히 치부할 문제가 아닌 것이다. 다음은 그 관련된 내용이다.

---

48) 『三命通會』「明通賦」p.909. "官庫財庫, 衝開則榮封爵祿, 塞閉則貧乏資財."
49) 十七, 論墓庫刑沖之說 : 謂之沖開印庫可乎 沖四庫之中 雖五行俱有 而終以土爲主 沖則土靈 金木水火 豈能以四庫之沖而動乎.

"재관이 水가 되고 충沖하면 도리어 누累가 된다. 예컨대 己생 辰월이 투임透壬하여 재財가 되고 辰戌 충은 戊土 겁재가 동하는 것인데 무슨 이득이 있겠는가? 丁생 辰월 투임透壬하면 정관이 되는데 辰戌 충은 戊 상관이 동하는 것인데 어찌 해로움이 없겠는가? 이것을 가히 이르되 임수재고壬水財庫를 봉충逢沖하여 관고官庫를 여는 것이라 하겠는가? 사람들이 이런 이치를 모르고 있다.[50]"

己생 辰월과 丁생 辰월이 투임透壬하면 재관격이 되는데 이때 辰戌 충이 되면 戊土가 동하기 때문에 '진토극임辰土剋壬'의 사건이 발생한다는 것을 시사하고 있다. 충으로 월지 辰土가 동하면 극수가 작용하는 순간이 되는 것이다.

그런데 상기 문장은 辰戌 충으로 토동은 명확하게 제시하나 辰土가 透壬을 극한다는 실제적 문장은 없어서 이 부분에서 독해가 난해한 문장이 되었다. 그런데 「논잡기여하취용」장에서는 명확하게 이 부분을 제시했다.

"甲생 辰월이 투임透壬하면 인수격이다. 丙이 투출하지 않고 戊을 만나 辰戌 충沖하면 둘은 붕충이고 토동土動이다. 간두干頭 임壬 인印이 비록 월령月令에 통하나 인격印格은 불성不成한다.[51]"

---

50) 『자평진전』「논묘고형충지설」 "至於財官爲水 沖則反累 如己生辰月 壬透
爲財 戌沖則劫動 何益之有 丁生辰月透壬爲官 戌沖則傷動 豈能無害 其
可謂之逢沖而壬水之財庫, 官庫開乎 今人不知此理."

51) 『자평진전』「논잡기여하취용」 "甲生辰月 透壬爲印 雖不露丙而支逢戌位
戌與辰沖 二者爲朋 沖而土動 干頭之壬 難通月令 印格不成 是皆有情而
卒成無情 富而不貴者也."

辰戌 충은 붕충이고 토동이라 했고 진토가 동하여 임인격壬印格이 불성한다 했으므로 이것은 진술 충으로 '진토극임辰土剋壬'이 된다는 것을 명확하게 제시한 것이다. 진술 충으로 토동해서 천간의 오행을 극하는 이런 연속적인 작용은 실 간명에서 인동론과 더불어 유용한 한 간법이 된다.

참고로 「논잡기論雜氣」에서 나온 잡기 취용에 대해 중요한 문장 몇 개를 더 소개하도록 한다.

"무엇이 (운에 의한) 성격成格인가? 본명本命 용신用神 성립이 완전하지 못하나 운을 만나 비로소 성격되는 것을 말한다. 예를 들면, 丁생 辰월이 壬이 투간하면 정관인데 운에서 申子를 만나 회會를 이룬 경우가 그러하다.[52] 甲생 辰월이 투계透癸하면 인印이 되는데 또 회자회신會子會申하면 성국成局되어 인수지격印綬之格이 된다. 청清해져서 불잡不雜하기 때문이다. 이러한 투간회지透干會支는 배합配合이 유정有情하다.[53]"

잡기는 청탁을 보는 것이 기본이다. 즉, 『자평진전』에서 잡기는 '투간회지透干會支 중에 청자清者가 용신'이라는 기준을 명료하게 제시하고 설명했다. 위의 두 문장은 월지 辰土에서 투임透壬한 정관과 인수가 월지 진토로 인하여 탁해져서 인격印格 정관격正官格이 미성未成한 상태라는 의미를 내포하고 있다. 그런데 마침 辰

---

52) 『자평진전』 「논용신성패구응」 "何爲成格? 本命用神, 成而未全, 從而就之者, 是也. 如丁生辰月, 透壬爲宮, 而運逢申子以會之."
53) 甲生辰月 透癸爲印 而又會子會申以成局 印綬之格 淸而不雜 是透干與會支 合而有情也.

이 子나 申과 합이 되어 성국成局되면 비로소 인수격이나 정관격이 성립된다는 것이다. 월지 진토에서 수국이 발생하면 수가 왕성해지고 수가 왕성해지면 수의 손상을 보충할 수 있으므로 성격이 된다는 것이다.

"잡기 칠살은 간두干頭에 재가 불투해야 청용淸用이 되고 또한 귀貴가 된다."[54]

위의 문장은 辰土에서 투임한 것이 편관이라면 진토극임辰土剋壬 등을 좋게 본 문장이다. 편관은 역용해야 하는데 진토 식상은 편관을 제하는 역할을 하므로 진술 충이 없어도 진토투임辰土透壬 자체가 유효한 것이고 청용이 되고 귀격이 된다는 것이다. 다만 이때 중간에 재財가 끼면 안 된다는 것이다. 이것은 월지에 있는 辰土는 壬癸에 대해서만은 토의 영향력이 미친다는 것을 시사한 문장이다.

"또 丙생 辰월이 투무透戊하면 식신이 된다. 또 투임透壬하면 살격煞格이 된다. 양간병투상극兩干竝透相克이다. 그런데 극을 받는 자가 편관이다. 예컨대 식신대살, 살봉식제 이자二者는 다 미격美格이므로 더욱 귀할 뿐이다."[55]

---

54) 『자평진전』 「잡기여하취용」 "更有雜氣七煞 干頭不透財以淸用 亦可取貴."
55) 『자평진전』 「잡기여하취용」 "又如丙生辰月 透戊爲食 而又透壬爲煞 是兩干竝透而相剋矣. 然所剋者乃是偏官 譬如食神帶煞 煞逢食制 二者皆是美格 其局愈貴. 是皆無情而終爲有情也. 如此之類 不可勝數 卽此爲例 傍悟而已."

위 문장은 辰土에서 戊 식신이 투간하여 壬 편관을 제하는 경우의 문장이다. 투간하지 않은 진토 식신이나 투간한 戊 식신은 다 편관을 제하여 미격美格을 만든다는 것이다. 잡기나 맹기나 투간 흉신이 극을 받으면 성격되나 투간 길신이 극을 받으면 투간신은 격이 되지 못하고 본격으로 회귀한다는 것을 알 수 있는 문장들이다.

다시 「논묘고형충지설論墓庫刑沖之說」 본문 설명으로 돌아가서 나머지를 설명한다. 논의 문장 중에 입고入庫와 출고出庫에 대한 논리도 기존의 이론과 다르다.

"더욱 심각한 것은 출고出庫를 투고投庫라고 하는 것이다. 丁생 辰월생이 임관壬官이 투간透干하면 고내지임庫內之壬이 간두에 투출한 것이라고 하지 않고 반대로 간두지임干頭之壬이 봉진입고逢辰入庫라고 하면서 戊의 충沖을 찾는데 이것은 관官이 상상傷함은 생각하지 않은 것이다.[56]"

위 문장은 辰월에서 투임透壬한 정관이 있는데 이것을 출고라고 하지 않고 辰에 들어간 입고라고 하면서 함부로 辰戊 충을 좋다고 하다간 임壬 관官이 손상되는 폐해가 일어나는 것을 볼 것이라는 경고를 한 것이다. 토동의 입장에서만 생각한다면 개고론은 위험한 이론이라 할 수 있다.

---

56) 『자평진전』「논묘고형충지설」"甚有以出庫爲投庫. 如丁生辰月 壬官透干 不以爲庫內之壬 干頭透出 而反爲干頭之壬 逢辰入庫 求戌以沖土 不顧其官之傷."

그런데 『자평진전』은 천간의 학문이다. 지지는 월지에만 한정하여 천간처럼 동을 논한다. 그에 비해 『삼명통회』의 형충론은 지지 전부를 논하는 학문이다. 때문에 이 두 명서가 바라보는 영역은 다르다. 따라서 『자평진전』의 토동론과 『삼명통회』의 개고론은 통합이 가능하다. 즉, 『자평진전』의 토동론에서 진토가 천간 壬을 극한다는 논리는 정설로 받아들여져도 아무 문제가 없다. 아울러 기존 개고론에서 진술 충이 되면 辰中癸水가 투출하거나, 또는 동한다는 설도 그대로 취용이 가능하다.

양쪽 이론을 결합하면 辰戌 충이 되는 순간 지지에서 辰中癸水는 동하는 것이 분명하고 투임透壬이 극을 받는 것도 분명하다. 만일 투임이 정관이라면 壬 관官이 지지 癸 관성의 도움을 받는데도 불구하고 손상되는 것이다.

그러나 만일 투임이 없을 때 辰戌 충이 된다면 辰中癸水는 분명 동動할 것이다. 그러므로 토동론과 개고론의 결합은 장애가 없다. 『자평진전』은 충으로 묘중墓中 암장신 투출에 대해서는 언급이 없기 때문이다. 또 辰이 子와 합이 되어서 왕한 상태라면 진토극임辰土剋壬이 반드시 흉이 되는 것은 아니고 오히려 水가 동하는 것이다. 이처럼 개고론開庫論과 토동론土動論은 융합이 가능하다. 실제 간명을 경험해 보면 개고론은 매우 유효한 이론이다. 계속해서 『자평진전』의 묘고형충지설을 더 보도록 한다.

"사고四庫는 충沖을 좋아한다는 것은 실제 그렇지 않고 옳지도 않다. 도리어 (이것은) 子午卯酉之類는 이자二者가 서로 원수가 되어 충극沖剋의 충을 하는 것과 다름을 모른 것이다. 사묘토四墓土가 충이 되는 것은 충동沖動의 충이다. 충극沖剋의 충이 아니다. … 그 이치가 명백하다. 사람들이 스스로 살피지 못한 것이다."[57]

저자는 충극沖剋의 충沖과 충동沖動의 충을 구별해야 한다면서 子午卯酉 등의 충은 충극의 충이라고 했다. 이들 충극의 충은 실제 오행의 상극관계이므로 극으로 손상이 있는 충이라는 것이다. 그러나 진술축미의 4고 충은 충동의 충이라고 했다. 아무도 손상되는 것은 없고 다만 붕토朋土가 동動할 뿐이라는 것이다.

끝으로 이 논리는 명백하다고 선언했는데, 저자가 많은 시간을 경험으로 증험하지 않았다면 이렇게 명백하다는 말까지 하지 않았을 것이다. 그러므로 신중하게 재삼 숙고하여 토동론土動論을 받아들여야 할 것이다.

2) 형충회합해법

『자평진전』「논형충회합해법」전문을 소개한다.

회합으로 해소

팔자의 지지 중에 형충刑沖이 있으면 아름답지 못한 것을 갖추고 있는 것이다.

---

57) 『자평진전』「논묘고형충지설」 "四庫喜沖 不爲不是. 却不知子午卯酉之類 二者相仇 乃沖剋之沖 而四墓土自爲沖 乃沖動之沖 非沖剋之沖也. 然旣以 土爲官 何害于事乎 是故四墓不忌刑沖 刑沖未必成格. 其理甚明 人自不察 耳."

삼합三合, 육합六合으로 가히 해소한다.[58]

○월○　○월○　○○월○　○○월○　│　○월○　○월○　○월○

卯酉戌　卯酉辰　未卯酉亥　巳丑酉卯　│　卯酉未　卯酉巳　卯酉丑

예를 들어 甲이 酉월에 생하고 卯를 만나면 충沖이 된다. 그러나
혹 지중支中에 戌이 있으면 卯戌 합合이 되어서 충하지 못한다. 辰
이 있어도 辰酉 합이 되어 충하지 못한다. 亥와 未가 있어도 곧 卯
가 亥未와 회會가 되어 충하지 못한다. 巳와 丑이 있으면 酉巳丑
과 더불어 회가 되므로 충하지 못한다. 이것이 회합會合으로 가히
충을 해소하는 것이다.

충沖을 해소하는 방법이다. 卯酉 충은 목과 금의 충이므로 금
극목으로 卯가 충을 받는다고 간단히 생각할 수 있는데『자평진
전』은 상충의 논리를 채용하고 있는 것을 잊으면 안 된다. 때로는
장소적 관점이 기준이 된다. 卯가 월지 酉 정관격을 충하기 때문
에 이 충으로 酉 정관은 손상되는 것이고 酉 정관을 구하려면 卯
酉 양자 중에 한 자를 회합會合해야 구할 수 있다는 것이다. 이
문장은 월지의 酉에 대해서만 언급하고 있으나 연, 일, 시에서도
적용하려면 같은 방식으로 해소된다고 생각하면 된다. 이하 형과
해도 같은 방식이다.

---

58) 八字支中, 刑沖俱非美事, 而三合六合, 可以解之. 假如甲生酉月, 逢卯則
　　沖, 而或支中有戌, 則卯與戌合而不沖 : 有辰, 則酉與辰合而不沖 : 有亥與
　　未, 則卯與亥未會而不沖 : 有巳與丑, 則酉與巳丑會而不沖. 是會合可以解
　　沖也.

○월○   ○○월   ○월○   ○월○   ○월○   ○월○
戌子卯   戌卯子   丑子卯   亥子卯   申子卯   辰子卯

예를 들어 丙이 子월생인데 卯를 만나면 형刑이다. 그러나 지지支
中에 戌이 있으면 곧 戌과 더불어 합이 되어 형하지 못한다. 丑이
있어도 子와 더불어 合이 되어 형하지 못한다. 亥와 未가 더불어
있거나, 卯가 亥未와 더불어 회會가 되므로 형하지 못한다.[59] 申과
辰이 있어도 子 申辰과 회가 되므로 형하지 못한다. 이것이 회합
會合으로써 가히 형을 해소하는 것이다.[60]

이것은 형충을 합으로 해소하는 방법을 설명한 것이다. 子卯
형은 상생관계라 子卯 형을 서로 손상되는 상형相刑으로 보는 것
은 명서마다 일반이다. 월지 子를 구하는 것은 합이나 회가 있으
면 형이 해소된다.

또 해소로 인하여 도리어 형충이 되는 것이 있다. 어떤 것인
가?

○○월○
卯卯子戌

---

59) 子월은 卯와 형이 되나 卯가 亥未와 회會가 되면 탐합망형이 되므로 子
의 손상이 없어진다는 논리이다. 왕자가 쇠자를 형충하는 논리와 다르
다는 것을 기억하다.
60) 又如丙生子月, 逢卯則刑, 而或支中有戌, 則與戌合而不刑 : 有丑, 則子與
丑合而不刑 : 有亥與未, 則卯與亥未會而不刑 : 有申與辰, 則子與申辰會
而不刑. 是會合可以解刑也.

예를 들어 甲이 子월생인데 지지에 二卯가 나란히 있으면 二卯는
一子를 형형하지 못한다. (이묘불형일자二卯不刑一子) 그러나 지중支
中에 戌을 만나면 戌이 卯와 더불어 합습이 되면 본래 형을 해소
하게 된다. 그러나 합이 그 하나를 보내어 곧 일합一合 일형一刑이
된다. 이것이 해소解消가 도리어 형충刑沖을 얻는 경우이다.[61]

二卯 一子 불형론이다. 二卯 一子가 불형이 되는 것은 일방의
글자가 중첩되기 때문이다. 형충 등은 양자가 1:1의 상황에서만
유효하다. 일방의 세력이 훨씬 크면 형은 중지되고 상생한다. 원
래『삼명통회』에서 1子 2午 불충론이 나왔는데 이 충은 극을 받는
午가 왕하기 때문에 충의 효력이 없다는 것이다. 이런 조합이『자
평진전』에서도 형의 이론으로 나온 것이다. 그런데 二卯 一子는
형이 불성립하고 1子 2午도 충이 성립하지 않는다고 하나 연, 일,
시지에서는 1자字대 2자 등의 형충파해가 성립될 수 있는 사례가
나오고 있으므로 이런 논리는 전대의 명서『삼명통회』와『자평진
전』에서만 나오는 논리임에 유의해야 한다.
　『자평진전』에서 이들 1子 2卯 등에서도 1卯가 회합이 되면 남
은 1卯 1子가 작용하게 되므로 합으로 인해 되레 형이 성립한다
는 것인데 지지의 상황에 따라 변화가 있다는 것이다.

또 형충刑沖이 있으나 회합會合으로도 해소가 안 되는 경우가 있

---

61) 又有因解而反得刑沖者, 何也? 假如甲生子月, 支逢二卯相竝, 二卯不刑一
子, 而支又逢戌, 戌與卯合, 本爲解刑, 而合去其一, 則一合而一刑, 是因解
而反得刑沖也.

다. 어떤 것인가?

시일월년
酉丑午子

가령 子년 午월에 일좌日坐가 丑이라면 丑子 합하여 가히 충이 해소된다. 그런데 시時에 巳酉를 만난다면 丑이 巳酉와 더불어 회會가 되어 子는 다시 午를 충한다.

시일월년
寅戌卯子

子년 卯월이고 일좌가 戌이라면 戌과 卯는 합이 되어 가히 형을 해소解消하는데 혹 시에 寅이나 午를 만난다면 戌은 寅午와 회하여 卯는 다시 子를 형한다. 이것이 회합이 형충을 해지하지 못하는 경우이다.[62]

합이 있는데도 형충이 성립되는 경우이다. 반합이 육합을 합해가는 경우와 육합이 반합을 합해 갈 수 있다. 결과적으로 3자字 합을 형충할 수 있다는 것이고 합이 합을 당하면 형충이 성립될 수 있는 것이다.

---

62) 又有刑沖而會合不能解者, 何也? 假如子年午月, 日坐丑位, 丑與子合, 可以解沖, 而時逢巳酉, 則丑與巳酉會, 而子複沖午 : 子年卯月, 日坐戌位, 戌與卯合, 可以解刑, 而或時逢寅午, 則戌與寅午會, 而卯複刑子. 是會合而不能解刑沖也.

그런데 『자평진전』의 이 문장은 합을 해소하는 하나의 형식이 된다. 즉, 子丑 합을 酉丑 합, 子午 충으로 해소 할 수 있다는 논리가 발생한다.

酉⌒丑子 ↔ 午

또 하나의 예문은 戌卯 합슴을 寅戌 합, 子卯 형으로 해합한다.

寅⌒戌卯 ↔ 子

이로써 명서에 해합 이론은 『삼명통회』와 『자평진전』 2개 명서에서 나왔다. 『삼명통회』의 형충론은 합을 양쪽에서 충하면 해합된다고 했고, 『자평진전』은 합과 충, 합과 형이 합을 해합할 수 있다고 한 것이다. 따라서 명리학계의 형충파해합의 해합 이론은 이 두 가지 이론이 기본이 된다.

형충으로 형충 해소

다시 형충이 가히 형刑을 해소하는 경우가 있다. 어떤 것인가? 대개 사주 중에 형충刑沖은 아름답지 못한 것을 갖춘 것이다. 게다가 용신用神을 형충하면 더욱이 파격破格이 될 뿐이다. 다른 곳에 형충이 있는 것과 다르다. 월령의 형충은 해소하여야 한다.

○월○

卯子酉

가령 丙일간 子월생이면 卯가 子를 형하나 지支에 또 酉를 만나면 곧 또한 酉 충 때문에 월령月令의 관官이 형刑하지 않는 것이다.[63]

○○월
子卯酉

甲이 酉월에 생하면 卯일은 충沖이다. 시에 子가 서 있음을 만나면 곧 卯가 子와 더불어 형刑함으로써 월령 관성官星이 충을 받아 무력하다. 비록 다른 곳의 형충은 육친의 형극刑剋이 없지 않지만 월령은 건재해서 그 격格을 파破하지 않는 것이다. 이것이 소위 형충으로 형충을 해소하는 것이다. [64]

子卯酉의 3각 관계에서 卯酉 충과 子卯 형만 언급했으나 사실은 子酉 파도 있다. 子월의 입장에서는 卯의 형을 卯酉 충이 구하므로 子가 안전하고, 또 酉월의 입장에서는 卯酉 충을 子가 형으로 구하여 안전하다는 것이다. 그런데 이 3각 형충파는 파의 작용은 무시한 것이므로 형파나 충파가 동시에 작동할 때는 파는 작용하지 않는 것으로 이해할 수 있다. 子卯午 3각 관계도 마찬가지이다.

형충으로 형충을 해소하는 방법은 독창적이고도 중요한 논리

---

63) 更有刑沖而可以解刑者, 何也? 蓋四柱之中, 刑沖俱不爲美, 而刑沖用神, 尤爲破格, 不如以另位之刑沖, 解月令之刑沖矣. 假如丙生子月, 卯以刑子, 而支又逢酉, 則又與酉沖不刑月令之官.

64) 甲生酉月, 卯日沖之, 而時逢子立, 則卯與子刑, 而月令官星, 沖之無力, 雖於別宮刑沖, 六親不無刑剋, 而月官猶在, 其格不破. 是所謂以刑沖而解刑沖也.

이다. 이것은 『삼명통회』에서 빠진 부분이고 설득력도 충분하다. 그런데 『자평진전』의 형충회합해법은 설명이 주로 월지에 초점이 맞추어져 있다. 『자평진전』은 월령과 천간을 중심으로 보는 격국 간법이기 때문이다. 월지 이외에 대해서는 '일지, 시지, 처자궁 등은 형충이 되면 나쁘다.'는 식으로만 간단히 설명하고 끝을 맺었으므로 각 궁도 이 형충회합법에 적용시키면 된다.

　다만 『자평진전』의 형충론은 양자 손상론인 만큼 오늘날에는 월지에 한해서만 제한적으로 사용하는 것이 좋다. 『삼명통회』의 형충론은 합이 되어도 충이 된다는 것을 취용하고 있기 때문에 양 명서는 고대이론서이면서도 이론이 다른 것이다. 다만 『자평진전』식 형충론은 연지, 일지, 시지에서는 사안의 강도를 측정하는 것에 사용하면 좋을 것으로 본다.

　즉, 『자평진전』의 형충론에 의하여 배우자궁이 합이 되면 충이 성립하지 않는다 했으므로 합이 되면 일단 이혼 불가로 선언하고 또 사건이 작다는 원칙을 세울 수 있다. 그리고 『삼명통회』의 형충론으로 세밀한 저간의 사정을 유추하는 것이다. 즉 배우자궁을 형충하는 오행이 강한 세력을 형성하고 있으면 배우자궁이 합이 되어도 일단 어느 정도는 배우자 문제가 있는 것으로 보는 것이다.

　실제 일지가 합이 되어도 양쪽에서 합을 부수거나 아니면 일지의 상대 오행 세력이 더 강왕하면 배우자 문제가 발생한다. 일지가 합이 되어도 상대 오행이 태왕하거나, 아니면 태왕한 제신이 일지를 극하면 배우자의 대흉이 발생한 사례들이 있는 것이다.

3. 『적천수천미』의 형충파해 간법

『적천수천미』는 저자[65]의 주가 달려있는 『적천수』라는 책에 임 철초가 증주를 더하여 『적천수천미』라는 제목으로 세상에 유포한 것이다. 명리 이론 대부분은 전대 명서들과 맥을 같이 하나 『자 평진전』과는 간법이 전혀 다른 명서이다. 『자평진전』과 『적천수천 미』가 똑같이 전대 명서 『연해자평』을 기본으로 하지만 『적천수천 미』는 『자평진전』처럼 격국을 중심으로 간명하는 방법이 아닌 주 로 억부를 기본으로 간명법을 소개했다.

그런데 『적천수천미』는 신왕신약에 대해 일관성이 없고, 그 요 를 터득하기도 힘들게 저술되어 있다. 또 과거에 편관을 흉살로 보던 것에서 벗어나 신왕하면 편관도 용신이 된다는 진소암의 '명리약언설'을 그대로 따른 명서라 초기 명서 『연해자평』을 완전 히 답습한 것도 아니다. 오히려 고전古典을 수정한 새로운 명서의 형태를 취하고 있다. 따라서 편관을 흉살로 보았던 『연해자평』, 『자평진전』의 이론과 일부 배치되므로 과연 이 부분을 그대로 따 라도 될 것인지 재삼 고려해 봐야 하는 문제가 있다.

그러나 이런 문제점은 어디까지나 일부분에 한한 것이고 장점 도 많이 가지고 있는 명서이다. 누차 읽어보아도 『적천수천미』는

---

65) 『적천수』 본문과 원주를 지은 저자는 유백온일 것으로 학계에서 추정하 고 있다.

장단점을 다 가지고 있는 명서라고 하는 것이 가장 올바른 표현일 것이다. 특히 형충파해합에 있어서는 독특한 면이 있고 실 간명에서도 유용한 부분이 있어서 매우 주목된다.

일단『적천수』원주는 충을 중시하고 '형과 해는 동하기도 하고 동하지 않기도 한다.'고 했다. 그런데 형해가 동하기도 하고 동하지 않기도 한다는 말은 결국 형해가 동할 때가 있음을 인정한 내용이다. 따라서『적천수』는 충을 중시하고 나머지 형파해는 사안과 상황에 따라서 간명하는 명서라고 생각하는 것이 옳다. 따라서 후인이 형파해까지 적용하고 싶으면 충의 논리를 그대로 형파해에 작용하면 된다.

형충파해는『삼명통회』에서부터 충을 받는 자가 왕하면 충의 흉은 없는 것이고 되레 복이 된다는 사상이 전해진 이후『적천수』에서는 이를 구체적으로 명문화하여 대대로 비급으로 전해져 내려왔다고 여겨지는 다음의 한 문장이 있다. 그 문장은『적천수천미』「논지지」에 있다.

"旺者沖衰衰者拔 衰神沖旺旺神發[66]
왕한 자가 약한 자를 충하면 약한 자가 무너지고
약한 신이 왕한 신을 충하면 왕한 신이 발동한다."

이중 앞 문장은 '왕자가 약한 자를 충하면 약한 자가 무너지고'라고 했는데, 이 이론은 한 방향 손상론에서나 양방향 손상론에서 다 이해될 수 있는 문장이므로 특별히 문제될 것이 없이 그대

---

66)『滴天髓闡微』「論支地」p.49. "旺者沖衰衰者拔, 衰神沖旺旺神發."

로 받아들여질 수 있다. 그런데 뒤 문장은 반드시 극이 한 방향성을 가지고 있는 논리에서만 적용되는 이론이므로 이 문장은 극하는 자와 극을 받는 자가 정해져 있다는 것을 전제하고 해득해야 한다.

앞 문장을 巳亥 충으로 예를 들어 설명해 보자면, 亥水는 극하는 자이고 巳火는 극을 받는 자이다. 그러므로 극하는 자인 亥가 여러 개의 金水를 대동하고 巳를 충하면 亥는 왕자旺者가 되고 巳는 쇠자衰者가 된다. 이렇게 왕자와 쇠자가 충하면 쇠자인 巳火는 제거된다는 것이다.

뒤 문장은 '약한 신이 왕신을 충하면 왕신이 발동한다.'라고 했는데, 일단 이 뜻에 대하여 유백원은 원주에서 "충은 반드시 상극相克이다."[67]라고 했다. 충을 극의 개념으로 위 문장을 소개했기 때문에 충극의 방향성을 인정하는 것이 필수이다. 저자의 의도는 명확하다. 만일 사주 지지 내에 卯酉가 있고 또 卯寅이 뒤섞여 다목多木이라면 극하는 자 酉는 쇠신이 되고 극을 받는 자 卯는 왕신이 된다. 이때 卯는 왕목이 되므로 卯가 酉의 충을 받으면 卯는 손상되는 것이 아니고 발동한다는 것이다.

여기서 만약 충의 방향성이 없다면 이 문장은 도저히 이해될 수 없는 문장이 되고 만다. 즉, 『자평진전』처럼 卯酉 충을 한 방향의 극의 관계로 보지 않고 서로 충돌하는 관계로만 본다면 목다木多한 상태에서 卯酉 충은 木 발동이 아니고 酉가 손상되는 것이므로 앞 문장 왕자충쇠쇠자발과 같은 뜻이 된다. 유백온이 같은 의미를 중복해서 기술했을 리 없다. 그러므로 이 문장은 유백

---

67) 沖者必是相克

온의 원주에서 설명한 바처럼 극의 방향성을 가지고 있는 충으로 이해해야 뜻이 명확해진다.

아울러, 위 원문 중 뒤 문장을 좀 더 분석해 볼 필요가 있다. 즉,『적천수』는 쇠신이 왕신을 충할 때 왕신이 발한다고만 했지, 극하는 자 쇠신이 무너진다고 하지 않은 점이다. 예를 들자면, 극하는 자 1酉는 木을 극하는 당사자이기 때문에 여러 개 3木을 충해도 1酉는 여전히 건전하다. 굳이 재론한다면, 酉는 충으로 기운이 약간 소모될지는 몰라도 酉가 손상된다는 말은 없다. 충에서 무너지는 글자는 위의 문장 '왕자충쇠쇠자발'에서처럼 왕자가 쇠약한 자를 극충했을 때뿐인 것이다. 예컨대 3酉가 1卯를 충하면 卯는 제거되는 것이다.

유백온은『적천수』원주에서 부가적인 설명을 곁들였다.

> "子가 왕하고 午는 쇠약한데 충하면 午는 뽑혀버려서 일어날 수 없고, 子가 쇠약하고 午가 왕한데 충하면 午는 발發하기 때문에 복이 된다. 나머지는 이것으로 유추하라.[68]"

여기서 子와 午를 가지고 예시한 것에 포인트를 맞추어 음미해야 한다. 쇠신 子水가 왕신 午火를 충하면 子가 무너진다는 말은 없고, 왕신 午가 발동해서 복이 된다는 말만 하고 있는 것이다. 만일 이때 상충이 되어 쇠신 子가 무너지는 것이라면 왕신 午는 절대 발동하지 못할 것이다. 子가 무너져서 기댈 비탕이 없

---

[68]『滴天髓闡微』「論支地」p.49. (滴天髓原註) "子旺午衰, 沖則午拔不能立, 子衰午旺, 沖則午發而爲福. 餘倣此."

는 허망한 상태가 되는데 무엇에 기인하여 상대 왕신 午가 발동할 수 있단 말인가? 아울러 '쇠신충왕왕신발衰神冲旺神發'의 이 논리는 『적천수천미』 이전과 이후의 형충파해합 이론이 확연히 달라지는 한 지점이 된다.

그리고 또 왕신이 발하면 복福이 된다고 한 말도 가볍게 넘길 말이 아니다. 이미 『삼명통회』에서도 누차 나온 이론이긴 하지만 충극을 받는 글자의 세력이 왕하면 흉이 발생하는 것이 아니고 복이 발생한다는 것은 길사를 뜻하는 말이다. 지지가 목왕한 상태에서 만일 卯酉 상충이 되어 酉가 손상되고 卯는 발동하는 것이라면 일단 쇠신 酉가 손상되는 마당에 복이라고 말하지 못할 것이다. 적어도 卯酉 충이 복이 되려면 쇠신 酉도 건전하고 왕신 卯도 건전한 상태에서 발동했을 때 쓸 수 있는 표현인 것이다.

위 문장과 관련하여 유백온은 「논세운論歲運」 '하위충何爲冲'에서 다음과 같은 말을 했다.

"예컨대 子운 午년이 되면 이르되 운運이 세歲를 충한 것이다. 일주가 子를 기뻐하면 곧 子를 돕는 운이 길하고 또 연年의 간두幹頭가 午를 제하는 신을 얻어야 한다. 혹 午의 무리(黨)가 다多하고 간두 戊, 甲을 만나면 반드시 흉하다. 午운 子년이 되면 이르되 세가 운을 충한 것이다. 일주가 午를 기뻐하는데 子의 무리(黨)로 가득하고 간두가 子를 도우면 반드시 흉하다.[69]"

---

69) 『滴天髓闡微』 「論歲運」 "何爲冲" : 如子運午年 謂之運冲歲 日主喜子 則要
助子 又得年之幹頭 遇制午之神 或午之黨多 幹頭遇戊甲字者必凶 如午運
子年 謂之歲冲運 日主喜午 而子之黨多 幹頭助子者必凶

여기서 子, 午는 일주가 누구를 기뻐하는가에 따라 기타 오행이 子를 돕는지 午를 돕는지 보고 길흉을 판가름한다는 것이다. 그런데 子午 충이 있고 일주가 子를 필요로 하면 나머지도 子를 도와야 하는데 만약 午의 무리인 戊, 甲 등을 만나면 午가 왕해지므로 이렇게 되면 子가 불리하고 흉하다는 것이다.

여기서 간두 戊자가 주목된다. 子午 충이 방향성을 갖는 것은 확실하나 극을 받는 午상에 戊를 만나면 午와 戊는 한 무리가 되고 이것은 역으로 子에게 불리하다고 한 것이다. 이것은 충을 볼 때 子午 충만 보는 것이 아니고 주변 세력도 동시에 보아야 한다는 것을 말해주고 있다. 주변 세력은 왕신과 쇠신을 구분 짓는 근거인 것이다.

그런데 여기서 유백온은 극을 받는 자 午의 무리(黨)가 다多하고 또 戊를 대동하면 반드시 흉하다고 했는데 그 이유는 戊土는 子水와 상극하는 오행이고 戊에 의하여 일간이 원하는 子가 손상되고 흉이 되기 때문인 것이다. 유백온은 고대의 상충론을 따르지 않은 사람이지만 주변 상황에 따라 戊午가 子를 충할 때가 있다는 것은 조건부로 인정한 것이다. 이것은 실제 간명에서 戊午나 午戊 합이 子를 충극하는 논리에 적용할 수 있다. 그렇지만 이런 역극의 조건도 극의 방향성을 원칙으로 하고 역린은 예외적인 경우를 둔 것이다.

『적천수』에 증주를 달았던 임철초는 유백온보다 좀 더 상세한 설명을 했다. 유백온은 충의 글자 주변 세력을 구체적으로 열거하면서 분명하게 누구누구가 동조 세력이라고 명백하게 예시하면서 왕자와 쇠자를 구분하도록 설명한 것이다.

참고로 임철초는 증주를 쓰면서 간혹 원문과 상관없는 독창적인 논리를 소개할 때가 있고 혹 때로는 원문과 반대적인 글을 쓰기도 했다. 子午 충에 대한 증주 역시 임철초의 독창적인 논리라고 할 수 있다. 아래 임철초의 왕자왕신에 대한 정의가 바로 그것이다.

"가령 일주가 午이고 희신도 午인데 지지 중에 寅, 卯, 巳, 未, 戌 같은 것들이 있을 때 子의 충을 만나면 이른바 쇠신이 왕신을 충한 것衰神沖旺이므로 (午가) 상함이 없다. 일주가 午이고 희신도 午인데 다른 지지에 申, 酉, 子, 丑, 辰 등류가 있고 子가 충할 경우는 이른바 왕자가 쇠자를 충한 것旺者沖衰이니 곧 (午가) 뽑혀버리는 것이다. 나머지 지지도 다 그러하다.[70]"

이 문장에서 왕지 · 왕신의 무리는 반드시 같은 오행일 필요는 없고 생이나 유사 동오행, 예컨대 午火를 생하는 寅卯나 未戌 중에 암장되어 있는 丁火까지도 午火의 세력이 된다고 설명했다.

여기서 위쪽 문장은 자오 충에서 극의 방향성을 인정한 상태에서 쇠신충왕왕신발을 설명한 것이다. 즉, 양자가 같은 세력이라면 극하는 글자 子가 午를 손상케 하나 만일 午가 무리를 이루어 세력을 형성하면 午는 안전하다는 것이다. 이것은 임철초가 전형적인 쇠신충왕왕신발의 뜻을 피력한 것이다.

---

70) 『滴天髓闡微』「論支地」 p.49. "如日主是午, 或喜神是午, 支中有寅卯巳未戌之類, 遇子沖謂衰神沖旺, 無傷 : 日主午, 或喜神是午, 支中有申酉亥子丑辰之類, 遇子沖, 謂旺者沖衰則拔."

그런데 이것은 어디까지나 월지 이외의 충에 대한 것이다. 만일 극을 받는 글자 午가 월지에 있고 월지 午의 세력이 子보다 크면 역으로 午가 子를 충극한다고 했다. 월지 午가 세력을 얻으면 쇠신충왕왕신발이 아니고 왕자충쇠쇠자발이 된다는 견해인 것이다. 다음에 나오는 내용이 바로 그것이다.

"가령 子午 충은 子中癸水가 午中丁火를 충하는 것이지만 만일 午가 왕한 제강이고 사주에 金이 없고 木이 있으면 곧 午가 능히 子를 충한다.

卯酉 충은 酉中辛金이 卯中乙木을 충하는 것이지만 만일 卯가 왕한 제강이고 사주에 火가 있고 土가 없으면 곧 卯가 또한 능히 酉를 충한다.

寅申 충은 寅中甲木과 丙火가 申中庚金과 壬水의 극을 받는 것이지만 寅이 왕한 제강이고 사주에 火가 있으면 곧 寅이 또한 능히 申을 충한다.

巳亥 충은 巳中丙火와 戊土가 亥中甲木과 壬水의 극을 받는 것이지만 만일 巳가 왕한 제강이고 사주에 木이 있으면 곧 巳가 또한 능히 亥를 충한다.[71]"

---

71) 『滴天髓闡微』「論支地」 p.50. "如子午沖, 子中癸水 沖午中丁火, 如午旺提綱, 四柱無金而有木, 則午能沖子：卯酉沖, 酉中辛金, 沖卯中乙木, 如卯旺提綱, 四柱有火而無土, 則卯亦能沖酉：寅申沖, 寅中甲木丙火, 被申中庚金壬水所克, 然寅旺提綱, 四柱有火, 則寅亦能沖申矣：巳亥沖, 巳中丙火

이 문장들 중에는 실제 적용이 가능한 것도 있으나 일부는 다소 논란의 소지가 있다. 적용이 가능한 것 중 하나는 寅申 충이다. 원래 寅申 충은 申金이 寅木을 충하는 것이지만 寅이 午를 달고 오면 寅午가 합하여 火로 바뀌기 때문에 충의 순간 申이 손상될 수 있는 것이다.

논란이 될 임철초의 요점은 명확하다. 子午 충의 경우 수극화가 원칙이지만 극을 받는 자가 월령 제강이고 월령을 돕는 글자가 단 1자라도 더 있으면 반대로 午가 子를 충극할 수 있다는 논리인 것이다. 임철초는 극의 방향성을 지지하면서도 월지에 한해서만 역극이 가능하다는 조건을 제시한 것이다. 일단 임철초도 子午 충이 서로 상충하는 경우가 있는 것을 감지했기 때문에 이런 말을 한 것으로 보인다.

그런데 이런 이론은 월지를 중요시했던 전대 명서『자평진전』과 다른 주장이라 논란이 일어날 발언이다. 즉, 월지가 만약 午 정관이라면 午가 2개 이상이거나 합이 되어야만 午가 안전한 것이지, 卯, 巳 등이 午를 도와준다고 무조건 午가 子의 극을 면하는 것은 아니기 때문이다. 따라서 후대 임철초의 이론을 따르려면 제한적으로 적용하든가 아니면 여과과정을 거치고 받아들여야 할 것이다.

일단 유백온 시대만 해도 '충은 상극相克이다.'라고 한 것에 주목해야 한다. 그냥 극剋이 아니고 상극이면 午가 子를 극할 수도

戊土, 被亥中甲木壬水所克, 然巳旺提綱, 四柱有木, 則巳亦能沖亥矣. 必先察其衰旺, 四柱有無解救, 或抑沖, 或助泄, 觀其大勢, 究其喜忌, 則吉凶自驗矣."

있는 논리이다. 그에 따라 임철초 역시 午가 子를 극하는 것은 午가 강력한 힘인 월령을 얻고 동기를 하나 더 얻을 때만 가능하다고 한 것이다. 그러나 『자평진전』은 합이나 중복 글자가 아니면 충은 상극, 즉 양자 손상이라는 입장이다. 월지라고 해서 월지 午가 子를 극하고 월지 卯가 酉를 극하는 논리는 있을 수 없다고 생각한 것이다.

이 이론의 진가眞價에 대해서는 앞으로 연구해야 할 과제로 남는다. 현재로는 몇 가지 문제가 있어서 임철초의 이 이론을 즉시 취용하기 어렵다. 다만 통합론 차원에서 천간 간법과 지지 간법을 2개의 간법으로 나누고 지지 간법에서 적용하는 것에는 바로 적용해도 될 논리라고 할 수 있다. 이 과제에 대해서도 학자들의 많은 연구를 기대한다.

그런데 충을 극의 방향성만 고려한다면 역극은 없는 것이겠지만, 고대부터 양자가 서로 손상되는 상충론이 이미 있어 왔고 『삼명통회』에서 시세지형의 논리를 소개한 이후에 세력으로 충형의 길흉을 가리려는 시도가 수없이 많이 있어 왔을 것이다. 그리고 세력에 의하여 극의 길흉을 찾는 방법으로 간명해서 적중했다면 반드시 극의 한 방향성만 따질 문제는 아니고 경험적인 것도 고려해야 할 것이다. 즉, 형충이 극의 방향을 가지는 경향이 있다고 해도 이것은 어디까지나 후대에 형충이 되는 원리를 궁구할 때 발견된 논리이고, 실제 형충은 주변 세력에 의해서 역으로 午가 子를 충극할 때가 있다는 것은 인정해야 할 것이다. 그래서 고래로 상극相克, 상형相刑, 상충相沖이라는 명칭이 붙은 것일지 모른다.

본 연구자는 한동안 형충을 한 방향의 극으로만 인식하고 있었기 때문에 고대의 상충론을 받아들이지 않았다. 그런데 한 사례를 보고 생각을 바꾸었다. 그것은 하중기의 간명을 소개하기 위해 2003년에 출간했던 『맹사단명질례집』의 한 대목에 의해서이다. 거기에서 하중기는 亥水가 왕한 寅火의 세력에 의해 초간焦幹을 입고 있어서 신장이 나쁘다고 했고 실제 명주는 신장병으로 사망한 사례가 있다.

본 연구자는 水가 火를 극하는 일은 있을 수 있으나 도대체 어떻게 火에 의해 水가 볶아지는(焦) 경우가 있단 말인가 하고 여러 날을 생각했다. 그런데 명조 내에서 火의 세력이 중중한 것은 부정할 수 없는 사실이므로 결국 火剋水를 인정하기에 이르렀다. 실제 자연법에서도 火가 지나치면 水가 볶아져서 수증기가 되어 고갈되는 일은 흔한 일이므로 火에 의해 水가 초간을 받는 경우를 인정할 수밖에 없었던 것이다.

그 사례를 소개하면 다음과 같다.

坤 1962년 辛未년 30세				看命			
93 83 73 63 53 43 33 23 13 03				時	日	月	年
辛 壬 癸 甲 乙 丙 丁 戊 己 庚				丙	己	辛	壬
丑 寅 卯 辰 巳 午 未 申 酉 戌				寅	未	亥	寅

하노사가 염지 일산 후 말했다.
"저 여인은 명중에 무부무자無夫無子야. 일생 남자에게 몸을 팔아 그 돈으로 생활한다. 이것은 매신賣身이야."
"당신이 말한 대로입니다. 또 무엇이 나오나요?"

"저 사람은 괴자(拐子: 절름발이)야. 우측 넓적다리에 모병毛病이 있어."

"그렇습니다. 그녀의 어떤 모병인지 모르겠습니까?"

"신장상腎臟上에 있는 병이야. 조심해라. 그녀는 38세(己卯) 이후에 병이 들어."

"저 신장병은 언제 나을 수 있습니까?"

"40세(辛巳)가 되어야 좋아져. (사망 표현임)"

…

"저 여인은 불과 40세까지만 삽니까?"

"그렇다. 너는 들어봐라. 그녀의 명중에는 신수腎水가 초간焦幹을 입고 있어. 신병腎病으로 죽는 것이 정해졌어. 내가 단언하건대 그녀는 걸어 다니지 못해."

후에 이 여인은 장 씨 남자와 동거混著하고 있었다. 몇 년 전에 들으니 이 여인은 신병이 들어서 하나의 신腎을 잘라내었는데 그 후 그녀를 볼 수 없었으므로 사망했다고 하는데 40세 즈음이었다. 청초清楚(정확)하지는 않다.

이 명조는 亥 재성이 주격이고 간점이다. 지지 木火의 세력은 왕하고 水의 세력은 약하므로 寅亥 파破가 되면 어찌되든 亥 재성이 파괴된다. 인해 파를 단순한 1:1의 亥와 寅의 양자 손상으로만 보면 안 된다. 일단 파가 작동하면 왕자와 쇠자를 참고해야 하므로 寅亥 중에 있는 암장간 상극상생도 살펴보아야 한다. 여기서 왕자는 寅中 丙이다. 旺丙火와 亥水가 만나 亥水가 파괴되는 상이다.

즉, 未寅寅 3자는 암중에 丁丙이 있어 왕화이고 寅이 亥와 접촉하면 亥水는 한편으로는 木에 흡수당하고 또 한편으로는 旺丙火에 의해 亥水가 고갈되는 것이다. 또 바로 옆 未土가 열기를 대동하고 亥를 극하고 말리고 있으므로 명중에 亥水 재성은 볶아져서 온전치 못하게 되는 것이다.

寅亥 파는 인해 합도 되는데 이렇게 합과 파가 동시에 있어도 파의 작용은 변함이 없다. 인해 합, 인해 파 동시 작용은 소위 사람을 붙잡고 가격하는 것과 같다. 여기서 만일 인해 합만 작용한다면 내외부에서 수생목 목생화가 작용해서 양자는 서로 파괴되는 일이 없다. 그러나 합, 파 동시는 합도 되고 파도 된다. 즉, 상생상파는 서로 생하는 중에 서로 파괴하는 기질이 있으므로 亥도 寅을 파괴하고 寅도 亥를 파괴하는데 이렇게 상생상파나 상생상형 등은 양자 중에 세력이 왕한 자가 약한 자를 파괴한다. 이 명조는 火 인수의 세력이 크므로 寅中丙火가 亥水를 볶아 파괴하는 것이다. 파의 작용은 원래 약하다고 하나 이렇게 일방의 세력이 태중하면 강력한 파로 바뀌는 것에 주의해야 한다.

丁未 대운은 남방 火가 시작되는 첫 대운이고 40세 辛巳년 역시 대운 火가 당도하는 첫 연이다. 亥가 고갈되는 시점인 것이다. 이때 세운 巳亥 충은 巳火가 亥水에게 치명적 마지막 타격을 가한다. 亥水가 손상되면 亥 재격이 파괴되는 것이고 신장이 작용을 중지하고 사망한다.

巳년은 巳亥 충, 寅巳 형이 작동한다. 이때 양자 중에서 누구의 손상이 치명적인가 생각해야 한다. 실제 지지 화세가 치열한데 인사 형을 巳火의 손상이라고 보면 빗나가는 판단이 되고 만다.

이처럼 왕화가 약한 水를 볶는 경우가 있는 사례가 있으므로 임철초가 월령을 차지한 午, 卯, 巳, 寅이 동조 세력을 얻는다면 반대로 子, 酉, 亥, 申 중에 한 글자를 충극할 수 있다는 논리 역시 인정이 될 수 있는 것이다.

그런데 이런 논리를 접하면서 독자들이 주의해야 할 것이 있다. 유백온이나 임철초가 이 부분에 들어와서 쇠신충왕왕신발의 논리를 부정한 것이 아니라는 것이다. 유백온이나 임철초는 철저하게 극이 방향성이 있다는 것을 전제하고 주를 달았다. 따라서 비결 두 번째 구절 '쇠신이 왕신을 충하면 왕신은 발동한다.'는 논리를 인정한 상태이다. 다만 쇠신과 왕신이 만났을 때는 조건부로 역방향의 극이 있다는 것을 주장했을 뿐이다. 유백온은 피제신이 제신을 역극할 수 있는 오행이나 제신을 누설하는 오행이 주변에 있어야 한다고 했고, 임철초는 극을 받는 자가 월지에 있으면서 동조 세력을 얻는 경우에 역극이 발생한다는 것이다. 이것은 모두 조건부로 역방향의 극을 인정한 것이다.

그런데 『삼명통회』의 형충론은 양자 손상을 전제한 고대의 상충론과 극의 방향성을 주장한 형충론이 다 등장하는 명서이다. 이것은 명리의 역사와도 무관하지 않다. 세월이 지나다보면 수정되는 이론은 반드시 나타나게 되어 있기 때문에 『삼명통회』를 저작하는 만육오의 입장에서는 양설을 다 실을 수밖에 없었던 것이다. 따라서 그런 부분에서 『삼명통회』는 고대와 현재의 중간에 있는 명서라고 할 수 있다.

그런데 『자평진전』에 와서 다시 양 방향으로 손상되는 고대의 상충론이 나타났고, 『적천수천미』에서는 다시 한 방향의 충극을 지지하면서 상황에 따라 조건부로 午가 子를 극할 수 있다는 유연한 논리까지 이르게 된 것이다.

따라서 오늘날 후학의 입장에서는 어느 설을 따라야 하는지 난감하고 복잡한 듯 하지만 일단 독자들은 형충파해를 두 가지 설로 압축해서 기억할 필요가 있다. 하나는 고대와『자평진전』은 형충파해가 될 때 양자가 서로 파괴된다는 논리를 취했다는 것이고, 또 하나『적천수천미』는 형충파해가 한 방향의 극이 있는 것이 원칙이나 주변 세력에 의해 역극, 역충(午→子)의 경우가 있다는 것이다. 이중『자평진전』은 고대를 따랐으므로 고대 파派, 혹은 원칙 파라 할 수 있고,『적천수천미』는 상극 파, 혹은 응용 파라 할 수 있다.

그런데 마지막 명서『적천수천미』는 형충파해를 적용하는데『자평진전』과 확연히 다른 부분이 있다. 임철초가 설명한 내용을 다시 한 번 더 보도록 한다.

"가령 일주가 午이고 희신도 午인데 지지 중에 寅, 卯, 巳, 未, 戌 같은 것들이 있을 때 子의 충을 만나면 이른바 쇠신이 왕신을 충한 것(衰神沖旺)이므로 (午는) 상함이 없다. 일주가 午이고 희신도 午인데 다른 지지에 申, 酉, 子, 丑, 辰 등류가 있고 子가 충할 경우는 이른바 왕자가 쇠자를 충한 것(旺者沖衰)이니 곧 (午가) 뽑혀버리는 것이다. 나머지 지지도 다 그러하다.[72]"

---

72)『滴天髓闡微』「論支地」p.49. "如日主是午, 或喜神是午, 支中有寅卯巳未戌之類, 遇子沖謂衰神沖旺, 無傷. 日主午, 或喜神是午, 支中有申酉亥子丑辰之類, 遇子沖, 謂旺者沖衰則拔."

午가 혹 寅, 未, 戌 등을 만나면 한 무리(黨)의 세력이 된다고 했는데 이 세 글자 寅, 未, 戌은 모두 午와 합슴이 되는 글자들이다. 임철초는 왕자의 무리에 이들 문자를 포함시켜서 합을 충하면 발동한다는 의미에도 부합하게 한 것이다. 이것은『자평진전』에서 합이 되면 '충의 효력이 없다.'고 했던 것에서 한 발짝 더 나아간 것이고『삼명통회』에서 합도 충이 가능하다고 한 것과 일치하는 이론이다. 이 합이 쇠신충왕왕신발의 왕신 당사자가 될 수 있다는 것이다.

그런데 위 원문 아래 문장은『자평진전』과 완전히 다르다.『적천수천미』는 子午 충의 子는 제신이고 午는 피제신이 된다. 그런데 子는 申丑辰 등과 합이 되는데도 불구하고 합이 된 子가 午를 충할 수 있고 午는 파괴된다는 것이다. 이것을 왕자충쇠쇠자발의 범위에 포함시켰다.

일단 명서의 형충파해 이론 자체는 상대 지지를 접촉하는 성질이 있다는 논리 위에서 출발한다. 따라서 합이 되어도 형충 등의 접촉은 가능하다는 생각이 잘못된 것은 아니다. 그 원칙 위에서『적천수천미』는 합이 된 글자라고 해도 접촉이 되면 합신은 어떤 형태로든 움직일 것이고 만일 약자가 왕자의 합신을 충하는 것이라면 충을 당하는 자 합신은 발동한다는 이론이 나온 것이다.

그런데 위 원문은 상충하는 글자와 한 무리가 되는 문자들 속에 합이 되는 글자가 있을 뿐 사실은 합의 개념도 굳이 등장시키지 않았다. 책을 보는 사람이 합을 찾아낼 수도 있는 문제인데도 합을 거론하지 않은 것이다.

왜 그랬을까? 이 질문에 대해 본 연구자는『삼명통회』에서 이미 합이 합을 충하는 이론이 나온 바이므로 군이 다시 기초적인 합의 문제를 재론할 필요를 못 느꼈을 것이고, 또 위쪽 문장에서 보듯이 쇠신이 왕신을 충할 때 왕신 무리의 합은 있건 없건 동하는 것이고 안전한 것이므로 합이 중요한 사항이 아니었고, 또 왕자가 쇠자를 충할 때도 쇠자가 파손되면 합의 기능도 사라질 것이므로 쇠자의 합은 전혀 고려사항이 아니었던 것이다. 결국 합이 있건 없건 상관없이 어찌 됐든 왕자와 쇠자의 구분이 가장 중요하다고 생각해서 군이 합을 거론하지 않은 것이라고 생각된다.

다만, 제신과 피제신이 1:1의 같은 세력 하에서 충을 받는 자가 합이 되면 당연 피제신은 왕신이 되므로 충은 방어되고 복福이 된다 할 수 있다. 그러나 왕쇠가 분명할 때는 합은 고려할 필요가 없으므로 위 원문과 같은 함축적인 문장만 남긴 것이다.

따라서 위 문장은 종합적인 의미가 포함된 것으로 이해해야 한다. 아울러『삼명통회』의 이론을 기본으로 깔고 해득해야 한다. 합이 없는 것들의 충, 합이 된 것을 충하는 것, 합신이 합신을 충하는 것 등에 모두 적용시킬 수 있는 문장인 것이다.

그렇다면 결국『적천수천미』의 특별한 점은 제신이나 피제신이 합이 되어도 충이 성립된다는 논리이다.『자평진전』의 충은 서로 손상되는 이론이다.『자평진전』에서는 양자 어느 한쪽이든지 합이 되면 충의 효력은 사라진다. 그러나『적천수천미』의 충은 양방이 아닌 일방만 손상이 된다. 충을 받는 자의 측면이 정해져 있다. 충할 때 기존의 합은 무시되나 운에서 발생한 새로운 합은 피제신을 구할 수 있다. 충을 당하는 자의 입장에서만 현재 합이 유효한 역할을 하는 것이다.

『적천수천미』가 이렇게 충할 때 기존의 합을 무시했던 이유는 『삼명통회』의 해합 이론이 중요한 역할을 했을 것으로 본다. 합은 2개 이상의 지지가 있어야 성립된다. 그리고 합신 2자를 양쪽에서 형충파해하여 파손하면 합을 주도할 합신이 손상되거나 최소한 약해지기 때문에 합은 사라진다는 것이 『삼명통회』의 논리이다. 여기에서 합은 영원불멸의 합이 아니고 합신이 건강했을 때만 유효하다는 사상이 깔려있게 된 것이다.

이러한 사상이 수백 년이 지난 뒤 『적천수천미』에 이르러서는 합신 양쪽이 아닌 한쪽만 상대의 강한 힘에 의해 파손되어도 합의 구원역할은 불가할 것이라는 생각에 이르게 된 것이다. 따라서 제신이 태왕하면 피제신은 합이 있어도 파손되기 때문에 기존의 합은 별 의미가 없다. 또 제신이 피제신보다 약할 때도 피제신은 합이 있든 없든 세력에 의해 안전한 것이므로 이 역시 합은 그리 중요하지 않았던 것이다. 따라서 후대 명리는 합보다도 제신과 피제신 양자가 왕자인지 쇠자인지만 구분하는 것이 중요한 것이다.

어찌 보면 이런 논리는 당연한 결과의 소산물일지 모른다. 『삼명통회』에서 극의 방향이 있다는 논리가 언급된 이후 극을 받는 자의 입장에서만 방어가 필요하지 극하는 자는 방어가 필요 없고, 또 극하는 자의 합은 극하는 자의 무리나 세력으로 치부하기 때문이다. 다만 이것은 제신과 피제신이 합이 되어도 접촉이 가능하다는 원칙론적인 규칙 위에서만 가능한 일인 것이다.

『적천수천미』의 형충 이론은 명료하다. 합이 있어도 충이 성립한다는 것이다. 따라서 이즈음에서 명리학의 형충파해합 간법을 두 가지로 정리될 수 있다. 『자평진전』식의 충은 양자 손상이고, 어느 쪽이든 합이 있으면 충은 성립하지 않는다. 『적천수천미』의 충은 일방의 손상이다. 왕자와 쇠자를 구분하여 간명하기 때문에 합을 고려하지 않는다. 그리고 최종적으로 이 양 명서의 극명한 차이는 『적천수천미』식 간법이 합이 되어도 충이 성립된다는 논리인 것이다.

오늘날 독자들은 이 양 간법 앞에서 곤란한 상태에 직면할 것이다. 여기서 본 연구자도 어느 것이 더 유효하다고 단정하기는 아직 이르다. 학자마다 경험한 바가 다르고 또 마지막 명서 『적천수천미』의 출간 시점을 고려했을 때 증험해볼 시간이 짧기 때문이다.

다만 본 연구자의 입장에서는 동動의 일반론과 형충파해 간법의 역사를 고려했을 때 『적천수천미』식 형충론을 선택해도 무방하다는 의견은 제시하는 바이다. 동의 일반론과 형충파해의 역사 소고는 다음과 같다.

동動의 일반론은 동정론에 대한 것이다. 명리는 천간은 동이고 지지는 정靜이라는 설정을 초기부터 해왔다. 『삼명통회』 이후 명서들은 지지는 형충파해합이 아니면 동하지 않는다는 원칙을 대부분 잘 고수한 편이다. 가장 많이 쓰고 있는 육합, 반합, 삼합은 대표적으로 지지가 동하는 케이스이다.

『자평진전』은 천간 합을 다른 오행이 합할 수도 있고 극할 수도 있다는 논리를 소개했다. 또 지지 합도 합으로 뺏어갈 수 있다고 했다. 천간은 동이고 지지 형충파해합도 동이다. 따라서 이 논리는 동의 독자성에 대한 논리를 소개한 것이다. 이들 논리는 동이 되었을 때 어떤 일이 가능한가를 추적할 수 있다. 아래 도식을 봐주기 바란다.

巳⌒申子⌒丑

申子는 반합이 된다. 申子는 각자 따로 한 글자씩 자리를 차지하고 있다. 申子는 각자 자신만의 고유한 특성을 유지하고 있으면서 합이 된 것이다. 양 글자는 원래 독립적인 존재이다. 申子가 만나 서로 합의 의사가 일어난 것이다.

申子 양 글자는 합한 중에도 따로 독자적인 활동을 할 수 있다. 예를 들어 申은 巳와 합이 될 수 있고 子는 丑과 합이 될 수 있는 것이다. 이때 만일 子丑 합을 중심으로 본다면 자축 합이 되는 순간 신자 합은 약해지거나 신자 합의 효력은 없는 것과 같아진다. 만일 신자 합이 철저하게 결속되어 영원히 하나처럼 되는 것이라면 절대 다른 지지와 육합은 발생하지 않을 것이다.

庚 → 甲己⌒甲   庚 → 甲己 ← 乙

천간 甲己는 합이 되나 각 글자는 독립적인 존재이다. 庚이나 甲乙에 의해서 甲己 합, 乙尅己, 庚尅甲이 가능하다. 천간 합은 합으로 완전한 하나의 존재가 되는 것이 아니고 각각 독립된 글자가 합의 의사만 갖고 있을 뿐인 것이다. 따라서 외부에 의하여 쟁합이 되기도 하고 외부의 극에 의해서 합신이 손상되기도 한다. 이처럼 갑기 합은 결합되어 분리불가의 영원한 하나가 되는 것이 아니다. 양 글자는 언제든지 변화가 가능하다.

그런데 천간 합은 양 글자가 외부에서 합이 되고 극을 받는 것은 가능하나 합이 된 천간 甲이 戊를 극하거나 己가 壬癸를 극하는 예나 설명은 나오지 않는다. 그 이유는 천간 합이 되면 양 글자는 다 작용력이 없거나 작용력이 현저히 떨어진다고 보기 때문이다.

그러나 지지는 다르다. 지지의 申子는 합이 되면 천간과 다르게 잠재되어 있던 오행이 나타나는 것이고 세력을 연합하여 강화하는 것이다. 子丑 합은 金水의 연합이고, 寅亥 합은 水木火의 연합이고, 卯戌 합은 木火土의 연합이고, 辰酉 합은 金水나 土金의 연합이고, 巳申 합은 土金의 연합이고, 午未 합은 火土의 연합으로 볼 수 있다. 삼합도 마찬가지이다. 지지 합은 오행이 작동하고 연합하는 것이므로 지지 합을 충하면 발동한다.

반합의 예를 한 번 더 분석해 본다.

① 亥⌒寅午⌒未　② 申子⌒丑　③ 寅午 ← 子
④ 申子 → 午　⑤ 申 → 寅午 ← 子

위의 5개의 도식은 모두 반합이 성립된 상태에서 형충합이 가능한 경우이다. ①의 경우 寅午가 합이 되어도 寅이 亥와 합할 수 있고 午가 未와 합할 수 있다. 이것은 寅이나 午가 합의 의사가 있고 火의 세력을 형성한 것은 분명하지만, 각각의 합신 寅과 午는 개별적이고 독립적인 성향을 그대로 유지하고 있다는 것을 뜻한다. 이들은 합이 되어도 다른 지지와 상대해서 작용하는 것이 자유로운 것이다. 합신의 활동이 자유롭다면 합신은 합이 되어도 언제든지 고유한 개성을 잃지 않고 있는 것이고 합이 되어도 자신의 본래 역량을 충분히 발휘한다는 뜻이다. 그렇다면 寅午는 타 지지와 합만 아니라 상생상극도 가능할 것이다.

이에 대해 『삼명통회』에서 寅亥 합의 寅이 申의 충을 받거나 寅亥의 亥가 중첩하면 복이 된다는 이론이 나왔다. 『자평진전』도 합을 충하는 원리는 묵시적으로 인정되는 바이고, 『적천수천미』도 午의 무리가 충을 받으면 발동한다 했으므로 3개의 명서 논리는 지지 합을 충하는 접촉은 가능하다는 논리에는 모두 일치한다. 일단 이 이론들은 합이 되어도 충의 접촉이 가능하다는 전제가 깔려있다. 충의 접촉이 없으면 복福이나 발동의 작용을 할 수 없기 때문이다.

이처럼 지지 합신을 충하는 것이 가능하다면 반대로 합신이 타 지지를 충하는 것도 가능할 것이다. ④에서 보는 것처럼 申子 합의 子가 午를 충할 수 있는 것이다. 이 충은 수의 세력이 연합하여 왕한 세력이 된 것이므로 쇠자 午는 제거된다. 왕자충쇠쇠자발이 되어 왕자가 쇠자를 충극한 것이다.

위의 설명들을 이해했다면 『적천수천미』의 형충론 발생 과정을 잘 이해한 것이다. 『적천수천미』가 마지막 명서이고 합이 되는데도 불구하고 상대 지지를 충할 수 있다고 했던 특수 논리는 사실 잘 생각해 보면 보편적 논리였던 것이다. 다만 이 논리는 전대 학자들이 빠트렸거나 미처 몰랐던 것이고 임철초가 책에 추가했을 뿐인 것이다.

다시 한 번 더 『적천수천미』의 형충론을 간추려 정리하면 형충파해합이 되면 지지는 동이 된다. 정靜이 동動하면 지지는 타 지지와 상대하여 자유롭게 활동할 수 있는 자격이 갖추어진다. 지지는 합이 되어도 독립적인 자신의 색깔을 잃지 않는다. 합이 된 상태에서 타 지지와 합이나 상생상극이 가능하다. 따라서 합이 된 지지가 타 지지를 충하는 것도 가능한 것이다.

다음은 역사적인 것을 고려해 볼 필요가 있다. 우선『자평진전』의 방식은 시간적으로 앞에 저작된 것이고 고대의 이론을 따랐다는 것은 그만큼 시간적으로 논리의 가부를 증험해 볼 시간이 많았다. 때문에 수정된 새로운 명서가 나올 수 있는 시간이 확보되어 있다. 뒤에 발간한『적천수천미』가 지지가 합이 되는데도 불구하고 형충이 된다는 논리를 과감하게 세웠던 것은 기존 명리의 이론에 대한 무지 때문이 아니고 기존 이론의 문제점을 발견하고 수정된 형태로 기록했을 가능성이 높다.

또『자평진전』의 간명은 천간과 월령, 5소를 중심으로 보는 것이고 형충파해합도 대개 월지가 중심이다. 한마디로『자평진전』의 간법은 천간을 보기 위한 긴법이다. 그에 비해『적천수천미』의 형충론은 전체 지지에 대한 세밀한 학문이고『자평진전』보다 뒤에 저작되었고 많은 인사들이『적천수천미』식의 형충론으로 적중했던 사례들이 속속 나오고 있고 현재도 사용되고 있는 진행형 이론이다.

따라서『적천수천미』는 이미 학자들 간에 유효한 명서로서 자리를 잡았다. 특히 지지에서 왕자와 쇠자를 가려서 길흉을 결정하는 방법은 거의 명리의 준칙으로 자리 잡은 바이다. 그러므로 천간 간법은『자평진전』이 기준이 되나, 지지의 간법은『적천수천미』가『삼명통회』의 이론을 계승해서 승화시킨 것으로 볼 수 있다.

또 근대에 하중기와 같은 명인들이『적천수천미』의 간법을 취용해서 적중을 보았던 간명 사례도 속속 나오고 있다. 위에서 제시한 하중기 간명 예에서도 亥는 未와 반합이 되는데도 불구하고 寅亥 破가 작용한 것으로 보았다. 인해 파는 인해 합도 된다. 합이 합을 부수는 경우에 해당하지만, 합에도 불구하고 인해 파가 작용했던 예이다. 하중기는 근대에 거의 100% 적중률을 가지고 간명했던 명리학자였으므로 그의 왕자 쇠자 취용은 매우 고무적인 일이다.

이상의 두 가지 이유를 생각해 본다면『적천수천미』의 형충론은 학자들이 사용을 해도 안전한 것이고 거의 인증이 된 것이나 마찬가지이다. 따라서『적천수천미』식 형충론은 연구하고 증험해 볼 가치는 충분하다고 생각한다.

끝으로『적천수천미』의 형충 이론은 저『옥정오결』에서 '천간은 상극제화를 보고 지지는 형충파해를 본다.'는 명서의 기본 논리에 충실히 다가간 측면이 있다. 지지는 본래 정靜이기 때문에 형충파해합이 아니면 동動하지 않는 것이고 형충파해합이 되어야 비로소 지지도 천간처럼 상생상극의 작용을 할 수 있다는 엄정한 법칙에 부응하는 방법을 합리적으로 잘 제시했기 때문이다.

끝으로 아래에 특별한 몇 개의 역린 사례를 제시한다.

乾『사주첩경四柱捷徑』제6권										1906년			
99	89	79	69	59	49	39	29	19	09	時	日	月	年
甲	癸	壬	辛	庚	己	戊	丁	丙	乙	丁	丙	甲	丙
辰	卯	寅	丑	子	亥	戌	酉	申	未	酉	戌	午	午

申酉 金운에 일찍 재계에 입신立身하였고 戊戌, 己亥운 20년간도 계속 용신을 보補하여 대체로 행복한 세월을 보냈다. 庚子운 중 庚운까지는 큰 재고災苦없이 안일한 생활을 하다가 子운 68세 壬子년에 별세하고 말았다.

丁 양인이 월지에서 투간했다. 양인격은 누설하는 戊己 식상운도 용신이다. 그런데 己亥 대운은 己 상관격으로 바뀐다. 현재 운이 가장 강력한 작용력이 있기 때문이다.[73] 따라서 월간 甲 인印이 己 상관 흉신을 합극하는 것은 좋은 운이라고 할 수 있다. 또 조열한 사주는 북방 수운을 반가워하므로 亥운도 잘 보내었다.

庚子 대운을 북방지니까 무조건 좋다고만 볼 문제가 아니다. 천간 庚 재성이 丙丁 비겁의 극으로 손상되고 지지 子午 충의 결과도 따져 보아야 한다. 월지 午가 戌과 합하므로 이 자오 충은 午火의 손상은 없고, 또 午가 戌土를 대동하고 있으므로 반대로 子水 관성이 부서지는 운이다. 한마디로 庚子 대운은 金水 재관이 다 무너져서 흉운이 된다. 대운의 흉 선언은 곧 수명 손상의 의미도 들어있다.

『진전』[74] 이론은 壬子 세운 임살壬煞 용신을 丁겁이 합하여 좋

---

73) 『자평진전』「논행운성격변격論行運成格變格」 "癸생 午월이 투정장기透丁藏 己하고 寅戌 회會하면 살煞을 버리고 재격이 된다. 운에서 己가 투출하면 칠살격이 된다. 生癸午月 財煞同會 透丁藏己 而支又會寅戌 作棄煞就財矣 而運又逢己透出午中七煞" 월령 소장신 중에 대운에 투출한 것이 변격이 된다는 문장이다. 대운 변격에서는 월지 본기가 우선이 아니고 현재 투출신이 우선이다. 설사 대운 변격이 손상되어도 다시 본격으로 돌아간다는 논리를 짓지 않는다.

74) 이후 진전은 『자평진전』, 천미는 『적천수천미』를 뜻하는 말로 줄여서 부른다.

지 않다고 하나 子 길신은 멀쩡한 동절기이므로 반드시 사망운이라고 판단하기는 어려울 것이다. 그런데『천미』의 논리는 子가 午를 충할 때 戌土를 대동하면 子가 손상된다고 하므로 壬子년은되레 壬子 관성이 다 무너지는 시점이 된다. 조열한 명조에 子水관성 손상은 치명적인 수명 손상운이 된다.

乾 1942년

93 83 73 63 53 43 33 23 13 03	時 日 月 年
丙 乙 甲 癸 壬 辛 庚 己 戊 丁	甲 甲 丙 壬
辰 卯 寅 丑 子 亥 戌 酉 申 未	戌 寅 午 午

삶이 힘들었다. 庚戌운 결혼, 辛亥운 이혼, 辛亥운부터 악성 당뇨로 고생하다 합병으로 壬子운 丙子년 55세 일기로 사망했다.[75]

　　이 명조『자평진전』의 간법으로 보면 오리무중이다. 즉, 인오술 삼합 전국에서 丙이 투출하기는 했으나 월지 午 상관이 본색을 잃고 丙 식신격이 되는 법칙은 없으므로 午 상관격이 丙 식신을 대帶한 것으로 본다. 그렇다면 상관은 인수를 좋아하므로 壬子 인수 대운이 길운이어야 할 것인데 실제 명주는 사망했다.

　　사망 결과만 보면 午 상관이 인오술 삼합이 되고 또 丙 식신이 투출한 것을 午가 상관을 버리고 丙 식신격이 되는 것으로 보아야 하지 않을까 하는 의문이 들지만,『자평진전』은 그런 설명을 한 적이 없고 또 관련된 적합한 사례를 찾기도 힘들다. 午戌 합

75) 역학동 http://cafe.daum.net/2040/MsI/44867

이 되면 월지 午의 충도 불가하므로『진전』학도는 壬子 대운이 길하다고 할 것이다.

그런데『적천수천미』식에서는 이 명조의 지지만 가지고 간단하게 풀어버린다. 즉, 이 명조는 월지 午 상관격이 분명하고 子 인수가 길신인 것도 분명하다. 이 명조 4지支는 寅午 합, 午戌 합으로 분리가 가능하다. 午가 戌을 대동한 상태에서는 자오 충이 되므로 역충이 일어나는 것이다. 즉 임철초는 월지의 세력이 왕하면 역극이 일어난다 했고 유백온은 왕신 午가 戌土를 대동하면 역극이 일어난다고 했던 것에 부합하는 명조이다. 이때 子 인印 운은 나약한 쇠자가 되어 파괴되고 이 파괴는 곧 사망으로 이어진 것이다.

여기서『자편진전』과『적천수천미』의 형충파해 간법을 결합시키면 월지 午 상관은 오술 합이 되어 손상이 없으나 상대편 子 인印 대운은 子午 충이 가능하고 子 대운 손상도 가능하다. 丙丁년의 子 역시 연지 午에 파괴된다.

乾 1962년 05:10(출생 시)   壬午년 41세

95 85 75 65 55 45 35 25 15 05   時 日 月 年

丙 乙 甲 癸 壬 辛 庚 己 戊 丁   丙 甲 丙 壬

辰 卯 寅 丑 子 亥 戌 酉 申 未   寅 午 午 寅

戊申대운 육사 입학, 己酉, 庚운까지 승승장구 중령을 달았다. 戊운 41세 壬午년 사단장 부관을 해야 대령 승진에 유리한데, 인사고과가 가장 좋아 내정이 된 상태였고 면접까지 끝내었다. 12월

壬子월 대통령 선거 다음날 사단장에게 인사를 갔다가 고향을 묻기에 OOO라 했더니 귀가하는 차량에서 탈락을 통보 받았다.

午 상관은 壬 인수가 용신이다. 庚戌 대운에 戌土는 壬 인수를 극하므로 좋지 못한 글자이다. 41세 壬午년, 壬 인수와 午 상관이 동시에 발동하여 길흉이 동시에 있다. 午 식상은 왕하고 壬 인수는 무기력하다. 게다가 丙 식식은 제압되고 午 상관은 암장된 상태이다. 따라서 이 운은 합격 가능 운이지 100% 합격운이라고 말하지는 못한다.

12월 壬子월, 壬子 인수가 유근하다. 그래서 길월로 판단하면 안 된다. 대운이 戌이라 午戌 합이 있어서 子午 충은 子 인印이 손상되는 것이다. 따라서 12월은 낙방 월운이다.

乾『연해자평』「논인수論印綬」									時	日	月	年
庚	己	戊	丁	丙	乙	甲	癸	壬	辛	壬	戊	庚	甲
辰	卯	寅	丑	子	亥	戌	酉	申	未	子	戌	午	寅

일간 戊가 丁 인수를 쓰고 있다. 寅午戌 화국火局이 있는 것은 좋은 것이다. 시상에 壬子 水가 왕한 것은 적합하지 않다. 子午 재財는 능히 오午 인印을 충한다. 까닭으로 시력을 잃었다. 생기生氣 丙丁 火는 木(目)에 속하는 까닭이다.[76]

---

76) 『評註淵海子平』 권2, 「論正財」(臺灣; 瑞星書局, 徐升, 1985, p.22) "如【甲寅 庚午 戊戌 壬子】此日戊用丁爲印綬 有寅午戌火局爲好 不合時上壬子水旺財能沖印 所以失明 生氣是丙丁火屬木故也"

寅戌 합, 子午 충은 유효하다. 월지 午 인수는 庚 식신을 극하므로 흉신이 된다. 子午 충은 午가 戌土를 합하고 있기 때문에 子가 손상된다. 자오 양자 상충이다. 특히 조열한 명조에서 子水 손상은 좋지 않다. 子는 신기腎氣이고 자오 충은 눈동자 손상이다. 辛未 대운은 자오 충으로 子가 손상되는 시점 가능하다.

乾『명리요론』5권(p.482)			1936년			
94 84 74 64 54 44 34 24 14 04			時 日 月 年			
甲 癸 壬 辛 庚 己 戊 丁 丙 乙			甲 己 甲 丙			
辰 卯 寅 丑 子 亥 戌 酉 申 未			戌 卯 午 子			

초년 공부를 잘해서 서울대 졸업했고, 丁酉 대운까지는 무난하게 직장 생활했다. 戊戌 대운에는 직장을 그만 두고 사업을 시작했으나 실패를 거듭하게 되었고, 결국 빚더미에 올라앉았다.

卯戌 합, 子午 충도 가능하고 午戌 합, 子卯 형도 가능하다. 이런 경우는 卯午가 동시에 子 재성을 형충하는 것이므로 子 재성이 손상된다. 양갑兩甲 중관은 하나를 제거해야 한다. 戊戌 대운이 갑무상충甲戊相冲하므로 1관을 버리고, 己亥 대운에 갑기 합이 1관을 버리므로 戊戌, 己亥 대운은 길 대운이다.

그런데 戊戌 대운에 재정 실패는 戌 때문이다. 戌이 午와 합이 되어 子午 충을 유도하면 子 재성이 손상되는데 자영업에 뛰어들은 것이다.

乾『적천수천미』「조습燥濕」　　時 日 月 年

丁戊己庚辛壬癸甲乙丙　　庚甲丁癸

未申酉戌亥子丑寅卯辰　　午午巳未

초운 木火운은 그 기세에 순응하여 재물이 점차 늘어났으나 癸
丑운이 되면서 형상을 만나고 좌절을 맛보았으니 파모破耗가 많
았다. 壬子운에는 더욱 심하게 충하여 격동시키니 살인을 하게
되었으며 화재까지 만나서 집안이 망하고 죽었다.

이 명조가 종아從兒인가에 대해서는 생각해 볼 것이 많다. 어
찌됐든 전부지공田父之功 명조이다. 정격으로 보아도 가능하다.
경살庚煞이 투출하여 편관격이고 丁 상관이 巳에 유근하고 지지
가 전부 巳午未 여름으로 가득하므로 제살이 지나치므로 경살은
한 번 쓰러지면 일어나기 힘들다. 그러므로 火를 제어하는 金水
가 길하다.

癸丑 대운 축미 충, 癸 인수 길신이 축토에 극을 받아서 불리
한 점이 있다.

壬子 대운 丁壬 합으로 壬 인수 길신이 손상되어 불리하다. 午
未 합이 된 상태에서 午子 충하면 未土로 인하여 子水가 손상되
므로 壬子 인수의 깊은 용신이 파괴되고 왕화는 남아있게 되므로
좋지 않다. 水 손상이 지나치면 화재가 나는 수가 있다. 그래서
화재로 사망에 이르게 되었다.

차라리 乙卯, 甲寅 운은 卯午 파, 寅巳 형으로 화세를 제어하므
로 재물이 왕성했던 것이다.

乾『적천수천미』「통신론通神論」　　　時 日 月 年

丙 乙 甲 癸 壬 辛 庚 己 戊 丁　　　丙 壬 丙 壬

辰 卯 寅 丑 子 亥 戌 酉 申 未　　　午 子 午 子

초운 丁未 대운 戊午년(7세)을 만나 천극지충天尅地沖하여 재살財
煞이 함께 왕성하니 부모가 돌아가시고 거지로 떠돌며 유랑하다
가 申운으로 바뀌면서 좋은 인연을 만났고, 己酉 대운에는 수만
의 재물이 일어나고 처를 얻어서 결혼도 하고 아들을 낳아 가정
을 이루게 되었다.

『천미』의 양신성상에 해당한다. 午월이라 火가 왕한 바이지만
子午 충으로 午 재격을 파괴하므로 흉조이다. 戊己土 관성운은
水 비겁을 방어하므로 무난한 대운이 된다.

丁未 대운은 午未 합, 子未 해가 작동한다. 午未가 합하여 壬
일간의 근원 일지 子와 연지 子를 극파하므로 부모를 잃고 유랑
했다. 다행히 1未 2子의 해는 子 겁재의 손상이 크지 않으므로 사
망은 면했다.

己酉 대운은 己 정관격이 되고 재성財星이 중중한 정관용재운
이라 비로소 일가一家를 이루었다.

乾 1918년

10 90 80 70 60 50 40 30 20 10   時 日 月 年

壬 辛 庚 己 戊 丁 丙 乙 甲 癸   己 甲 壬 戊

申 未 午 巳 辰 卯 寅 丑 子 亥   巳 午 戌 午

甲운은 보통의 평운이었고 子운에 파산의 위危가 있고 4년간 객
지에서 고생했는데 부부간 이별이나 다름없었던 것은 일지 부부
궁을 상충한 때문이다.[77]

김우재 역술인이 『팔자대전』에서 자신의 사주를 자평한 것이
다. 신약한 명조이므로 甲子 대운은 분명 길운이어야 하는데, 子
운에 파산의 위기까지 갔었다고 서술하고 있다.

도대체 무엇 때문에 파산 위기인가? 午戌 합 때문에 그렇다.
일지 午가 戌土와 합이 되면 자오 충에서 子 인성이 손상된다.
午가 戌과 합이 되면 월지 午만 그러한 것이 아니고 일지 午나
타지 午도 마찬가지로 다 子 인성을 파손한다. 여기서 子 인성의
파손은 파재 파가의 뜻이고 불안정 운이다.

또 여기서 子 인성은 甲 일간의 근원이도 한데 충으로 子가 손
상되어도 사망하지 않은 것은 천간의 甲 비겁이 중첩한 土 재성
을 제어하는 길吉을 지었기 때문이다. 다만 길신 甲의 기반 子가
손상된 것은 甲의 작용이 100%가 아니고 절반으로 감소된 것을
뜻한다. 이것은 겨우 명맥을 유지하는 정도이지, 재산을 일구는
부귀 운은 아닌 것이다. 실제 명주는 甲子 대운에 기댈 곳 없이

---

77) 고려기문학회 http://cafe.daum.net/haksun53/43tA/295

객지를 떠돌면서 거우 밥을 얻어먹는 신세였던 것이다.

乾 남회근   1918년

97 87 77 67 57 47 37 27 17 07   時 日 月 年

乙 甲 癸 壬 辛 庚 己 戊 丁 丙   乙 甲 乙 戊

丑 子 亥 戌 酉 申 未 午 巳 辰   亥 子 卯 午

그가 저술한 『주역강의』 『논어강의』를 비롯한 30여 종의 저술들은 문화혁명으로 전통문화가 사라진 중국 본토의 대학생들에게 전통의 향기를 회복하게 해주는 교과서로 읽히고 있다. 그는 1980년(63세, 庚申) 홍콩에다 '시방총림서원十方叢林書院'이라는 살롱을 설립했다. 1992년(75세, 壬申)에는 자신의 고향인 절강성 온주溫州에다가 자신을 따르는 화교의 재력가들을 동원하여 철도를 개설한 바 있고, 이때부터 장쩌민을 비롯한 본토 실세들과의 신뢰관계가 형성되었다. 95세 壬辰년 사망.

乙 양인이 중첩하므로 누설하는 午火 식상이 용신이다. 亥卯 합, 子午 충은 유효하므로 卯 양인은 굳건하지만 午 식상은 子에 손상된다. 다행히 남방운이 午火 식상을 작동시켜 길운이 되었다.

壬戌 대운은 午戌 합이 결성하여 午 식상은 작동시키고 또 子 인성을 충으로 제거함으로써 중국 본토에까지도 영향력이 마쳤으므로 戌土의 작용은 반드시 월지와 관련이 있어야 하는 것이 아님을 알 수 있다. 午 상관 용신이 파괴되는 子운 辰년에 사망.

乾『적천수천미』「관살官煞」　　　時 日 月 年

戊 丁 丙 乙 甲 癸 壬 辛 庚 己　　　甲 壬 戊 戊

辰 卯 寅 丑 子 亥 戌 酉 申 未　　　辰 辰 午 辰

癸亥운에서는 식신食神이 생을 만나고 일주가 녹을 얻어 과갑연
등科甲連騰하고 甲운에는 벼슬이 현령縣令에 이르렀으며 子운에
는 쇠약한 신이 왕한 신을 충하여 부록不祿했다.

　　월지 午 재성이 戊 편관을 대帶한 격국은 甲 식신이 편관의 용
신이다. 때문에 戊 편관을 돕는 午 재성이 작동하면 안 된다. 북
방 壬癸 비겁운은 火 재성을 잘 다스려서 길했고 亥 녹신운도 午
火 재성을 약화시켜서 길했다.

　　그런데『진전』에 의하면 甲子 대운은 子辰 합이 있어 子午 충
은 성립하지 않는다 했다. 그런데 여기서 자오 충을 빼고 甲子
대운에 명주의 사망 원인을 찾아내기란 거의 불가능하다. 戊 편
관이 중첩한 명조, 甲子 대운의 甲 식신은 길운이기 때문이다.

　　그런데 여기서『천미』의 형충파해 이론을 적용한다면 子午 충
이 가능해지고 일단 통변의 실마리가 보인다. 저 앞의 자료들은
월지 午가 午戌 합, 午未 합이 된 상태에서 子午 충이 되어 토가
작동했다. 토동의 이유는 합이다. 그런데 이 명조는 子辰이 합하
여 명조 내에서 辰土가 동했으므로 자오 충이 작동하면 子가 손
상된 것으로 보아야 한다.

　　유백온의 이론에 의한다면 충분히 가능한 일이다. 일단 子辰
합이 되어 戊土가 동하는 것이 중요 단서이다. 자진 합 자체가

진토의 동을 유발하기 때문이다. 진토가 동한 상태에서 子가 월지 午를 충하면 午와 3개의 辰土는 연합하여 子를 극할 수 있는 것이다. 월지 子午 충은 주변의 영향을 받아 결과가 나오게 되고 또 화토가 동하면 戊土의 왕한 세력이 수국水局도 파괴한다. 자진 합에도 불구하고 수가 파괴될 수 있는 이유이다.

따라서 이 명조도『자평진전』과『적천수천미』를 결합한 간명법에서 월지나 월지 상대가 합이 된 상태에서 충이 되면 월지는 손상이 없으나 월지 상대는 손상이 가능하다는 이론에 부응하는 사례이다.

乾『사주임상록』(p.279)	1936년
93 83 73 63 53 43 33 23 13 03	時 日 月 年
辛 庚 己 戊 丁 丙 乙 甲 癸 壬	己 丙 辛 丙
亥 戌 酉 申 未 午 巳 辰 卯 寅	丑 辰 丑 子

부父가 일찍 돌아가셨고 일찍 객지 서울로 올라와 대학 다니다 중단하고 개인택시 운전했다. 58세 癸酉년 자동차 사고로 사망했다.

己 상관격이고 子 정관이 용신이다. 남방운 己 상관의 왕지라 좋지 않으나 乙巳 대운은 乙 인수가 己 상관을 제어해서 잘 넘어갔다. 丁未 대운 축미 충은 토동이라 子 정관에게 불리하다. 왕토 未가 자미 해로 子 정관을 궁지에 몰고 파괴한다. 58세 癸酉년, 子가 癸水 정관으로 투출한 것인데 己剋癸는 정관 손상 시점

이 되어 사망했다.

여기서 깊이 생각해 보아야 할 것은 丙午 대운에 안전했던 이유이다. 천간은 쟁합이 辛 재성을 살리는 길운을 지었으나, 지지는 子午 충이 가능하고 子丑 합의 丑 土가 있었는데 왜 子를 파괴하지 않고 午를 파괴했는가 이다. 그것은 辰丑이 土인 것은 분명하나 토의 질은 확연히 다르다는 이유 때문이었다. 辰土는 子水의 묘지이고 토왕한 시점이기 때문에 辰土가 子水를 파손할 수 있지만, 丑土는 수왕한 계절에 토이기 때문에 子水를 보호한다. 혹 子水가 손상되어도 丑土가 계속 水를 흘려보내어 복구해 주는 샘터 역할을 하는 것이다. 수 단절이 아니고 수 분출이기 때문에 子丑 합의 자오 충에서는 子 손상이 아니고 午가 손상되는 것이다. 이 子午 충에서는 午가 손상되어 사망을 면한 것이다.

Ⅲ. 형충파해합 간법

Ⅲ. 형충파해합 간법

1. 경중론輕重論

경중輕重의 중요성에 대해서는『연해자평』에서부터 전해 내려 오고 있지만 그 자세한 예문은『자평진전』에서만 나오고 있으므로 『자평진전』의 경중론은 명서에서 중요한 자료이다. 경輕은 가볍다, 얕다(淺) 등의 뜻이 있고, 중重은 무겁다, 중첩의 뜻이 있다. 경중론은 특히 제살태과와 신왕신약을 판정하는 것에 기준이 된다.

『자평진전』에서 나온 자료들을 분석해 보면 천간 1자는 경중론의 기준이 된다. 즉 천간은 그 자체로서는 경이고 직하에서 장생, 녹왕을 얻으면 중이 된다. 장생, 녹왕은 庚申, 壬子, 乙卯, 戊寅과 같은 경우인데 천간이 직하 지지에 뿌리를 얻는 것이다.

그 외 미투未透한 지지 1자는 경이 된다.『자평진전』은 천간의 작용에 중점을 두고 간명하기 때문에 경중 비교는 천간의 역량을 비교하는 것이다. 지지가 천간에 투출하지 못하면 지지의 본래 역량과 상관없이 경으로 본다. 즉, 본래는 지지의 역량이 천간보다 큰 것이 분명하지만 투출한 오행간의 역량을 비교할 때 지지는 미투이므로 경이 되는 것이다. 투출하지 않아서 작용력이 없는 지지 정靜의 상태를 중이라고 할 이유가 없기 때문이다.

결론적으로 천간이 지지 녹왕이나 장생에 통근해야 중이 된다는 것이 주요 요점이다. 천간이 직하가 아닌 다른 지지에 동기同氣가 있는 것은 해당 천간에 전혀 도움이 되지 않으므로 동기가 사방에 분포되어 있어도 중이 아니다.

월지도 마찬가지이다. 월령이 천간에 미투한 월지 그 자체로는 경이 된다. 월령제강도 투간하지 못하면 천간 1자의 역량과 같은 것으로 보는 것이다. 그런데 만일 천간 1자와 월지 1자의 경중을 굳이 비교해야 한다면 일단 양자의 역량은 1:1로 보아야 할 것이나 양자 외의 세력까지 보면 달라질 수도 있을 것이므로 이 것은 각자 연구하길 바란다.

왜 이런 말을 하냐하면 월지 卯 식신이 己 편관을 제하는 것은 1:1인데 제살국이었던 사례가 있다. 이것은 월지가 작았을 때만 가능한 일이다. 또 丁 식신이 庚 편관을 제하는 1:1의 극에서 경살庚煞이 완제되어 제살태과 의심이 드는 것도 있었다. 그런데 일단 『자평진전』의 예문들을 분석해 보면 1:1의 극은 제살태과로 보지 않고 2:1의 극, 즉 식상 2이고 편관이 1일 때만 제살태과로 본다는 것에 주목하고 연구해야 한다.

천간이 월지를 얻으면 중重이다. 월지가 천간 1자를 얻어도 중이다. 천간이 직하 지지와 나란히 지지 2개를 얻으면 태중이다. 천간에 인수가 있고 월지, 일지가 나란히 인수이면 인수 태중이다. 그외 비교적 관점에서 경중을 논하는 경우도 있으므로 주의해야 한다.

경중에 대한 기준점을 찾는 데에는 『자평진전』「논십간유득시불왕실시불약」장은 필수적 참고 문장이다. 거기서 명확하게 중重의 기준에 대해 언급했다.

"이런 까닭으로 십간十干은 월령月令의 휴수休囚를 논하지 않고 다만 사주가 유근有根함만을 요한다. 능히 재관식신財官食神을 받아들이고 상관칠살傷官七殺을 감당할 수 있다. 장생록왕長生祿旺은 근根이 중重하다. 묘고여기墓庫餘氣는 근이 경輕하다.[78]"

경중을 논하는데 십간은 월령의 휴수休囚를 논하지 않고 천간의 뿌리가 있는가 없는가를 가리는 것이 중요하다는 것이다. 휴수를 논하지 않는 것이 중요한 한 요점이다.

중重은 천간이 장생, 녹왕에 앉은 것인데 장생은 동생동사론의 乙亥, 丙寅, 戊寅, 辛巳, 壬申 등이고, 녹왕은 甲寅, 乙卯, 丙午, 丁巳, 己巳, 庚申, 辛酉, 壬子, 癸亥 등이다. 천간이 지지에서 이들 장생, 녹왕 1개를 만나면 중이라는 것이다.

경輕은 천간이 묘고墓庫나 여기餘氣에 앉은 것이라고 했다. 묘

---

78) 『子平眞詮評註』「論十干得時不旺失時不弱」(臺灣; 武陵出版有限公司, 2005, p.70) "是故十干不論月令休囚, 只要四柱有根, 便能受財官食神而當傷官七殺. 長生祿旺, 根之重者也. 墓庫餘氣, 根之輕者也."

고는 乙未, 丙戌, 戊戌, 辛丑, 壬辰 등인데 이들 乙, 丙, 戊, 辛, 壬 은 직하에 통근은 하지만 묘고에 앉았기 때문에 경이 된다. 여기 는 辰戌丑未에 있는데 여기에 앉은 것은 甲辰, 庚戌, 癸丑, 丁未 등이다. 모두 천간이 여기에 앉았으므로 경하다 했다.

乙丑, 丙辰, 戊辰, 辛未, 壬戌은 관대인데 이중에 戊辰은 토근土 根이 있어 중重으로 볼 수 있으나 나머지는 근根이 없어서 경輕으 로 보아야 한다. 이하『자평진전』에서 나온 경중經重의 예문들을 살펴보면 다음과 같다.

乾『자평진전』유운사劉運使									時 日 月 年
乙 甲 癸 壬 辛 庚 己 戊 丁 丙									庚 丙 乙 甲
酉 申 未 午 巳 辰 卯 寅 丑 子									寅 戌 亥 申

"또 신중살경身重煞經한데 인수가 화인化印해서 용신이 불청不淸 할 때는 재財를 빌려서 격을 청하게 하면 이 역시 귀격이 된다. 유운사의 명조와 같다.[79]"

살경煞輕 : 亥 편관은 월지이고 살煞인데 살경하다 했다. 살이 투출하지 않아서 경이 되는 것이다. 해살亥煞의 경중을 논하는 데 에는 庚의 세력을 포함하지 않는다. 다만 식상과 비교 시에는 상 황에 따라 庚을 포함할 수 있다. 연지 申에 壬水가 있으나 천간 과 상통하지 않으므로 申中壬水를 해살의 세력에 포함하지 않았

---

79)『子平眞詮』「論偏官編」 "又有身重煞輕 煞又化印 用神不淸 而借財以淸格 亦爲貴格 如甲申 乙亥 丙戌 庚寅 劉運使命是也."

다. 월지는 연월일시 천간과 동기일 때만 상통되는 것으로 보고 연지와 일지는 관련이 없는 것이다.

신중身重 : 丙 일간이 戌中丁 묘고墓庫에 통근했으로 원래는 신경身輕이다. 그런데 일지, 시지가 寅戌 합이 되어 寅戌은 丙火와 상통되므로 신중이 된 것이다.

"인수용살印綬用煞이 있다. 편관은 원래 좋은 것이 아니지만 인수를 생하는 것에 빌려 쓴다. 그러므로 반드시 신중인경身重印輕하거나 혹은 신경인중身輕印重하여 그 부족함이 있어야 비로소 유정하게 된다.

乾『자평진전』마참정馬參政									時	日	月	年
戊	丁	丙	乙	甲	癸	壬	辛	庚	己	壬	壬	戊	壬
午	巳	辰	卯	寅	丑	子	亥	戌	酉	寅	辰	申	寅

마참정馬參政은 신중인경身重印輕하다.

인경印輕 : 마참정은 팔자 내에 월지 申金 인수는 1개이고 월지 申이 戊 편관의 생을 받으나 인경하다고 했다. 생은 경중에 포함하지 않고 같은 오행과 상통해야 중이 되는 것이다.

신중身重 : 壬 일간이 직하 辰庫에 앉아서 경輕이 되나 辰申 합이 되어 水局이 壬 일간과 상통하므로 신중이 된다.

乾『자평진전』모장원茅狀元	時 日 月 年
癸甲乙丙丁戊己庚辛壬	庚 癸 癸 己
亥子丑寅卯辰巳午未申	申 未 酉 巳

"모장원茅狀元은 신경인중身輕印重하다. 그런데 만약 신인身印이 병중並重한데 칠살을 쓰면 외롭고 빈한하다.[80]"

신경身輕 : 천간은 동한 것이므로 어디에 있든 동기는 동조세력이 된다. 모장원의 일간 癸는 월간 癸를 얻어서 癸가 2개인데 경輕하다 했다. 천간이 천간 1개를 얻은 것은 경이라는 것을 알 수 있다.

"혹 인중재경印重財輕할 때 겸하여 식상이 노출된 경우가 있다. 이럴 때 재財와 식신食神은 상생관계라 재경財輕하나 경하지 않게 되는 것이므로 곧 부를 이룰 수 있다. 그러나 귀하지는 않다.[81]"

乾『자평진전』우감부牛監薄	時 日 月 年
乙甲癸壬辛庚己戊丁丙	丙 癸 乙 庚
未午巳辰卯寅丑子亥戌	辰 亥 酉 寅

---

80) 『자평진전』「논인수격편」 "有用偏官者 偏官本非美物 藉其生印 不得已而
用之 故必身重印輕 或身輕印重 有所不足 始爲有情 如茅狀元命 己巳 癸
酉 癸未 庚申 此身輕印重也 馬參政命 壬寅 戊申 壬辰 壬寅 此身重印輕
也 若身印並重而用七煞 非孤則貧矣."
81) "卽或印重財輕而兼露傷食 財與食相生 輕而不輕 卽可就富 亦不貴矣."

그런데 식신食神이 있는데도 귀貴까지 겸한 명조가 있다. 어떤 경우인가? 우감부의 명조는 乙庚 합하여 丙을 생하지 못하게 되어 귀하였다.[82]"

인중印重 : 연간 庚 인수 직하 지지는 寅이나 월지 酉를 얻었는데 인중하다 했으므로 월지는 천간 어느 글자와도 통기된다는 것을 알 수 있다. 월지가 천간 1개를 얻으면 중重이 된다. 이로써 천간은 직하 지지나 월지를 얻어야 중이 된다는 것을 알 수 있다.

재경財輕 : 천간에 丙 재성이 1개 있고 직하 辰에 乙癸戊만 있으므로 火가 없어서 지지 辰은 丙火와 동기가 아니다. 다만 연지 寅에 丙火 장생이 있으나 직상 천간과 상통하지 않으므로 재경이라 했다.

『자평진전』은 직하 통근이 아니면 경輕으로 본다. 또 辰中乙, 亥重甲, 寅木은 천간 火를 생하는 식상이 있는데도 중重으로 보지 않은 것은 경중輕重은 동기同氣의 세력으로만 논한다는 것을 알 수 있다.

乾『자평진전』도통제都統制命	時 日 月 年
己 庚 辛 壬 癸 甲 乙 丙 丁 戊	壬 戊 己 丁
亥 子 丑 寅 卯 辰 巳 午 未 申	子 子 酉 酉

"도통제의 명조는 재태중財太重이나 인수가 있고 丁과 壬이 戊己

---

82) "然亦有帶食而貴者 何也 如庚寅 乙酉 癸亥 丙辰 此牛監薄命 乙合庚而不生丙 所以爲貴."

만큼 떨어져 있어서 양쪽이 장애가 되지 않았다. 또 金水가 다多
하여 한랭寒冷한데 火를 얻어서 융화融和가 되었다.[83]"

재태중財太重 : 시간 壬 재성이 시지 子에 직하 통근했고 이것은
중重이다. 壬의 직하에 子 옆에 子가 나란히 있는데 재태중이라
했다.

『자평진전』은 투출한 천간 직하 지지로 경중을 논하고 있으므
로 壬의 직하에 子는 통근이고 중이다. 심효첨은 이와 비슷한 庚
辰을 신강이라고[84] 한 적이 있었고,『삼명통회』에서도 壬子를 왕
하다 했으므로 전통적으로 왕약을 가리는 기준과 경중을 가리는
기준은 같다. 『적천수천미』이전 명서들은 천간이 장생, 건록, 제
왕에 앉으면 왕旺이라고 하고 그외는 약弱이라고 한다.

도통제는 시지 子 옆에 일지 子가 하나 더 있는데 재태중財太重
이라 했다. 오행이 'ㄴ' 자와 같이 배치되면 일지 子는 시간 壬의
직하가 아니더라도 천간 壬과 기운이 위아래 좌우로 흘러서 상
통되므로 일지 子는 시간에 도움을 줄 수 있고 이런 것은 태중이
된다는 한 기준이 된다.

상관경傷官輕 : 월지 酉 상관과 연지 酉 상관이 있어 2유가 있으
나 월지 酉는 동이므로 경으로 보니 酉는 미동으로 월지 酉의 세
력에 포함하지 않고 경輕이 된다. 그런데 만일 酉上에 辛이 있다
면 상관태중이 된다.

---

83) "如丁酉 己酉 戊子 壬子 財太重而帶印 而丁與壬隔以戊己 兩不礙 且金水
多而覺寒 得火融和 都統制命也"
84) 『자평진전』 「논십간유득시불왕실시불약」에 천간이 묘고나 여기를 얻으
면 왕旺이고, 녹신을 얻어도 왕이라 했다.

乾『자평진전』일승상—丞相　　時　日　月　年

己 戊 丁 丙 乙 甲 癸 壬 辛 庚　　丁　戊　己　壬

酉 申 未 午 巳 辰 卯 寅 丑 子　　巳　午　酉　戌

"일승상의 명조는 인태중印太重이나 戊己만큼 떨어져서 丁과 壬이 서로 장애를 주지 않았다. 반대로 되었다면 재인財印을 병용倂用하지 못하여서 빼어나지 못하게 된다.[85]"

인태중印太重 : 丁 인수가 직하 巳에 통근한 것은 중重이고 巳 옆에 일지 午가 나란히 있어도 인태중이다. 그런데 원래 연지 戌中丁火는 시간 丁 인수와 상통하지 못하는 부위이나 巳 바로 옆에 午가 있고 午가 戌과 합하여 戌火도 午의 세력에 포함될 수 있다. 그러므로 丁 인수의 역량은 더욱 태중한 것이다.

식상중食傷重 : 酉 식상이 월령이고 시지 巳는 사유회국巳酉會局이 되므로 사중경巳中庚이 투출한 것과 같다. 월지 酉는 천간 庚 1개를 얻은 것과 같으므로 중重이 된다. 상관 중이다. 그런데 이 명조는 金 식상보다 火 인수가 더 중하므로 비교적 관점에서는 인중식경印重食輕이 된다.

---

85) "又如壬戌 己酉 戊午 丁巳 印太重而隔戊己 而丁與壬不相礙 一丞相命也 反是則財印不並用而不秀矣."

인태중印太重 : 월지가 巳 인수이고 일지 巳도 인수인데 己 일간
이 월지, 일지 巳 인수 2개의 생을 얻고 있다. 그러므로 인중印重
이다. 만일 巳가 연지였다면 인중이라 할 수 없다.

신왕身旺 : 己 일간은 녹은 午이다. 己巳는 생이 아니고 상통으
로 본다. 午巳巳는 신身 태중이다. 그러나 신왕이라는 말로 표현
할 수 있다. 火를 인수로 보고 신왕이나 신태강身太强도 가능한
것이다.

"상관傷官이 재인財印을 겸용兼用하는 국국이 있다. 재인은 상극相
剋이라 본시 병용倂用하지 못한다. 다만 간두干頭에서 재인이 청淸
해서 서로 장애가 되지 않으면 가능하다. 또 반드시 재財를 생하
는 명조가 재태왕財太旺한데 인수가 있거나 패인佩印 명조가 인태
중印太重한데 재가 있으면 중화中和로 조정되어 마침내 귀격貴格이

---

[86] "有用煞而兼帶傷食者 則用煞而有制 生身而有泄 不論身旺印重 皆爲貴格
如乙丑 辛巳 己巳 庚午 孫布政命 是也."

된다.[87)]

```
乾『자평진전』나평장羅平章        時 日 月 年
丙乙甲癸壬辛庚己戊丁          壬甲丙壬
辰卯寅丑子亥戌酉申未          申午午申
```

상관패인傷官佩印의 경우가 있다. 인수는 능히 상관을 제압하므로 귀격이 된다. 도리어 상관은 왕旺하고 신약身弱하여야 비로소 수기秀氣가 빼어나게 된다. 예를 들어 나평장의 사주는 상관이 왕하고 인수는 뿌리가 깊고 또한 신약身弱하다. 또 여름 나무가 물을 만나서 (夏木逢潤) 그 빼어남이 백 배에 이른다. 그러므로 일품─品의 귀를 누렸다.[88)]

그러나 인수가 왕하고 극심하거나 많음을 보거나 편정이 중첩되어 나타난 것은 필요하지 않다. 이렇게 되면 도리어 빼어나지 못하다. 고로 상경신중傷輕身重하고 인수다견印綬多見은 빈궁한 격이다.[89)]"

상관왕傷官旺 : 午는 상관이 천간 丙 식신과 상통하므로 중重이다. 그런데 일지까지 午인데 상관 왕이라고 했다. 중은 천간이 지

---

87) 『자평진전』「논상관」 "有傷官兼用財印者 財印相剋 本不並用 只要干頭兩清而不相礙 又必生財者 財太旺而帶印 佩印者印太重而帶財 調停中和 遂爲貴格."

88) "有傷官佩印者 印能制傷 所以爲貴 反要傷官旺 身稍弱 始爲秀氣 如李羅平章命 壬申 丙午 申午 壬申 傷官旺 印根深 身又弱 又是夏木逢潤 其秀百倍 所以一品之貴."

89) 『자평진전』「논상관」 "然印旺極深 不必多見 偏正疊出 反爲不秀 故傷輕身重而印綬多見 貧窮之格也."

Ⅲ. 형충파해합 간법 133

지 적하 동기를 얻은 것이나, 왕은 동기만 아니고 생을 얻어도 왕이라고 할 수 있다.

　인근심印根深 : 천간 壬 인성이 申에 앉았는데 인근심印根深이라 했다. 壬申은 壬이 장생을 얻은 것이므로 중重인데 인근심이라고 했다. 다만 2申이 나온 바이므로 중보다 한발 더 나간 말이 심深이라는 것을 알 수 있다. 인근심은 인태중印太重과 같은 의미인 것이다.

乾『자평진전』목동지穆同知　　　時 日 月 年

癸 壬 辛 庚 己 戊 丁 丙 乙 甲　　戊 庚 癸 甲

未 午 巳 辰 卯 寅 丑 子 亥 戌　　寅 寅 酉 午

"그런데 관살제인격官殺制刃格에 식상食傷이 있어도 귀貴해진 경우가 있다. 어떤 때인가? ① 혹 인수로 (식상을 제하여) 보호하거나 ② 혹시 살태중殺太重하여 (식상이) 덜어낼 때이다. 관살官殺은 경輕해야 청淸이라 할 수 있다.[90] 목동지의 명조는 癸 상관傷官과 인오지관寅午之官이 있으나 戊 인수가 (癸 상관을) 합거合去했다. 소위 인수가 보호한 것이다.[91]"

　살태중煞太重 : 목동지의 寅寅午는 반합 화국 관官이 되어 천간에 투출한 것이므로 천간 丁 정관이 丙 2개를 얻은 것과 같아서

---

90) 『자평진전』「논양인」 "然亦有官煞制刃帶傷食而貴者 何也 或是印護 或是
　　煞太重而裁損之 官煞輕而取淸之."

91) 『자평진전』「논양인」 "如穆同知命 甲午 癸酉 庚寅 戊寅 癸水傷寅午之官
　　而戊以合之 所謂印護也."

태중하다. 천간이 지지 본기 1개를 얻으면 중重이고, 천간이 지지 2개를 얻으면 태중인데 寅寅午는 그와 같은 것이다.

　신중身重 : 庚 일간이 월지 酉 겁재를 얻어서 신중身重하다. 그러므로 목동지는 신중살태중身重煞太重이고, 비교적 관점에서는 신경살중身輕煞重이다. 경중론은 월령력을 따로 추가하지 않는다.

乾『자평진전』가평장賈平章

時	日	月	年
庚 己 戊 丁 丙 乙 甲 癸 壬 辛			甲 戊 庚 甲
辰 卯 寅 丑 子 亥 戌 酉 申 未			寅 申 午 寅

"가평장 명조는 살煞이 양투兩透하고 근태중根太重하다. 식신으로 제제制하므로 소위 재손(裁損: 덜어냄)이라고 한다.[92]"

　살태중煞太重 : 갑살甲煞이 천간에 2개 있고 각각 직하 지지 寅에 통근해 있어서 살중煞重이 2개 인데 태중이라 했다. 이 또한 태중의 기준이다.

乾『자평진전』탈승상脫丞相

時	日	月	年
甲 癸 壬 辛 庚 己 戊 丁 丙 乙			戊 丙 甲 壬
寅 丑 子 亥 戌 酉 申 未 午 巳			戌 戌 辰 辰

"탈승상은 辰中 암살暗殺 壬이 투간했다. 戊는 사지四支에 앉아서

---

92) "如賈平章命 甲寅 庚午 戊申 甲寅 煞兩透而根太重 食以制之 所謂裁損也."

> 식신태중食神太重이고 갑인甲印이 투간한 상태이다. 따라서 태과太過를 덜게 되니 어찌 귀격貴格이 아니겠는가? 그러나 만약 살殺이 강하고 식신의 설泄이 있는데 인수가 투간했다면 이것은 파국破局이 될 뿐이다.[93]"

식상태중食傷太重 : 시간 戊 식신이 시지 戌에 통근하고 戌 옆에 지지 4토가 나란히 모두 모였다. 식신태중인 것이다. 이 또한 태중의 기준이다.

신경살중身輕煞重 : 丙 일간이 직하 戌에 통근하고 바로 옆 시지에도 戌이 있으나 戌과 戌은 합이 없어서 암중화暗中火를 끌어다가 쓸 수 없다. 게다가 辰戌 충은 火가 손상되므로 신중身重 선언은 불가하다.

살중煞重 : 임살壬煞은 직하에 묘고墓庫 辰土 식신이 있고 월지에 辰도 있다. 월지는 그 자체가 동이므로 辰辰은 합이 안 되도 임살은 묘 2개를 얻은 것이다. 이렇게 되면 임살은 중인가 경인가를 가려야 하는 경우가 있는데『자평진전』「논십간유득시불왕실시불약」장의 이론으로 계산할 수밖에 없다. (『형충파해합 응용』참고 바람) 즉, 묘는 천간 2개의 역량이 있는데 묘가 2개이면 4이고 4는 장생, 녹왕 1개의 역량과 같다. 그러므로 여기서 임살은 살중이 가능하다. 그러나 식신은 태중하므로 비교적 관점에서는 식중살경이 될 수 있는 것이다.

아래는 기타 명서의 참고 예문들이다.

---

93) "如脫脫丞相命 壬辰 甲胡 丙戌 戊戌 辰中暗煞 壬以透之 戊坐四支 食太重而透甲印 以損太過 豈非貴格 若煞强食泄而印露 則破局矣."

乾『적천수천미』(p.57)　　　　　時 日 月 年

壬辛庚己戊丁丙乙甲癸　　　　癸辛壬庚

辰卯寅丑子亥戌酉申未　　　　巳酉午申

"申酉 대운에서는 파모破耗가 극심했고, 丙戌 대운에는 용신을 도
와서 일어나니 좋은 인연을 만났다. 亥水운으로 바뀌자 壬水가
뿌리를 얻고 癸水도 왕지旺地에 임림臨하자 화기火氣가 극을 받아
소진되어 집이 망하고 자신도 죽고 말았다."

壬癸 식상 2자가 午 편관 1자를 제하므로 제살태과이다. 丙戌
대운에 火를 살려서 길운이 작용했다. 亥운은 북방 초입이다. 亥
가 午 편관을 제거하므로 양기가 소진되어 죽었다.

이 명조는 월지, 시지 午巳 관성이 있는데 제살태과로 보아야
한다. 『자평진전』은 시지 巳와 午는 격격隔해 있으므로 서로 거리가
있어 연결이 안 된다고 본다. 고로 월지 午는 경輕이고 천간 壬
도 경이다. 경이 경을 제할 때는 제살국으로 본다. 그런데 壬癸가
午를 제하므로 壬癸의 역량은 중重은 아니더라도 가히 중에 가깝
다. 고로 午는 파괴되어 제살태과가 된다.

乾『적천수천미』「간지총론干支總論」　　時 日 月 年

壬辛庚己戊丁丙乙甲癸　　　　甲辛壬庚

辰卯寅丑子亥戌酉申未　　　　午酉午申

중간에 향방鄕榜에 올라서 관찰사觀察使가 되었다.

壬 상관이 午 편관을 제한다. 이것은 1:1의 극이므로 제살태과가 아니고 제살국이다. 그런데 甲과 庚이 午와 壬을 생하는데 이 중에 경겁庚劫의 세력이 중重한 편이다. 극의 당사자가 아닌 생까지 태과를 판단하는 척도가 되는 것은 아니지만, 이 명조는 적어도 관성을 제압하는 힘이 강력하다는 참고 사항은 된다.

丙戌 대운은 거살유관이 작동하여 입관했다.

丁亥 대운은 정살丁煞이 亥에 앉아서 정살은 무기력하다. 丁壬 합은 제살 길 대운이다. 고로 이 시기에 관찰사에 오르는 것이 가능하다.

乾『사주건강질병DNA』4권										1921년
97	87	77	67	57	47	37	27	17	07	時 日 月 年
甲	乙	丙	丁	戊	己	庚	辛	壬	癸	甲 辛 甲 辛
申	酉	戌	亥	子	丑	寅	卯	辰	巳	午 酉 午 酉

己丑운에 심장 질환인 고혈압이 발병했지만 혈압 관리에 신경 쓰지 않고 무심하게 지나갔다. 66세 **丙寅년** **丙申월** **癸丑**일에 심근경색으로 갑자기 쓰러져 사망했다.

월지 午 편관이 양갑兩甲 재성의 생을 받고 있어서 午 편관은 왕성한데 水 식상이 없다. 제살해야 하는 국이다. 조년에 천간 水 金이 작용하여 무난하게 잘 지내었다.

북방 水 식상지는 火를 제어하는 길운을 짓지만, 戊子 대운 子午 충은 생각할 것이 있다. 우선 2午 1子는 불충不沖이 되어 오살

午煞 제어가 불가능하다. 게다가 운에서 1子 2酉 子酉 파破는 성립하므로 子水 식신은 역할이 중지된다. 子水의 작용이 중지되면 원국에서 午 편관은 辛 일간을 극해버리고 만다.

66세 丙寅년 丙辛 합이 관살혼잡은 방어하지만 寅午 화국火局 관살이 일어나는 것은 막을 방도가 없다.

2. 인동론引動論

『적천수천미』「강유剛柔」장에 나오는 '인동론引動論'의 한 대목은
다음과 같다.

"태유자太柔者를 강剛으로 제濟하면 그 정情을 부리지 못한다. 도리
어 더욱 유약해질 뿐이다. 비유하건대 열부烈婦가 은위恩威를 입으
면 음천함을 이루는 것과 같다. 예컨대 乙木이 8월에 출생하고 甲
丙壬을 만나면 희喜하기는 하지만 곧 정이 소모되어 버린다. 戊庚
을 만나면 두려움이 쌓여서 곧 몸을 잃는다. 강剛의 유柔와 다른
것이다. 제의 마땅함은 丁火이다. 대개 丁이 옳다. 능히 乙木의 정
을 인동引動하는 까닭이다. 만약 유의 유에 부합한다면 그 폐해가
장차 어떠하겠는가? 나머지는 유추하라.[94]"

인동引動은 '끌어와 동요시킨다.'는 뜻이다. 하나의 오행이 동動
하면 연속해서 다른 오행이 동한다는 의미의 단어이다. 「강유」장
에서 나온 위 문장의 뜻은 陰乙이 陽丙火를 만나면 누설이 극심
하여 부담이 크나 陰丁火로 건너는 것(濟)은 적합하다는 의미이

---

94) "太柔者濟之以剛 而不馭其情 而反益其柔也. 譬之烈婦而遇恩威 則成淫
賤. 如乙木生於八月 遇甲, 丙, 壬而喜 則輸情 遇戊庚盛而畏 則失身 不如
剛之柔者 濟之可也. 丁火是也. 蓋丁火有正情 則能引動乙木之情故也. 若
以柔之柔者合之 其弊將何如哉! 餘皆類推."

다. 陰乙木은 陰丁火를 만나야 은은한 기운이 흘러가게 되고 길국을 짓는다는 것이다. 또 유약한 庚이 壬水를 만나는 것은 되레 유柔의 柔가 만난 폐해가 되므로 유약한 庚이 陰水 癸를 만나는 것보다 못하다는 식의 요지이다.

위 문장의 뜻은 그러하지만, 여기서 주목하는 것은 丁이 나타나면(動) 乙은 건드리지 않아도 乙 스스로 기운을 내보내어 丁火에 당도하게 하는 제(濟 : 건너는 것)가 작용한다는 것이다. 소위 丁이 보이면 乙이 작동하는 것이다.

이 인동론에 의하면 명리에서 한 오행이 작동하여 연속해서 다른 오행이 스스로 작동하면 통칭 인동이라고 할 수 있는데, 일종의 도미노 현상이다. 임철초가 명리에서 도미노 현상을 인동이라고 명명한 것은 매우 흥미로운 일이다. 실제 인동은 생과 극의 작용에서도 일어나지만 형충파해합에서도 도미노 현상이 일어나는 경우가 있는데 그에 부합하는 적절한 명칭을 '인동引動'이라고 부여한 셈이다.

인동과 관련된 이론으로 볼 수 있는 것이 『자평진전』의 진술충 설명에서 나오는데 다음과 같다.

> "甲생 辰월이 투임透壬하면 인수격이다. 丙이 투출하지 않고 戌을 만나 辰戌 충하면 둘은 붕충이고 토동土動이다. 간두干頭 壬 인印이 비록 월령月令에 통하나 인격印格은 불성不成한다.[95]"

---

95) 『자평진전』「논잡기여하취용」"甲生辰月 透壬爲印 雖不露丙而支逢戌位 戌與辰沖 二者爲朋 沖而土動 干頭之壬 難通月令 印格不成 是皆有情而 卒成無情 富而不貴者也."

위 내용 첫 구절은 辰월에서 투임透壬한 것이 인수이므로 인수격이 가능하다고 선언하고 있다. 그러나 다음 대목에서는 辰戌충으로 土가 동동動動하면 辰土가 천간 임壬 인印을 극하기 때문에 인수격이 불성不成한다고 했다. 이후에 대한 내용은 없지만 『자평진전』「논용신변화」를 읽어보면 辰에서 투한 임 인印이 손상되면 辰土 재성 본격으로 돌아간다는 의미가 깔려 있다.

『자평진전』은 辰戌丑未 4고 형충이 되면 암장물 개고는 없고 다만 辰戌丑未 土가 작동할 뿐이라는 것은 누차 피력했던 명서이다. 위 내용에서 주목되는 것은 戌이 辰을 충하면 비로소 辰土가 동하게 되고 辰土가 동하면 연속해서 임壬 인印이 손상되어 인수격이 불가하다는 부분이다.

본래 辰中에서 壬이 투출하면 본기 辰土의 작용은 수면 아래로 내려가서 무기無氣해지는 법인데, 진술 충으로 辰土가 수면 위로 부상했고, 연쇄적으로 辰土가 임 인印을 극하는 작용까지 일어나므로 이것이야말로 도미노 현상 인동이 작용한 것이다.

이 밖에 명리이론들을 자세히 살펴보면 도미노 현상들을 더러 발견할 수 있는데 격국 간법 '칠살용재'에서 재성이 인수를 극하면 식상이 작동하여 칠살을 제하는 것도 인동론의 범위에 들어간다 할 수 있다. 인동론은 명리에 유효한 이론 중에 하나인 것이다. 실제 사례에서도 未戌 형이 다른 글자를 인동시킨 예가 있는데 다음과 같다.

坤 1967년														
93	83	73	63	53	43	33	23	13	03		時	日	月	年

壬辛庚己戊丁丙乙甲癸　　戊辛壬丁
子亥戌酉申未午巳辰卯　　戌酉寅未

출생 시간이 정확하다. 21세 丁卯년 남편을 만났고, 23세 己巳
결혼하여 서로 사랑하고 아끼며, 巳, 丙午 대운에 남편은 자기사
업을 하고 본인은 직장을 다니면서, 큰돈을 모으진 못 했지만 열
심히 보람 있게 살아왔다. 丁未 대운 10여 년 동안은 남편이 사
업이 아니 되고 매일 강한 스트레스를 받으며 살아왔다고 눈시
울을 붉히며 … 53세 己亥년 戊辰월 어느 날 아침에 잠자리에서
깨어보니 남편이 숨이 멎어있더라는 것이다.

인중병관寅中丙官이 남편이다. 巳운 巳년에 입궁하여 결혼했다.
壬 식신이 정살丁煞을 합거하여 병丙 관官을 아름답게 만들었다.
丁 편관이 제어된 명조 丙午 대운은 丙 정관이 잘 작동하여 직장
에 다니고 부부간 우애도 좋다.

丁未 대운은 정살이 복구되면서 흉운이다. 미술 형은 토동土動
하여 火 관살을 흡수하므로 흉은 방지했다. 또 토동은 戌酉 해害
도 작동하여 토금 상생 인동이 작동한다. 未土 인수 때문에 배우
자궁 酉의 피해가 없었다.

戊申 대운은 申中壬水 식상이 암장되어 있다. 寅申 충沖으로
寅 재성의 손상은 곧 병丙 관官의 손상이다. (申→寅戌↔酉) 丙
정관正官은 남편운을 보는 것인데 寅 파괴는 남편에게 불리하다.

戊申 대운 내에 申中壬水가 작동하는 세운은 북방 亥년이다.
亥년은 寅亥 파破로 寅中丙火 관성을 파괴한다. 대운 시작 첫 해

벽두부터 수운이다. 戊辰월에 신진 수국이 나온 것도 좋지 않다. 모두 지지 암장에서 丙 정관을 파괴하는 상이라 천간의 戊土는 寅中丙을 구원하지 못하여 남편이 사망했다.

그런데 천간 丁 편관은 水 식상운이 계속 나오는 것이 길운이므로 일주 辛酉에게는 반가운 운이어서 자신은 안전했다. 길흉운과 배우자운은 보는 법이 약간 다르다는 것을 간과하면 안 된다.

坤『사주임상록』(p.356)			1937년
93 83 73 63 53 43 33 23 13 03			時 日 月 年
甲 癸 壬 辛 庚 己 戊 丁 丙 乙			丙 乙 甲 丁
寅 丑 子 亥 戌 酉 申 未 午 巳			戌 酉 辰 丑

27세 癸卯년 결혼, 29세 乙巳년 딸만 하나 낳았다. 31세 丁未년 대패하고 32세 戊申년 남편이 죽었다. (만세력 3대운)

辰戌土 재성이 길신이면 재물이지만 흉신이면 파재인자이다. 酉丑 금국金局이 일어나므로 丙丁 식상은 편관의 용신이고 辰土 재성은 酉 편관을 생하는 흉신이다. 초년 남방운은 편관을 제해서 발재운이다.

丁未 대운은 32세에 끝난다. 31세 丁未년은 남방 쇠지이므로 火 식상은 약해지지만 土 재성은 단단해진다. 이때 未戌 형刑, 丑未 충沖이 작동하면 토동하여 酉 편관이 작동한다. 일지 편관이 작동하면 배우자운이 좋지 않다. 일지 酉 편관이 흉신으로 작동하므로 파재했다.

32세 戊申년, 申 관성은 남편의 운을 본다. 申辰 수국水局 인수가 작동하면 戊 재성은 길신으로 바뀐다. 申이 辰을 합하면 辰은 일지 酉 관성을 건드리고 배우자의 일이 발생한다. 酉가 동하면 酉丑 금국金局 관성이 일어난다. 甲 겁재가 무재戊財를 파손하므로 申辰 수국 인수가 丙丁 식상 용신을 제하고 酉丑 금국 관성이 乙 일간을 극한다. 그러므로 戊申년은 흉 세운이고 일지 酉 편관이 흉을 지은 것이므로 남편의 문제이다.

32세 戊申년에 戊 재성이 파손되면 申辰 수국水局 인수가 작동하여 火 식상을 제하고 火 식상이 제어당하면 酉丑 금국金局이 작동하여 乙 일간을 극하므로 소위 인동이 연쇄적으로 일어난 것이다.

『자평진전』은 본래 천간의 길흉을 추산하는 명서이다. 천간에서 '길운' 아니면 '흉운' 선언은 정확하지만 누가 어디에서 무슨 일이 발생하는가 등의 세밀한 사정에 대해서는 지지를 보아야 하는데 『자평진전』은 지지에 대한 논리가 취약한 편이다. 따라서 『자평진전』식 형충론은 주로 월지에 한정하는 것이 좋다. 필자도 기타 지지 형충파해에 대해서는 『자평진전』이 아닌 기타 명서에서 형충파해 간법을 취용해서 종합 간명을 적용하고 있다.

3. 형충으로 형충 해소 유형

형충으로 형충을 해소하는 방법은 매우 설득력이 있는 방법이고 타 명서에 없는『자평진전』에서만 소개한 독창적인 방법이다. 상담 현장에서 적용해도 별 문제가 없는 이론이다. 여기에 몇 가지 기본 유형이 있다. 이들 몇 가지 공식을 알아두면 빠르게 산算할 수 있다.

卯卯子

형충파해는 원래 양 글자가 1:1의 역량 하에서만 성립하는 것이 원칙이다.『삼명통회』에서 나온 1子 2午 불충론은 子에 비하여 午가 2개라 午 1개는 멀쩡해서 손상이 없고 복이 된다는 논리이다. 이것은 양자를 힘의 크기로 비교한 논리이다.

이런 논리로 1子 2卯 불형론을 분석해 보면 이 또한 양자兩者 역량의 크기를 비교한 논리일 것으로 생각된다. 즉, 子는 1개이고 卯가 2개이면 子의 역량은 상대 卯보다 훨씬 작아서 서로 충돌의 의사를 잃고 마는 것이다. 이런 상황 하에서는 子와 卯는 서로 전투력을 상실하고 본래의 의미인 수생목 상생이 된다고 볼 수 있다. 형충파해가 1:1의 상황에서만 충돌한다는 것은 형충파해를 이해하고 연구하는 데에 기본적인 사항이 된다.

그런데 1子 2卯 불형론은 어디까지나 고대 명리의 이론이므로 월지에만 적용되는 논리로 인식해야 한다. 필자가 채집한 사례들 중에는 월지 이외 지지에서 1子 2卯는 형이 성립되어 子의 손상이 있는 것으로 나타났다.

한편, 子午卯酉가 다 있는 건륭황제의 명조처럼 형충파가 같이 있는 경우가 있다. 이런 경우는 파의 작용력은 사라지고 형충만 적용시키면 된다는 이론이 『자평진전』에 나와 있다. 월지 정관격에 대해서 『자평진전』 「논정관」 서두에서는 '형충파해되는 것을 꺼린다.'라고 했으므로 월지는 형충만 적용되는 것이 아니고 파해도 적용한다는 것을 알 수 있다. 그런데 막상 정관격 취운법에서는 '정관은 형충 운이 불가하다.'고만 했지 파해에 대해서는 언급하지 않았다. 이것은 저자가 원국 내에서는 형충파해가 있는 것은 좋지 않으나 운에서는 형충을 만나는 것만 문제가 되지 운에서 파해는 그리 큰 문제가 되지 않는다고 생각했기 때문인 듯하다. 『적천수전미』가 그러하듯 『자평진전』도 형충은 작용력이 강하나 파해는 형충에 비해 작용력이 약하다고 본 것이다. 뿐만 아니라, 형충해법을 구체적으로 언급한 장의 제목에서도 「논형충회합해법論刑沖會合解法」이라고 '형충'에 대해서만 이름을 붙인 것도 파해의 작용보다 형충의 작용에 더 중점을 두었기 때문일 것이다.

어쨌든 『자평진전』은 형충파해를 언급하면서도 형충의 작용을 더 중요하게 생각했던 것은 분명하다. 실제 책의 예문에서도 그런 것이 나타나 있다. 바로 형충으로 형충을 해소하는 방법에서 파가 분명히 있는데도 불구하고 파는 무시했던 것이다.

子 卯↔酉   子 酉↔卯   형충 해소

『자평진전』저자가 올린 위의 도식은 본래 子월이 子酉 파破,
卯酉 충沖, 子卯 형刑이 되어 삼각 형충파가 된다. 그런데 저자는
자유 파는 무시하고 酉卯 충이 子卯 형을 구한 것으로만 기록하
고 있다.

여기에 대해서 일단 저자의 의사를 존중하는 것이 좋다. 명
확한 논거가 없는 이상 1천여 년 이상 내려온 선학자들의 생각
과 경험을 존중하는 것이 원칙이기 때문이다. 그리고 이런 논지
가 나온 이유는 선학자들이 경험상 형충刑沖은 강한 작용력이 있
고 파해破害는 작용력이 약하다는 것을 발견했기 때문일 것이다.
나아가『자평진전』은 특히 '월지 형충파가 동시에 작용할 때' 파는
작용력이 없는 것으로 기술했던 것이다. 형충은 강력한 2자가 서
로 충돌하여 양자가 다 손상되는 바이지만, 형파, 충파처럼 형충
파 등이 동시에 작용할 때는 형충의 작용 때문에 파의 작용력은
사라진다는 것이다.

충파가 동시에 작용할 때 파는 무시되고 충이 작용한다고 했
던 것은『연해자평』도 마찬가지였다. 거기에 한 사례가 있다.

乾『연해자평』「논형합論刑合」	時 日 月 年
辛 庚 己 戊 丁 丙 乙 甲 癸 壬	辛 丙 辛 丙
丑 子 亥 戌 酉 申 未 午 巳 辰	卯 子 卯 子

이 명은 연월일시에 모두 형합刑合을 대하고 있다. 子水가 丙火

卯 인수격이 子의 형으로 파괴된다. 甲午 대운 丙午년이 되면
원래 卯午 파破와 子午 충沖이 동시에 작용하는 것인데 『연해자
평』은 이 중에 묘오 파에 대한 언급은 무시하고 자오 충이 작동
하여 午 겁재가 손상되어 사망한 것으로만 기록했다. 충파가 동
시인데 충만 언급한 것이다.

그런데 위의 이론에는 하나의 논리가 숨어있다. 앞의 도식 子
卯酉를 가지고 설명을 하자면 卯酉 충이 되는 순간 상생 子酉 파
와 상생 子卯 형은 전투를 중지한다는 것이다. 원래 상생형파는
서로 상생하는 관계이지만 시기하여 싸우는 것인데 반대쪽과 전
쟁이 벌어지면 상생자끼리는 전의를 중지하는 것이다. 전의를 상
실하면 오행 본래의 작용 상생관계로 돌아갈 것이다.

그런 의미로 子午卯酉가 다 있는 명조도 분석해 보면 자오 충
과 묘유 충은 유효한 충돌이 되지만 상생 관계에 있는 묘오 파,
자유 파는 전투를 중지하는 것으로 이해할 수 있다. 아울러 1자
字가 충형沖刑, 충파沖破 등을 동시에 받을 경우는 둘 중에 하나만
작동하는 것으로 보는 것이 가능하다는 것을 알 수 있다. 어쨌든
이런 사상은 지지가 형충파해로 복잡하게 얽혀서 하나의 결론을
도출할 때 효과적인 선택이 될 것이므로 고대에서는 유용한 진리
로 받아들여진 듯하다.

고대 명서의 생각이 그렇다면 子, 卯가 午, 酉를 만난 것도 금

방 해득이 가능할 것이다.

午←子 酉　　午 卯←酉

午와 酉는 서로 관련이 없고 子午 충과 卯酉 충은 분명히 작동한다. 그러므로 월지 子, 卯는 자유 파, 묘오 파가 있으나 파는 충에 의해 작용력을 상실한다. 따라서 이 경우는 午나 酉가 다른 글자에 의하여 파괴되지 않는 이상 자오 충과 묘유 충만 유효한 것이다.

그런데 위의 『자평진전의』 子卯酉 등의 예문은 월지가 낀 경우에 한한 이론이라는 것이 중요하다. 월지는 명조의 용신이고 역충에서도 손상되는 예민함이 있기 때문에 보는 법이 까다롭다. 따라서 '월지가 낀 형충파 동시'는 형충만 작동한다고 보았던 선대의 이론을 일단 존중하는 것이 좋다.

그러나 월지를 제외한 지지에서는 파도 동시에 작용하는 것으로 봐야 한다. 이미 『오행정기五行精記』에서도 子卯午는 삼전살三戰殺이라고 했고 寅巳申 삼형처럼 삼각 글자가 동시에 손상되는 것으로 보는 이론이 있다. 그러므로 월지에 대한 연구가 쌓여있는 『자평진전』의 논리를 존중하되 월지 이외의 지지에서는 형충파가 동시에 다 작동하는 것으로 보는 것이다. 실제 이것을 확신하기 위하여 여러 사례를 확인했는데 현재까지는 유효를 얻고 있다.

그런데 월지를 낀 형충파도 시차를 가지고 앞이나 뒤에 파가 작용하면 월지 파가 작동한 사례는 다수 발견되었다.

坤 1951년 22:00(출생 시)

97 87 77 67 57 47 37 27 17 07	時 日 月 年
丁 丙 乙 甲 癸 壬 辛 庚 己 戊	乙 甲 丁 辛
未 午 巳 辰 卯 寅 丑 子 亥 戌	亥 子 酉 卯

40년 전(30대 초반)부터 남편과 헤어져 살았고 아들 하나만 바라보고 절에 다니면서 살았다. 40대 초반 유전적 당뇨 시작, 50대에 눈이 나쁘고 심장 혈관에 튜브를 넣는 시술을 했다. 70세 庚子년 현재 인상이 고운 사람이다. 젊어서부터 시장 옆에서 장사하여 혼자 돈을 벌었고 서울서 부동산 2채 보유, 대체적으로 평탄한 삶을 살았다 했다.

이 명조는 子酉卯가 배열된 것인데 월지가 낀 子酉 파, 卯酉 충이 동시에 있으므로 명서대로 자유 파는 무시되고 卯酉 충만 인정된다. 본래 酉 정관이 卯의 충으로 손상된 것인데 자묘 형이 酉 정관은 구했다. 대신 배우자궁 子는 파손된다. 배우자궁 子 인수의 파손은 혼인이 좋지 못한 징후이다.

庚子 대운에 배우자궁 子가 복구되어 2子 1卯 불형이 작동하면 부부운이 좋아야 한다. 그런데 실제는 庚子 대운에 남편과 헤어졌다. 그렇다면 무엇이 헤어지게 했단 말인가? 여기서 자유 파의 작용을 놓칠 수 없다. 이 명조 원국은 酉 정관이 충은 모면했으나 배우자궁 子가 파괴되는 것은 구하지 못했는데, 子운이 월지 酉를 파해서 남편과 헤어졌다는 논리가 가능하다. 이것은 子卯 형 뒤에 子酉 파가 작동한 경우이다. 전후 시차가 있다. 월지

가 낀 형충파가 동시에 있을 때는 형충이 우선할 수 있지만 이처럼 시차를 가지고 형충파를 만날 때는 월지 파가 작동한 것으로 본다.

이 사람은 己亥 대운에 결혼하지만, 남편이 첩과 사는 사주 구조가 나타나 있고 실제 그랬다. 그 이후 남자가 들어와도 그것은 재혼이 아니고 애인이 된다. 참고로 혼인이나 육친과의 관계는 『삼명통회』의 논리가 매우 신효하다.

乾 1953년

93 83 73 63 53 43 33 23 13 03	時 日 月 年
甲 乙 丙 丁 戊 己 庚 辛 壬 癸	己 丙 甲 癸
辰 巳 午 未 申 酉 戌 亥 子 丑	亥 申 寅 巳

48세 庚辰년에 사망했다.[96]

癸 정관은 길신, 己 상관은 흉신, 甲 인수는 癸 정관을 구하는 월령 용신이므로 여기서 甲寅 인수는 가장 중요한 글자이다.

寅申巳亥 사맹이 다 있다. 이중에 亥는 巳와 거리가 멀므로 寅巳申 삼형만 작동하거나 아니면 寅巳 형만 작동하는 것으로 볼 수 있다. 일단 申亥 해는 제외 시켜본다. 서방운 申金이 작동하여 寅 인수 용신을 파손하므로 흉하다.

그런데 이 명조를 申亥 해가 동시에 작동하는 것으로 보아도 별 문제가 없다. 일단 형충파해가 동시에 다 작동하는 것으로 보

---

96) 역학동 http://cafe.daum.net/2040/MsI/44948

고 이 명조를 풀어보면, 亥申寅巳는 인사 형, 신해 해로 분리되어 4자가 다 손상된다. 삼형처럼 4글자가 일시적으로 작용이 중지된 상태가 된다. 그러다가 대운 오행에 따라 인신사해 중의 한 오행이 작용하는 것으로 통변해도 되는 것이다.

이 명조 申亥 해가 작동하여 亥의 작용도 중지된 상태이나 북방운 亥 관성이 복구되므로 癸 정관이 힘을 받아 길운을 짓는다. 신재申財는 월령 寅 인수를 파괴하는 흉신이다. 따라서 서방운은 申이 작동하는 시점이므로 흉 대운이다.

庚戌 대운은 庚 재성이 투출하나 인술 화국火局 비겁이 작동하여 火剋庚으로 무사했다.

己酉 대운은 두 번째 서방 金이 왕한 운으로 비로소 申이 寅을 무너뜨리는 시점이 된다. 천간 己도 甲 인印을 합거할 수 있다.

48세 庚辰년에 토금 출현은 癸, 甲 관인이 무너진다.

이렇게 형충파해가 같이 뒤섞여 있는 경우 동시에 다 동하는 것으로 보아도 통변이 가능하다면 굳이 파해破害의 작용을 명리에서 제외할 필요가 없다. 명서에 파해 이론이 있는 이상 명리에서 '파해'도 엄연히 한 작용력이 있는 것이다. 그렇다면 월지가 중심이냐, 타지가 중심이냐는 구분에 의해 보는 법이 달라질 수밖에 없다. 월지가 중심이 될 때는 형파해, 충파해에서 형충이 우선이고 파해의 작용은 잠정적으로 중지되지만, 월지가 중심이 아니고 연지, 일지, 시지가 중심이 되어 어떤 사안을 간명할 때는 월지에 형파해, 충파해가 있어도 파해 역시 동시에 작동하는 것으로 보는 것이다.

寅巳申 삼형은 동일한 형이 동일한 힘으로 상대 2자를 동시

에 형하는 것이기 때문에 3자字가 동시에 파손된다. 그런데『자평진전』은 왜 월지를 낀 子酉卯는 삼각 파괴가 불가하다고 하는가? 그것을 굳이 이해하려고 한다면 월지의 특수성 때문이라고 할 수 있다. 3자가 모여 월지를 파괴하는 힘이 같으면 월지는 파괴되지만 힘이 다르면 그 중에서 약한 자는 작용력을 상실할 수밖에 없다. 형충은 파괴되는 힘이 비슷하나 파해는 형충보다 약하여 형충이 작동하는 순간 파해는 작용력을 상실하는 것이다. 강한 자가 작용하면 약한 자는 숨어든다는 논리가 적용된다. 월지는 살고 죽는 문제까지 다루는 운을 주관하기 때문에 극도로 예민하다. 그래서 월지를 낀 寅巳申 삼형은 월지가 파손되나 월지가 酉인 子酉卯 3자는 불균일한 충돌이 아니기 때문에 월지 酉가 파손되지 않는 것이다. 따라서 월지는 특수한 예로 인정할 수밖에 없다. 그러나 기타 지지가 중심이 될 경우는 월지라 해도 형충파해 동시 작용을 다 인정하는 것이 효과적이다.

그런데 어떤 경우, 형충파해합이 복잡하게 뒤얽혀서 무엇이 작동하고 작동되지 않는 것인지 계산하려 해도 복잡하게 생각되는 경우가 있다. 이때도 본래는 무엇과 무엇이 접촉하고 해소되는지 일일이 따져보아야 하나, 간단한 방법은 해당되는 글자들이 모두 작동하는 것으로 보되 1자字가 여러 자를 접촉하는 경우는 작용력이 약하거나 파괴력이 거의 없다고 생각하면 된다. 파괴보다는 글자 그대로 동動으로 보는 것이다.

아래에 하나의 사례가 있다.

우선 혼인 간법과 운 간법은 약간 다르다는 것을 염두에 두어야 한다. 혼인은 흉운에도 결혼하고 길운에도 결혼하기 때문이다. 혼인법은 월지가 중심이 아니고 일지가 중심이다. 일지 간법도 기본적으로는 1:1의 형충파해합 기준 위에서 출발한다. 월지 이외 지지는 합이 되어도 형충파해가 가능하고 연지, 일지, 시지는 1:2, 1:3, 2:3 등의 형충파해합도 가능하다.

이 명조 申子 합, 卯午 파는 1:1의 진眞이 되므로 유효하다. 혼인법에서 묘오 파로 卯 배우궁의 손상만 보고 혼인이 무조건 나쁘다고 판정하면 안 된다. 묘오 파 등이 있어도 행복한 가정을 이루는 경우는 부지기수이다.

壬戌 대운 21세 己巳년에 유부님을 만나는 이유는 무엇인가? 일단 申中壬 정관이 남편인데 壬戌 대운에 임壬 관官이 투출하고 己巳년에 戌土가 작동하는 시점이라 남자를 만난다. 상대 임 관

의 배우자궁 戌과 나의 배우자궁 卯가 합이 되므로 임 관은 명주의 남자가 맞기는 맞지만 상대 戌은 午와도 합이 되고 午 위에 병겁丙劫이 있다. 午 녹신은 잠복하고 병겁은 투출했으므로 임 관의 공식적인 처는 丙이지 午가 아니다. 명주는 운명적으로 유부남을 만나도록 예정되어 있다.

그런데 하중기는 辛酉 대운에 卯酉 충으로 일지 卯가 손상되는데도 불구하고 결혼하는 대운으로 보았고, 또 28세 丙子년에 子卯 형이 되는데도 결혼했다. 그 이유가 무엇일까?

첫째는 하중기가 명서에서 전하지 않은 혼인 구결을 명확히 알고 있었다는 심증이 있다. 소위 충입에 대한 이론이 남다르다. 그렇지 않고는 卯酉 충 대운을 결혼 시점으로 파악하기 힘든 일일 것이다.

둘째는 필자가 한동안 사용했던 방법이다. 수년이 지나도 여전히 유효하다. 그 논리의 골자는 『적천수천미』식 이론이다. 우선 일단 관련된 지지의 상태를 확인해 보면 다음과 같다.

월지 : 子는 자유 파, 자묘 형, 자오 충이 가능하다. 2:3의 형충 파가 된다.

일지 : 卯는 묘오 파, 묘자 형, 묘유 충이 가능하다. 1:3의 형충 파가 된다.

대운 : 酉는 유묘 충, 유자 파가 된다. 1:2의 충파이다.

시지 : 午는 오묘 파, 오자 충가 된다. 1:2의 충파이다.

위와 같은 식으로 卯酉 충의 결과를 계산하면 일지 卯는 3자字

가 와서 충형파하므로 최약한 글자라고 할 수 있다. 그리고 辛酉 대운은 卯 배우자궁이 파손된다. 그런데 이런 식의 계산은 합당한 계산이 아니다. 왜냐하면 명조 내에 어떤 글자가 있다고 해도 그 글자가 움직이는 것은 대운에서 같은 기운이 나와야 가능해진다. 같은 기운이 닿지 않았는데도 불구하고 모든 오행이 다 같은 힘으로 동하는 것으로 보는 것은 이치에 맞지 않다. 오행은 언제나 현재 운이 강력하기 때문이다.

예컨대, 위 명조에서 午 녹신이 작동하는 시점은 壬戌 대운의 戌中丁 대운이고 戌 천간에 壬 관官과 같이 나와서 丁 일간과 丁壬 합하는 것은 壬戌 대운 현재 결혼 대운임을 뜻한다. 즉, 戌 대운은 午 녹신이 동한 것이고 명주 자신의 일이 발생하는 시점임을 뜻한다. 또 원국에 없는 임 관이 새롭게 나타나서 丁 일주와 합을 지은 것은 명주 자신의 일, 결혼운이 된다.

이처럼 卯가 3개의 형충파를 당하는 상이 있다고 해도 이 중에 卯의 입장에서는 현재 辛酉 대운에서 일어나는 卯酉 충은 유효한 충이 되지만, 나머지 卯午 파, 卯子 형은 현재 무동無動이기 때문에 신경 쓸 필요가 없다. 명리는 항상 현재 운이 강력한 동을 주관한다.

따라서 가장 적합한 방법은 卯에게 충격을 가하는 현재 辛酉 대운의 입장을 살펴보는 것이다. 그러면 酉卯 충, 酉子 파가 가능하다. 辛酉 대운의 酉 1자가 子卯 2자를 충파하기 때문에 힘이 전일하지 않으므로 충파는 약할 수밖에 없다. 이때 酉와 卯의 관계는 파괴가 아니고 접촉하는 동動이 된다. 이 동은 곧 배우궁 묘동卯動이고 결혼운으로 본다. 이처럼 1:1의 형충파해는 파괴되는 자가 분명하나 1자字가 다른 글자 2자 이상을 접촉하는 것은 동으로 보는 것이다.

그리고 子酉 파는 운과도 관련이 있는데 자유 파는 서로 손상되므로 이 충돌에서 유재酉財도 손상되고 월지 子 편관도 약간 손상되므로 길운이 된다.[97] 길 대운 중에 결혼 대운인 것이다.

28세 丙子년은 1:1의 子酉 파, 卯午 파가 성립된다. 하중기가 자유 파 묘오 파가 성립된 것을 전제로 丙子년을 결혼 연도로 파악했는지는 모를 일이다. 하중기의 혼인 구결을 보지 않고는 속단하기 힘들다. 다만 『적천수천미』식으로도 丙子년 결혼을 풀어 볼 수는 있다.

현재 丙子년 子 편관은 남편인데 원국과 양자兩子가 된다. 양자에서 子卯 형, 子酉 파, 子午 충이 가능하다. 子와 卯午酉 3자의 2:3 형충파이다. 여기서도 일지 卯는 동動이 되고 약한 2자도 약간 손상되나 申이 합으로 子를 보호하여 손상이 크지 않다. 子와 卯가 동하기 때문에 결혼운이 가능하다.

이런 이유로 필자는 인동은 멀리까지 연결되어 갈수록 작용력은 약해지고, 이 경우처럼 1자字가 다자多字를 형충파해할수록 파괴력은 약해지는 것으로 생각하고 있다.

그런데 이런 간법 이론은 어디까지나 하나의 혼인 간법 제시이다. 이것을 소개하는 이유는 이 이론이 유효하기 때문이다. 그

---

97) 申酉는 2이고 상대 子卯도 2이므로 2:2의 전투가 벌어지면 子卯는 적대감을 버리고 상생하는 관계로 바뀌는 것이 춘추전국 시대 열국의 상황이다. 이 2:2의 전투에서 유리한 측은 子卯이다. 申이 합으로 子의 세력을 도와주기 때문이다. 결국 子卯는 동動하고 酉는 손상되지만 이렇게 비슷한 세력의 전투에서는 子의 손상도 일부 있을 것으로 본다.

런데 실제 상담실에서 사용하는 혼인 간법은 이보다 더 빠르고 정확한 것이 따로 있다. 탐구를 게을리 하지 않고 불철주야 노력하면 육친법이 한눈에 확 드러날 날이 있을 것이다.

```
乾 1948년
92 82 72 62 52 42 32 22 12 02        時 日 月 年
庚 己 戊 丁 丙 乙 甲 癸 壬 辛        甲 癸 庚 戊
午 巳 辰 卯 寅 丑 子 亥 戌 酉        寅 巳 申 子
```

부부가 다 명문대 출신이다. 선출직 고급 공무원 임기를 3번이나 채웠다. 본인은 사회성이 부족하나 선거운동에서 처의 역할이 컸다. 72세 현재 부부 건강하고 화목하며 자손도 현량하고 다복한 가정이다.

申子 합, 寅巳 형은 유효하다. 이 사람은 巳 배우자궁 배우자성이 파손되는데도 불구하고 70대 초반 현재 부부 화목하고 자식들 직업도 좋다. 이런 경우의 혼인법에 대해서 거의 10여 년을 탐구한 끝에 어느 날 그 이유를 알아내고 혹시나 해서 명서를 들춰 보니까 이론이 한 줄로 간략하게 나와 있었다. 하중기의 혼인 구결과 같은지는 모르겠으나 그 명서의 구절은 진眞이었던 것이다.

4. 해합의 유형

합은 육합, 삼합, 반합, 암합을 본다. 이중에 암합은 암중에서 일어나는 일이지만 상극하는 작용은 유효하다. 제국制局, 혼인이나 숨어 있는 재능, 작은 사건, 원국, 대운 등에서 제한 없이 쓸 수 있다. 다만 암합은 글자 그대로 암중의 합이지만 파괴력은 표면의 극과 거의 마찬가지이다. 다만 암합을 해합 인자로 인정하는 문제는 좀 더 시간이 필요하다 하겠다.

암중에서 길 작용을 했던 예는 이율곡 명조에 나타나 있다. 월지 丑 식신이 시간 壬 정관을 극하는 흉신이므로 그의 언어에 실수가 많을 것이라고 할 수 있지만, 실제는 시지 寅 인수가 丑을 암합하여 제어하고 있으므로 암중에서 자신의 생각을 잘 정리하고 있다. 식상의 거침없는 기질이 순화되어 조리 정연한 발언을 일으키는 것이다. 또 암중에서 흉신 土 식상 제어는 두뇌를 좋게 하여 시험 성적이 좋은 것으로 보는 것이다.

육합, 삼합, 반합은 형충파해를 방어하고 파괴하는 조합이므로 운명에 직접 영향을 미치므로 이들 합의 변화를 놓치면 안 된다. 합은 월지 합과 연, 일, 시의 합을 보는 논리가 다름을 인지하고 있어야 한다. 월지 형충파해는 상생형파처럼 서로 손상되는 것으로 본다. 월지는 형충파해로 가격하는 자나 당하는 자는 합이 있으면 구원이 된다. 합은 형충파해를 구원하지만 합이 풀어지면 형충파해가 작용한다.

연, 일, 시의 형충파해는 세력과 경중을 참고해서 길흉을 가려내는 것이 원칙이다. 따라서 제신은 합이 되어도 형충할 수 있고 피제신은 합이 되어도 손상당한다. 다만 손상을 당하고 있을 때 운에서 합을 만나는 것은 구원을 얻는 것으로 본다. 또 형충파해로 해합할 때는 극의 방향성은 논하지 않는다.

월지는 예민해서 역린逆鱗에도 손상된다. 양자 어느 쪽이나 합이 되면 형충파해가 중지된다. 그러나 월지 합도 합이 합해가거나 합을 양쪽에서 파괴하면 해합된다.[98] 해합된 후 월지 이외 오행도 손상되는 자가 있고 손상되지 않는 자가 있다. 일지, 시지, 연지는 월지 보는 것과 다르다. 연, 일, 시 형충파해는 가격하는 자가 있고 파괴를 당하는 자가 정해져 있다. 월지는 파괴되지 않으나 반대 오행은 파괴되는 경우가 있다. 기타 연, 일, 시지 3지는 『적천수천미』의 형충파해 간법을 따른다.

사지四支와 대운, 세운, 월운의 7자가 뒤섞여서 형충파해합이 작용할 때는 합을 우선적으로 적용하고 나머지를 산算하면 편리하다. 일단 합이 되면 양 글자는 동하는 것으로 본다. 인동이 도미노처럼 연속해서 일어나고 멀리 가서 사건이 발생할수록 사안은 작아진다. 또 1자字가 2자, 3자를 형충파해합해도 모두 유효하다. 다만 1자가 여러 자를 동요시키는 것은 작용력이 감소되는

---

98) 『자평진전』은 회합으로 형충 해소와 형충으로 형충 해소가 나온다. 『삼명통회』는 합을 해소하는 유사 내용이 나올 뿐 구체적이지는 않다. 필자가 경험상 월지 합도 양쪽에서 형충하면 해합解合되는 사례를 발견하고 취용한 것이다. 따라서 본서는 『자평진전』과 『삼명통회』를 결합하여 해합의 유형을 기술한 것이다.

것으로 본다.

午寅←申　충 불가

합은 형충파해를 방어한다. 위 도식에서 월지 寅이 午와 합이
되어 충이 유효하지 못하다. 그러나 운에서 子, 戌, 未 등을 만나
면 인신 충은 유효해진다.

申→寅午←子　　寅←申子→酉　해합 가능

합의 양쪽에서 2자字가 형충파해합하면 해합된다. 앞의 도식은
신자 합과 인오 합이 만나서 서로 충돌하여 해합되는 것이다. 뒤
의 도식은 申子 합을 寅酉가 해합한 것이다. 해합 후 월지는 즉
시 파괴되나, 연, 일, 시지는 상극관계를 따져서 손상의 유무를
가린다. 예를 들어 일지가 寅이고 시지가 申이면 인신 충으로 일
지 寅은 손상되나 시지 申은 손상이 없다.

巳←亥未←丑　　子→午戌←丑
未→子辰↔戌　　子→午戌←辰

묘고 반합도 양쪽에서 형충파해합으로 해합 가능하다.
첫 번째 유형 축미 충은 丑中辛이 未中乙을 손상하기 때문에
亥未 합이 해합된다.
두 번째 유형 축술 형은 丑中癸水가 묘신墓神을 극하여 午戌

합은 해합된다.

세 번째 유형 진술 충은 토동극수土動剋水하므로 子辰 합은 해합 가능하다.

네 번째 유형 진술 충은 수극화가 작동하여 午戌 합은 해합 가능하다.

그런데 진술 충은 해합이 되어도 水火의 손상이 그다지 크지 않는 듯하다. 辰中癸가 戌中丁을 충하면 火가 손상되고 또 토동하여 水도 손상된다. 그 결과 오행의 힘은 중간이 되어 水의 손상은 완파되지 않고 火의 손상도 완파되지 않을 수 있는 것이다. 그러나 간명 시에는 일단 해합으로 본다.

육합은 진술축미의 형충파해로 해합되는 것을 확인했다. 반합은 진술축미 형충파해 중에 辰丑 파는 수년의 시간이 지나서야 최종적으로 해합 인자가 되는 것으로 결론지었다. 암합도 해합 인자로 작용할 이유는 분명하나 사례로 검증할 시간이 좀 더 필요한 상태이다. 현재 암합은 해합 인자가 되는 사례도 있었고 안 되는 사례도 있었다. 암합에 대해서는 아직 연구가 끝나지 않았다는 것을 독자들이 인식해 주기 바란다. 사례를 채집하여 각자 최종 확인하길 바란다.

午←子申巳↔寅 해합 불가   申→寅午未↔丑 충 가능

앞의 도식은 3개의 연합을 양쪽에서 2자字가 형충하나 3연합을 해합하는 것은 불가하다. 3자 합은 3개의 형충파해합이 있어야 해합할 수 있다. 다만 양쪽 자오 충이나 인사 형 중에 하나는 가능하다. 뒤에 것도 월지 午가 寅未 2자를 합하여 3연합이 된 것인데 인신 충이나 丑未 충 하나는 가능하다. 만일 둘 중에 하나 유효한 것을 선택한다면 현재 운이 丑이나 未이면 축미 충만 가능하고 현재 운이 申이나 寅이면 인신 충은 가능하다. 또 申→寅 午⌒寅라면 인신 충은 가능하다.

午→丑酉巳⌒申卯　　午→丑酉巳↔寅戌　　해합

첫 번째 도식은 酉가 巳丑을 합하여 3합이 된 것이다. 양쪽에서 형과 합으로도 해합되지 않으나 卯운을 만나면, 파괴당하는 합신의 숫자와 합을 무너뜨리는 형충파해합의 숫자가 3:3이 된다. 이렇게 되면 해합된다. 두 번째 도식의 경우는 3합이 3합을 만난 경우이다. 이 역시 해합된다.

午→丑酉巳↔寅辰　　해합　　丑←午未寅→申子　　해합

첫 번째 도식은 사유 축 삼합이 辰을 만나 酉를 합해가므로 寅 巳 형, 丑午 해가 작동하여 해합된 경우이다.

두 번째 도식은 未가 午寅과 합하여 3연합이 된 것인데 申丑子가 해합한다. 子未 해도 해합 가능 인자이다. 해합 후 子未 해는 土가 동하는 것이므로 未土는 안전하지만 子水는 손상된다. 또 해합 후 인신 충에서 申은 무사하지만 寅은 손상된다. 이런 식으로 해합되면서 누가 손상되고 손상되지 않는지 반드시 가려야 한다.

丑←午寅←申子↔酉　　卯↔午寅←申子丑　　해합

복합적으로 합이 성립되어도 해합되는 경우가 있다. 앞의 도식은 寅午 합, 申子 합, 酉丑 합이 만난 것이다. 3개의 합이 모인 상태지만 모두 해합된다. 해합되는 순간 형충파해가 유효해지므로 누가 손상되고 파괴되는지 가려야 한다.

뒤의 도식은 寅午 합, 申子 합을 양쪽 卯丑이 합파로 해합한 것이다. 원래 인오 합과 신자 합은 서로 원수 관계라 해합된 상태인데, 卯를 만나도 해합이 변함없고 丑을 만나도 해합이 변함이 없다. 이 유형에서 적어도 丑은 안전하다.

이외에 월지가 아닌 기타 지지에서는 왕자가 쇠자를 형충파해하여 해합하는 것들도 유심히 보아야 한다. 천미는 왕자가 합이 된 쇠자를 파손할 수 있기 때문에 해합은 짝수로 접촉해야만 해합이 되는 것이 아니고 2:1, 3:1이나 5자字, 6자, 7자가 해합과 극을 동시에 하는 경우도 있기 때문에 이때는 합 자체가 무의미해지는 수가 있다.

이상 대개 합이 2자로만 단순하게 조합되면 간명하기 쉽겠지만 6~9개의 글자에서는 합이 중복되어 나타날 수도 있기 때문에 복잡한 산算을 끝내야 길흉을 도출할 수 있다.

酉→卯未午↔子^申巳　　午^未 卯↔子↔酉 申↔巳

앞의 도식은 卯未午 3연합이 되어 卯酉 충, 子午 충이 불가하다. 중간 未를 충격하거나 합해야 3:3 해합이 되는데 인자가 없

다. 뒤의 도식은 앞의 도식을 다르게 펼친 것이다. 申子 합, 巳酉
합은 해합되고 子卯酉 삼각이 가능하고 午未 합, 申巳 형이 가능
하다. 결국 子卯酉 형파, 申巳 형이 주 간점이 된다.

乾 허균許筠		1569년	
95 85 75 65 55 45 35 25 15 05		時 日 月 年	
丙 丁 戊 己 庚 辛 壬 癸 甲 乙		辛 壬 丙 己	
寅 卯 辰 巳 午 未 申 酉 戌 亥		卯 申 子 巳	

29세 丁酉 1597년 문과 중시重試 장원급제. 30세 戊戌 황해도 도
사都事로 부임, 기생 때문에 6달 만에 파직. 뒤에 춘추관기주관春
秋館記注官 형조시랑.

45세 癸丑 1613년 계축옥사. 이이첨李爾瞻의 대북大北에 참여. 49
세 丁巳 1617년 좌참찬, 폐모론(인목대비 폐비사건)을 주장하다가
영의정 기자헌奇自獻과 사이가 벌어지고 기자헌은 길주로 유배.
아들 기준격奇俊格이 허균의 죄상을 폭로하는 상소를 올렸고, 허
균도 상소를 올려 변명했다. 50세 戊午 1618년 8월(辛酉) 10일 이
후, 남대문 격문 사건 주동자로 지목되어 능지처참 당함. 3족 멸.

　　己 정관이 巳에 앉은 것은 관운의 뿌리가 깊은 것이므로 아름답
다. 壬 일간이 申 인수에 좌하니 천재적 두뇌를 가졌고 신왕관왕
하다. 子卯 형, 申巳 형은 유효하다. 寅巳 형은 申 장생이 파괴되
는 상이다. 운에서 水를 보면 巳火가 손상되므로 己 정관 관직이
불리하고 火운을 보면 申 인印 장생이 손상되어 수명이 위태롭다.

癸酉 대운은 巳酉 합이 巳 재財 파손을 구하여 벼슬을 시작하나, 30세 戊戌년의 戌은 己 정관이 입묘하므로 파직당하고, 36세 甲辰년은 己 정관을 파괴하므로 하야, 42세 庚戌년은 己 정관이 입묘하여 유배당했다. 癸酉, 壬申 서방 대운은 巳火도 안전하고 일지 申도 안전하여 벼슬이 유지되었다.

辛未 대운은 남방 대운이고 남방운은 원국 巳 재財가 작동하는 시점이다. 남방 火운은 신인申印 장생 겸 녹신이 무너지므로 이 사람은 남방운이 위태롭다. 다만 未는 木운도 작동하는 대운이므로 木 식상의 변수를 참고해야 한다. 未卯 합, 申子 합이 申을 구하지만 申巳 합 역시 가능한 상태라 辛未 대운에 흉의凶意는 노출된 상태이다.

49세 丁巳년, 남방 세운 첫 세운이다. 子申 합이 결집한 상태에는 2巳가 申을 형해도 申을 파괴하기 힘들다. 2:2의 극으로 볼 수 있고 여기서는 합한 자가 유리하기 때문이다. (**巳巳→申子**) 巳년은 申을 파손할 수 없고 또 巳 재성도 손상이 없어서 巳는 己 정관 길신을 돕는다.

丁巳년에 허균은 인목대비 폐비를 주장해서 영의정 기자헌과 대립하나 일단 허균의 승리로 끝났다. 그런데 남방 火 흉운에 영의정과 대립은 평생의 과오가 된다. 丁巳년은 하늘 앞에 기도하면서 자숙하고 지내야 했다.

50세 戊午년, 두 번째 남방 火 세운이다. 세운 午가 未를 합하면 子卯 형, 申巳 형이 유효해진다. 또 천간 무살戊煞은 흉살이다. 戊午년은 壬申 일주를 파괴하는 시점이다. (**午⌒未 卯↔子↔酉 申↔巳**)

丁巳월, 巳 월령은 2巳 1申 불형론이 적용된다. 戊午월, 무살戊
煞은 흉신이나 午午子는 불충이므로 지지 申은 무고하다.(99)註 참
고할 것) 己未월은 午未 합, 卯未 합이 子卯 형을 와해시킨다. 庚申
월은 파괴된 申이 복구되어 안전하다.

辛酉월(음력 8월)은 酉卯 충, 酉子 파, 酉巳 합이 접촉한다. 이중
에 子酉 파 때문에 巳酉 합은 해합되고 巳가 申 장생을 파괴하는
시점이 된다. 월운까지 계산한 도식이 바로 위에 제시한 도식이
다. (午⌒未 卯↔子↔酉 申↔巳) 辛酉월이 사망 월인 것이다.

일지 申 인印은 두뇌이고 두뇌의 적은 巳火 재성이다. 火 재성
은 기교이다. 남방 대운, 남방 세운은 적이 가득하므로 모함이 난
무한다. 申 중에 水가 담겨 있어 申을 신체로 볼 수 있다. 申이
巳에 잘리므로 사지가 땅에 떨어져서 사망했다. 영특한 두뇌로
『홍길동전』을 지었고 수없이 관직의 부름을 받았으나 5번이나 파
직 당하고도 무사했는데 결국 능지처참된 이유는 오로지 申巳 형
때문이었다.

乾 1963년				
97 87 77 67 57 47 37 27 17 07		時 日 月 年		
庚 辛 壬 癸 甲 乙 丙 丁 戊 己		辛 庚 庚 癸		
戌 亥 子 丑 寅 卯 辰 巳 午 未		巳 子 申 卯		

---

99) 2~3개의 계산식이 나오는 경우가 있다. 1자字가 동시에 여러 개의 계산
식을 작동시킬 수는 없다. 그러나 1개의 계산식은 적용될 수 있다. 여러
개 중에 유효한 계산식을 찾아야 한다. 허균의 戊午월 계산식은 [午未
卯↔午↔子 申↔巳]와 [卯未 午午↔子申↔巳]의 두 개가 있다. 이중에
두 번째 계산식이 유효하다. 2午 1子 불충이므로 申子 합은 유효하다.

26세 戊辰년 겨울 부친 사망은 충격적인 일이었다. 31세 癸酉년
은 시험에 실패했다. 甲寅 대운 현재 의업에 종사한다.

申巳 형, 子卯 형은 유효하다. 월지 申은 辛庚庚의 녹신인데
이렇게 申 1자가 여러 글자의 녹신이 되고 특히 월간 庚 비겁의
녹신이 되면 월지 申은 평범한 하나의 비겁일 뿐이다. 지지에서
巳 정관이 申 비겁를 제하는 것은 庚 일간에게 피해가 없고 오히
려 旺金을 제어하는 공이 된다. 巳운은 원국 巳의 시점이고 입관
하는 운이다. 만일 庚辛 비겁이 없으면 월지 申은 庚 일간의 녹
신이 되고 녹신 파손은 불량할 수 있다.

坤 1976년

94 84 74 64 54 44 34 24 14 04	時 日 月 年
己 戊 丁 丙 乙 甲 癸 壬 辛 庚	甲 乙 己 乙
亥 戌 酉 申 未 午 巳 辰 卯 寅	申 亥 丑 卯

대학원에서 상법을 전공, 박사과정 수료하고 조교 생활 하다가
30세 甲申년 7월 (辛未) 법무부 법무자문위원회 연구위원(상근 직
원)에 합격했다. 전국에서 1명 선발했고 지원자도 거의 일류대학
원 졸업자였는데 지방대 출신이고 나이도 최연소였다.

己丑 재성이 용신인데 甲乙 비겁 흉신이 난무하여 천간은 파국
이다. 신왕한 명조이고 申 정관이 보이는 것은 반가운 일이지만
申 정관이 아무일도 하지 않으면 반갑다 할 수 없다. 다행히 申亥

해가 있어 입관이 가능하다. 申 정관이 작동하는 운에 입관한다.

壬辰 대운 辰土는 반가운 재성이다. 파손된 己丑土 재성을 복구하는 운이다. 묘진천은 辰 재財가 파손되어 불리한 듯하나 申亥 해를 작동시킨다. (申↔亥卯→辰丑) 시지 申 정관이 흉신 왕목의 근원 亥卯를 해합하고 木 비겁을 제어하여 己丑 용신이 살아나는 대운이다. 대운까지만 보면 申 정관의 작용이 명확하여 입관 운으로 볼 수 있다.

30세 甲申년은 申辰 합, 亥卯 합 때문에 (辰⌒申 申↔亥卯 丑) 水木 인비가 주관하여 합격 불가 운으로 판단할 수 있다. 천간만 들여다보면 확실히 그러하다. 그런데 지지에 일단 申亥 해의 국이 있으면 신해 해에 주목해야 한다. 월지 이외는 합보다 세력이 간명의 포인트이다. 동류상동의 원리에 의하여 申申이 申辰 합보다 더 빨리 움직인다. 甲申년에 申이 세력을 형성하여 亥를 파손하는 것이다. (丑辰申申↔亥卯)

이 명조는 천간에서 甲乙 木 비겁이 흉신으로 선언되었다. 대개 천간 木이 흉신이면 지지 木도 흉신이 된다. 지지에서라도 木의 근원을 제어해야 좋다. 甲申년은 申亥 해가 흉신 木 비겁을 제어하고 또 土金 재관은 빛이 나므로 합격한 것이다. 천간 壬甲의 동태만 살필 문제가 아니고 지지 土金이 동하여 입관하는 경우도 있는 것이다.

그렇다면 대운에서 辰 재財 길신이 나타나면 우선 이 대운은 길 대운이라는 것을 직감할 수 있고, 辰이 원국 申 관官을 동요시키면 입관 대운이라는 것을 즉시 알 수 있다. 甲申년은 입관 시점일 뿐이다.

이상은 참고 사례이다. 원국에 나타난 사안이 작동하는 시점은 대운, 세운, 월운. 일진까지 추적할 수 있으나 대개 연운, 월운까지 보게 되므로 월운까지 지지는 총 7자가 모이게 되고 이중에 형충파해합이 뒤섞어서 어떤 사안을 도출한다.

간명 방법은 천간을 먼저 보고 다음에 지지를 본다. 지지는 월지를 가장 먼저 보고 나머지는 일지, 시지, 연지 순서대로 보나 월지는 부모, 일지는 배우자, 시지는 자식, 연지는 조상 등을 보므로 질문한 사안에 따라서 그 궁을 중심에 놓고 산算한다.

보통 연월 운까지 7개의 지지가 뒤섞인 가운데 형충파해가 작동하므로 일지가 중심이 되어 산算할 때는 일지가 길하고 타지가 흉해도 일지의 길만 논하지 타지의 흉은 논하지 않는 것이 원칙이다. 타지는 다시 그 타지를 중심에 놓고 산하여 그 궁의 길흉을 추산하는 것이다.

이상, 위에서 해합의 기본 유형을 소개했다. 이외에도 여러 다른 유형이 있는 것을 발견했으나 모두 이 기본 유형의 범주에 속하므로 기본 유형을 잘 기억해 두면 모두 응용할 수 있다. 이런 해합 유형을 산算하는 방법을 수차례 연습하여 요령을 터득하고 빠르게 암산이 되어야 한다.

5. 『자평진전』과 『적천수천미』의 결합

본서 『형충파해합 간법』에서 나온 실례 통변은 이전에 발표한 『형충파해합 응용』 실례 통변과 다소 다른 부분이 있다. 『형충파해합 응용』은 『적천수천미』식 간법에 편관 보는 법만 수정하여 통변한 것이고, 본서 『형충파해합 간법』은 천간은 『자평진전』의 간법을 따르고 월지 이외는 『적천수천미』의 간법을 따라서 통변한 것이다.

본 저자의 심정으로는 처음부터 『형충파해합 간법』 하나만을 고집하고 책을 내고 싶었으나 현실적으로 현재 한국 명리학계는 『적천수천미』 학파는 다수이고 『자평진전』 학파는 소수라 처음부터 『자평진전』 간법에 중점을 두고 형충파해합 간법을 소개하기에는 여러 가지 난제가 있을 것으로 생각했다. 또 한 쪽에 치우친 이런 형충파해합 간법은 사계의 주목도 받지 못할 것으로 생각했다. 그래서 부득불 『적천수천미』 간법에 중점을 둔 『형충파해합 응용』과 『자평진전』 간법에 중점을 두되 지지에 한해서는 『적천수천미』에 중점을 둔 『형충파해합 간법』을 다 저술하기에 이른 것이다.

그러다보니 결과적으로 현재 유행하고 있는 두 간법에 형충파해합 기본 이론을 적용시킬 수 있도록 나름 배려한 셈이 되었다. 명리의 역사를 고려했을 때 『자평진전』과 『적천수천미』 양서는 다

장단점이 있는 명서이므로 어느 것도 버리고 외면할 수 없는 부분이 있는 것은 분명하다. 그러므로 필자는 이 양서에서 단점은 내버려두고 장점을 드러내어 결합하는 방법을 소개하고 있는 것이다. 분명 이런 방법도 명리 발전 과정의 한 시도가 될 것이다.

필자가 바라보는 명리학계는 현재 연구하고 진보하고 있는 중이다. 과거 명리학자들 중에는 간혹 처음부터 스승을 잘 만나고 또 자신이 경험한 비기도 가지고 있었으므로 매번 적중하는 명인들이 더러 있었다. 그러나 1998년 戊寅년 납월에 사망한 하중기 선생이 자신의 기법을 전하지 않은 이후로는 절세 기법이 잠든 상태이다. 하중기 선생 사형사제들은 아직 살아있는 사람들이 있다고 하나 그들은 스승의 구결口訣에서 더 이상 발전하지 못한 것으로 평가되므로 비결은 여기서 끊어진 것이 아닌가 생각된다.

현재 유통되고 있는 7대 명서는 모두 전통적 명리 개요만을 소개하고 있으므로 이들 명서에서 명리 진수를 터득하기에는 부족한 것이 한두 가지가 아니다. 다행한 것은 이들 명서들은 수십 년간 읽고 또 읽다보면 명리의 깊은 뜻을 깨달을 수 있는 정도까지는 공개되어 있다는 점이다. 어차피 명인들이 스승에게 따로 전해 받았다고 하는 구결도 결국 따지고 보면 누군가 명서를 달통한 연후에 후인을 위해서 핵심을 간략하게 정리해둔 구결들을 물려받는 것이지, 명서 내용을 제외하고 제3의 다른 내용을 물려받는 것은 아닐 것이다. 만일 구결에 제3의 간법이 수록되어 있다면 그것은 명리가 아니고 또 다른 운명 간법이 될 것이다.

그러므로 현재 후학들은 누구를 막론하고 구결을 다시 완결해야 하는 책무를 지게 되었다. 여기서 구결이라 함은 수많은 이론

중에 진설을 찾아 명리 이론을 간략하게 만드는 것을 말한다. 후학들은 여러 명서의 간법을 모두 터득하고 난 다음에도 책을 여러 번 반복해서 읽어서 종국에는 명리의 현의를 깨달아야 하는 것이다. 그런데 명서를 읽으면서 항상 고민되는 문제는 명서 이론의 진가眞假를 가리는 일이다. 명서는 천여 년부터 전해 내려오는 기록들을 거르지 않고 그대로 소개하고 있기 때문에 명서의 내용은 개인의 경험과 보는 방법에 따라 달리 설명한 경우가 허다하다. 따라서 어느 한 사안을 놓고 반대 이론이 있는 것 역시 불가피한 일이므로 후인들은 이들 명리이론을 기억한 다음은 이 이론의 진가를 가려내야 하는 매우 번거롭고 수고로운 노력의 시간이 필요한 것이다.

그런데 1천여 년 간 집적된 방대한 명리 이론의 진가를 가리겠다고 마음먹었다고 해서 짧은 시간 (명리에서는 수십 년은 짧은 시간이다) 내에 바로 가려지는 것은 결코 아니므로 시간을 단축하기 위해서라도 학인들은 대대로 선배들의 간법을 우선 익히는 것이 중요하다. 그렇게 해서 현재 명리 보는 법은 『삼명통회』, 『자평진전』, 『적천수천미』 세 간법으로 압축되어 남아있게 된 것이다.

그런데 앞에서 언급했던 것처럼 이들 세 명서조차도 개요만 설명하고 심오한 뜻은 각자 깨닫도록 기술했으므로 명리에 대한 이해가 사람마다 개인차가 클 수밖에 없는 것이 현실이고 이것이 가장 안타까운 부분이다. 그 폐해는 당장 민초들의 피해로 나타날 수밖에 없다.

즉, 학력은 높으나 발복하지 못한 사람이 구걸하는 수단으로 명서를 독학하여 남의 운을 봐주고 있는 경우가 있으므로 이 사람의 말은 간혹 맞기도 하나 맞지 않는 말이 더 많을 것이므로 그 말을 믿고 중요한 결정, 예를 들어 불경기에 퇴직한 사람이 퇴직금으로 자영업을 해보려고 방문한 사람이라면 내방객은 술사가 명리 진수를 아는지 모르는지 알 수 없을 것이고, 다만 누구든지 일정한 명리 교과서를 읽으면 다 같은 판단이 나오는 줄 알고 있을 것이므로 평생 이룩한 재물이 한 순간에 날아갈 운인데도 불구하고 술사가 개업하라 한다면 내방자는 개업 쪽으로 마음이 기울 것이다. 이것이 바로 혹세무민인 것이다.

민중을 우롱하는 혹세무민은 정치인들에게나 쓰는 말이 아니고 이런 경우에도 쓸 수 있는 표현이 아닐 수 없다. 이런 폐해는 국가적으로나 가정적으로나 전혀 이익이 안 되므로 사라져야 할 폐해이다. 그렇지만 현재 명리학계는 여전히 아직 발전 중이고 완벽한 이론이 공개되지 않은 이 시점에서 마땅한 대안이 없는 것도 현실이다. 따라서 양심 있는 학자들은 강 건너 불을 보듯 구경만 할 수밖에 없다.

현재 명리를 공부하려는 사람들은 명서를 하나 정해서 열심히 학습하고 탐구해서 어느 궤도에 오르는 방법밖에 없고 필자는 그것을 『연해자평』과 『자평진전』에서 기본 이론을 터득했지만, 이 책들을 완전히 이해하는 것도 쉽지 않다. 필자가 명리학계에서는 처음으로 2007년에 『자평진전의 격국 연구』라는 책을 낸 이래 많은 사람들이 『자평진전』에 관심을 가지고 있으나 『자평진전』 책 자체가 완전히 이해하는 것이 쉽지 않도록 저술된 책이라 『자평진전』 학도들 간에도 수준차가 크다.

예를 들어, 『자평진전』「논용신변화장」은 그중 중요한 챕터인데 여기서도 용신 변화 설명이 어렵게 서술되어 있어서『자평진전』
을 공부했다는 어떤 사람은 격국을 논하기는 하지만 용신 변화
자체는 아예 무시하는 사람이 있는가 하면,『자평진전』자체가 명
리 기초 도서이고 깊이 들어갈 것이 없는 기본 이론서라면서 격
국을 어름어름 자기 식으로 이해하고 마는 사람이 있다. 심지어
어떤 사람은 찾아와서 잡기雜氣는 변격이 없다고 고집을 세워 주
장하고 가는 사람도 있다.『자평진전』에는 분명 지장간은 1개가
아니어서 용신 변화가 있다면서 子午卯酉를 제외한 지지는 지장
간이 2개 이상 있고 사고四庫 역시 말할 필요가 없다(不必四庫)면서
사고도 변격에 포함시켰다. 또 변격장에서 직접 "壬생 戌월이 봉
신逢辛하면 살煞이 변하여 인수격인 된다."[100]는 잡기 예문까지 버
젓이 있는데도 불구하고 어디서 그런 소리를 듣고 와서 고집을
피우는지 참으로 답답한 노릇이었다.

　이외에도 회會의 대표자를 명확히 가려내야 하고, 격국은 분명
있는데 운보는 법에서는 설명이 빠진 것이 있으므로 일일이 몇
개의 사례를 찾아 운보는 법을 추적해야 한다. 대개 아리송한 것
은 대부분 사례가 해결해 주기 때문에 명리 연구자에게서 사례는
아주 귀중한 자료이다.

　그런데 어떤 경우는 적합한 사례 자체가 없는 경우도 허다하
므로 하나의 문제를 놓고 3~5년이 지나서 결판이 나기도 하고,
어떤 것은 10년, 20년이 지나도 아직 미결 상태로 있는 것이 있
다. 거기다가 한문의 오류, 뒤늦게『경촌집』의 등장으로『자평진
전』과『경촌집』의 길흉운 불일치 문장 등의 문제가 있으므로 참으

---

100)『자평진전』「논용신변화」"壬生戌月 逢辛而化煞爲印."

로『자평진전』한 권 떼는 것도 결코 만만한 일이 아니다. 그러므로 수십 년 연구한 사람과 초심자간의 수준 차이가 극명한 것은 어쩔 수 없는 일이다.

필자는 애초부터『적천수천미』로 수년간 공부했던 경험이 있고, 나중에『자평진전』도 공부했지만 세월이 지난 지금은 양 도서는 다 장단점이 있는 명서로 인식하고 있는 상태이다. 그 중『자평진전』은 천간에 대한 간명법에서는 타의 추종을 불허할 정도로 체계적이고 적중 또한 높다. 월령을 용신으로 보는 법은『연해자평』의 설을 그대로 옮겨온 것이라 전통적 간법이기도 하다.

사람이 날씨가 흐리면 허리 등이 아프고 몸이 무겁다. 날씨가 맑은 날은 몸이 가볍고 아픈 환자도 아픈 것이 좀 덜한 편이다. 사람은 자연의 자식인 관계로 사람의 몸도 기후의 영향을 받는 것이다. 그런데『자평진전』에서 월령을 용신으로 본 것은 이 명서가 기후, 즉 계절을 중시한 이론이라는 것이다. 8개의 글자 중에 유독 월령을 용신으로 본 것은 각 계절에 해당하는 월령 제강 한 글자를 사주에서 가장 영향력 있는 오행으로 본 것이라 설득력 또한 충분하다.

그러나 월령을 용신으로 보는 것은 격의 선언적 의미일 뿐이고 이것만으로는 미완의 간점이 되므로 재관인식財官印食 4길신은 그대로 용신이 되므로 순용하고, 살상겁인煞傷劫刃 4흉신은 역용의 과정이 필요하다. 순용은 보호해야 하고 역용은 제해야 하는 법칙이 있는 것이다. 이로 인해 격만 중요한 것이 아니고 격과 함께 격을 보조하는 국도 중요하므로 약 50여 개의 격국 명칭이 생겨났고 이 격국 명칭이 곧 사주 명칭이 된다.

월령을 중시한 이 간법은 누가 보아도 같은 결론이 나게 되어 있고 길흉에 대한 추단도 같을 수밖에 없다. 일정한 법칙을 따르기 때문이다. 또 학인이 한 번『자평진전』을 공부하게 되면 이 방식을 쉽게 포기하지 못하는 것도 이 명서가 기대 이상 적중률이 높고 간법이 체계적이기 때문이다.

그런데『자평진전』은 천간을 보는 학문이지 지지를 보는 학문은 아니다. 월지 격국을 중심으로 큰 틀에서 귀천과 부귀를 가리는 것과 대외 길흉을 판단함에 있어서는 매우 뛰어난 명서인 것은 분명하다. 그러나, 사례 통변에서도 여러 번 언급하겠지만 지지의 세밀한 저간의 사정에 대해서는『자평진전』은 글자 그대로 무지한 명서이다.

그러므로 지지의 형충파해합 변화에 대한 연구는 따로 병행되어야 하는데『자평진전』은 고대의 상충론을 취용하고 있어서『자평진전』식 지지의 형충파해로는 답이 나타나지 않는 경우가 허다하다. 오로지『적천수천미』식 형충파해로만 세밀한 사정이 나타나는 것이다.

그런데『자평진전』이『삼명통회』이후에 나타난 명서인데도 불구하고 고대의 상충론을 취용한 것은 생각할 점이 많다.『자평진전』의 원저자가『삼명통회』에서 일부 수정된 상충론을 선보인 것을 모를 리 없었을 것이고, 또『삼명통회』이후에도 수백 년의 시간이 지났으므로 고대의 상충론에 문제가 있다는 설이 간간이 나왔을 것인데도 불구하고 군이 고대의 상충론을 고수한 이유는 무엇인가? 여기에는 분명 그럴만한 이유가 있었을 것이다. 앞으로 학자들이 그 이유를 밝혀보아야 하겠지만 만일 관례가 아닌 저자의 경험상 고대의 상충론을 고집한 것이라면 이것은 거부할 것이 아니라 신중하게 받아들여야 할 사항이다.

『자평진전』은 양자 손상의 상충론을 취용한다. 만일 甲생 酉월이라면 酉 정관격인데 卯를 만나면 충이 되므로 酉 정관격은 손상된다는 논리를 취용하고 있다. 여기서 만일 卯의 충으로 酉가 깨지지 않는 것이라면 절대 이것을 주장하지 않았을 것이다. 『적천수천미』의 논리대로라면 이 충은 역린이요, 역충인 것이다. 그렇다면 『자평진전』의 월지 격이 이런 역충에도 파괴되는 예민함이 있는 것이고 이것은 대단히 중요한 부분이다. 따라서 '월지 월령과 천간을 보는 것에 한해서'는 『자평진전』의 논리를 수용하는 것이 좋다고 생각한다.

그런데, 월지가 천간이 아닌 기타 지지에 영향을 주는 경우는 월지라 해도 『적천수천미』식 형충론을 적용하는 것이 더 유용하다. 월지가 천간에 영향을 주는 것과 지지에 영향을 주는 것으로 나누어서 간명해야 하는 것이다. 이렇게 되면 천간 보는 법과 지지 보는 법이 달라질 수 있다.

예컨대, 『명리진결도독命理眞訣導讀』에서 단건업이 학금양에게 만리랑의 사주를 물어보았는데 甲생 酉월 명조 32세 己卯년 운에 대해서 "卯木要合戌去劫財, 因申酉戌一黨, 卽被酉金沖破, 故而可推劫財不成 反被官方抓獲"이라고 답한 문장이 나온다. 내용은 卯戌 합이 되는데도 불구하고 戌戌酉申 일당一黨이 연합하여 卯酉 충으로 卯 겁재를 충한다고 하면서 이것은 관방에 포획되는 것이라고 했는데 실제 포획되었다. 지지에 있는 卯는 甲을 대리하고 있는데 이 卯酉 충은 일주에게 불리한 측면이 되는 것이다.

다시 말해서, 월지 酉 정관격이 천간 투간 신과의 관계를 조명할 때는 卯戌 합 때문에 卯酉 충이 불가하다고 보지만, 천간이 아닌 지지끼리의 동태로 어떤 사안을 유추할 때는 월지 합이나 상대 지지 합의 유무에 상관없이 충은 성립되는 것이고, 또 충 당사자의 양 세력을 비교한 결과로 어떤 사안을 유추할 수도 있는 것이다. 결과적으로 월지는 천간의 간법에 포함되기도 하고 지지의 간법에 포함되기도 하는 기준점이 되는 것이다. 따라서 월지는 천간을 볼 때와 지지를 볼 때의 간명법이 다를 수 있다. 이런 논리로 간명한다면 천간은 『자평진전』 간법을 따르고 지지는 『적천수천미』 간법를 따르게 되는 것이므로 양서의 결합은 가능하다. 아울러 필자가 이전에 출간했던 『형충파해합 응용』 방식은 지지를 보는 것에 그대로 적용될 수 있다.

『자평진전』과 『적천수천미』를 결합하여 간명할 때 기준이 되는 것은 월지 손상 유무이다. 어느 때 월지가 손상되는지만 명료하게 알고 있으면 양서 결합은 가능하다. 그것은 사례를 통해 확인해야 했다. 필자가 지금까지 발견한 것은 4가지 경우에 한한 것이었다.

첫째, 월지는 1:1의 형충파해에서 파손된다. 이 논리는 『자평진전』의 학설을 따른 것이지만, 이미 『삼명통회』에서도 만육오가 "1:1의 형이 진형眞刑이다.[101]"라고 기술했던 바이다. 명서는 월지가 아닌 기타 지지도 1:1의 형충파해가 진眞인 것이 원칙이다. 1:1의 합도 마찬가지이다. 이 논리는 매우 중요하다. 이 이론은 월지를 중심으로 운을 볼 때 형충파해합이 복잡하게 얽혀있을 때에

---

101) 『삼명통회』 「전투복강형충파합」 "註 : 刑一位乃眞刑也."

명료하게 풀어내는 기준이 된다.

여기서 1:1은 합이 없는 상태에서 색깔이 다른 글자 1:1의 형충파해를 말한다. 만일 월지가 卯이고 午卯酉가 만나면 卯午 파, 卯酉 충은 1:1의 충파로 본다. 월지 卯는 2자字로부터 파괴를 당하여 손상된다. 그런데 만일 午卯子라면 子午 충이 월지 卯를 구한 것으로 본다.

乾 안상영				1938년[102]			
74 64 54 44 34 24 14 04				時 日 月 年			
戊 丁 丙 乙 甲 癸 壬 辛				甲 庚 庚 戊			
辰 卯 寅 丑 子 亥 戌 酉				申 寅 申 寅			

25세 壬寅년, 서울시 토목직 7급 공무원 특채 후 공직생활을 시작. 임용 20년 만에 서울시 종합건설본부장에 입성하여 한강 종합 개발계획을 주도하는 등 추진력을 인정받았다. 51세 戊辰년(1988) 관선 부산시장으로 발탁, 53세 庚午년(1990) 해운항만청장. 61세 戊寅년(1998. 6) 제2기 민선 부산시장에 당선. 65세 壬午년(2002. 6. 13 丙午월 壬子일) 재선에 성공. 66세 癸未년 4억 뇌물 받은 혐의로 선고공판을 앞두고 2월 4일 오전 1시 5분쯤 사망한 것을 발견했다. (66세 癸未년 乙丑월 癸丑일 壬子시 사망.)

월지가 申 녹신이고 寅申 충이 2개이면 월지는 1:1의 진충으로 본다. 寅申 충은 상충이므로 寅申은 다 파괴된다. 여기서 월지 申

---
102) 부산 박 모 씨의 임상 사례에서 나온 것이다.

녹祿은 충으로 손상되어 일간은 약해진 상태이다. 상충론은 반대쪽 寅 재성도 손상되는 것이므로 寅申寅 3지는 손상된다. 그렇다면 천간만으로는 신왕재약이 된다. 북방운 30년간 시간 甲 재성 용신을 도우므로 공직이 연속되었다.

丙寅 대운은 丙 편관이 주관하는 운이지만 월지 1申 대 2寅 충은 1:2이므로 충 불가하다. 월지 申 녹신이 살아난 것이고 이것은 새로 申 비겁운을 하나 만난 것과 같다. 庚 일간이 건왕해진 것이고 戊 인수 화살火煞 용신도 작용하는 구조라 丙寅 대운까지 화려하게 민선시장 재선까지 성취했다. 61세 戊寅년은 1申 대 3寅이 되므로 이 또한 월지 충 불가하므로 申 녹신이 잘 작동하고 寅 재성도 戊 인수를 달고 잘 작동했다. 戊寅은 일지 寅 재財가 입궁(同氣)한 것이라 관이 크다.

丁卯 대운은 정관 길운처럼 보이지만, 이미 지지 인신 충으로 월지 申이 손상되어 신경身輕한 상태인데 왕한 丁卯의 丁 관官을 만난 것은 庚 일간에게 반갑지 않은 관이다. 게다가 卯운은 甲 재財를 작동시켜서 戊 인印을 파괴하는 재극인까지 발생하므로 사면초가 대운이다.

63세 癸未년은 癸 상관이 丁 관官을 극한다. 반국이 결정적 타격이 된다. 未에서 묘미 목국木局 재성이 발생하여 戊 인印을 극한다. 戊 인수가 무너짐으로써 명주는 극도의 우울증을 견뎌낼 재간이 없었던 것이다.

이 명조 월지 申 녹신이 충으로 손상되는 논리를 취용하지 않으면 丙寅 대운 최고로 길하고 丁卯 대운에 사망한 이유를 파악하기 어렵다. 따라서 이 명조는 丙丁 대운은 천간이 간점이고 월지 申 녹신이 손상되어 申은 천간 庚에 영향력이 없는 것으로 보아야 하는 사례인 것이다.

乾 박정희 1917년 巳시 출생

											時	日	月	年
93	83	73	63	53	43	33	23	13	03					
辛	壬	癸	甲	乙	丙	丁	戊	己	庚		辛	庚	辛	丁
丑	寅	卯	辰	巳	午	未	申	酉	戌		巳	申	亥	巳

45세 辛丑년 육군 소장으로 61년 5·16군사혁명. (62년) 46세 壬寅년 대통령 권한 대행. 47세 癸卯년 8월 대장 예편 후 제5대 대통령 당선. (이후 6, 7, 8, 9대까지 역임) (74년) 58세 甲寅년 처 사망. (79년 김재규 사건) 63세 己未년 10월 (甲戌) 26일 사망. 2녀 1남이 있다. (교운 양 3세 11월 25일 11시)

金水 식신食神은 정관을 쓸 수 있다는 것은 명리학의 오래된 준칙이다.[103] 丁巳의 丁 관官이 뿌리가 깊어서 대관이다. 申巳 형, 巳亥 충은 유효하다. 巳亥 충은 巳 관성官星을 제하므로 1차 파관되었다. 파관된 후 복구되면 관이 크다. 지지 申巳 형은 단순한 일지 申 손상이 아니고 庚 일간의 녹신 申이 파괴되는 것이다. 녹신은 수명성이다. 이 신사 형은 배우자와 자신의 수명이 손상되는 징후를 본다. 천간은 군비이고 丁 관이 용신인데 관의 뿌리 巳 관도 상충으로 파손되는 것이므로 남방운이 관을 복구하여 이 30년에 대관을 성취했다.

---

103) 『子平眞詮』「論食神」"食神忌官 金水不忌"

乙巳 대운은 말년이다. 시지 巳가 작동하는 시점이다. 연지 巳가 작동하는 대운이 아니다. 巳는 편관이다. 申 녹신을 파괴한다. 일지는 2巳 1申 불형론을 취하지 않는다. 乙 재財는 처인데 辛 겁재에 극을 받으므로 乙운에 처의 사망이 있었다. 乙巳 대운은 처와 자신의 운명이 종결되는 시점이고 巳火가 흉신이므로 남방 세운 3년 안에 수명 성星 申 녹신의 파괴가 일어난다.[104]

61세 丁巳년은 1번째 남방 세운이고 丁巳를 사망 시점으로 보기 쉽다. 하지만 丁巳는 시주 辛巳의 복음이 아니고 연주 丁巳의 복음이다. 즉, 연주에서 파괴된 丁 관이 복구되는 시점이므로 등관登官 세운이다.

62세 戊午년은 2번째 남방운이지만 戊 인印이 火土金 상생하여 火 관성의 세력을 戊土가 흡수하여 생금하므로 길한 세운이다.

63세 己未년은 3번째 마지막 남방 세운이다. 己土도 火를 흡수하여 방어할 듯하나 未운은 목운이기도 하다는 것을 잊으면 안 된다. 해미 목국木局이 일어나 己未土 인수를 파괴하고 또 亥未 합이 되면 3巳火가 일지 申 녹신을 궁지에 몰고 파괴할 수 있다. (未亥 申↔巳巳巳) 10월 甲戌월은 金의 퇴기이고 未戌 형이 작동되면 발화하므로 木火가 작동되는 최종 월운이다.

명주의 심복은 일지 申 비比인데 申巳 형이 작동하면 申이 균형을 잃고 갈등하여 巳中庚으로 숨어들어가서 巳火가 되므로 심복은 되레 申을 극하는 배반자가 되므로 심복에 의해 살해당했고 그 심복도 사형 당했다.

---

104) 박정희 교운은 3세 11월인데 10월 26일 사망했으므로 乙巳 대운 말에 사망했다.

이 명조는 金水 식신격이다. 丁未, 丙午, 乙巳 30년간 관운이 가장 좋을 때이다. 水火가 공功을 지으면 발복이 크므로 대관을 얻었고, 아울러 丙午, 乙巳 20년 대운이 좋을 때 국정에 임했기 때문에 철통같은 권력을 쥐고 전후戰後 경제 성장의 기반을 닦을 수 있었다.

그런데, 1子 2午 등의 글자가 보여도 글자가 위치한 자리에 따라서 1子 1午의 1:1 충으로 보아야 하는 경우가 있다.

乾 『사주건강질병DNA』 4권										1942년			
00	90	80	70	60	50	40	30	20	10	時	日	月	年
丙	乙	甲	癸	壬	辛	庚	己	戊	丁	壬	癸	丙	壬
辰	卯	寅	丑	子	亥	戌	酉	申	未	子	巳	午	午

태어나면서부터 뇌성마비로 신체가 불편하고 심장 기능이 약했다. 부친마저 일찍 별세해 어머니의 애로가 많았다.

이 명조는 1子 2午의 글자가 있다. 그런데 연 시지의 극이나 충은 극충이 가능은 하나 극이 매우 미미하거나 거의 없는 것으로 보는 것이 명서의 관례이다. 게다가 시지 子는 월지 午와는 1子 1午 충이 분명하게 작동하므로 시지 子가 연지 午에까지 영향이 미치기는 힘들다고 할 수 있다. 따라서 이 경우는 1子 1午의 충으로 볼 수 있다.

실제 이 사람은 태어나면서부터 불구인데 출생 이전의 사안을 보는 자리는 월지이고, 월지 午 재성의 손상으로 선천적 불구를 유추할 수 있다. 子午 충은 午 재성 용신의 손상이지만 좌우에서 화세火勢가 치열하므로 타격이 크지 않다. 그러므로 사망이 아닌 장애아로 태어난 것이다.

乾 1959년 10:00(출생 시)

10 90 80 70 60 50 40 30 20 10	時 日 月 年
己 庚 辛 壬 癸 甲 乙 丙 丁 戊	癸 丙 己 己
未 申 酉 戌 亥 子 丑 寅 卯 辰	巳 辰 巳 亥

출생 시 : 10시 15~20분 정도라고 했다. 당시 서머 타임을 감안해도 9시 20분은 사시다. 부모 유산으로 살았다. 평생 직업 없이 살다가 61세 己亥년 폐의 문제로 丑월에 사망했다.

1亥와 2巳가 있다. 연지와 시지의 거리는 멀다. 亥가 중간 월지 巳를 만나 충이 되면 亥가 시지 巳까지 갈 여력이 없다. 그러므로 이 경우도 1:1의 巳亥 충으로 보아야 한다.

명서는 가까운 것끼리는 작용력이 강하고 연시처럼 거리가 먼 합 등은 불가하고 극은 되어도 약한 것으로 설정하고 있다. 그런데 그것이 과연 진설일까 하는 문제는 앞으로 따로 연구 과제이다. 어느 경우는 연, 시의 합도 인정해야 풀릴 것 같은 사례들이 간혹 있기 때문이다. 하지만 학계에서 누군가 사지四支 평등작용에 대해서 아직 연구를 발표하지 않는 이상 전례를 따를 수밖에 없다. 그것이 현재 명리학의 운명이기 때문이다.

그런데 『적천수천미』는 1자字 대 2자의 형충파해 불가를 논한

적이 없다. 천미는 다만 왕자와 쇠자를 가려서 길흉을 판정하는 방법이 전부이다. 그렇다면 천미는『삼명통회』의 논리를 전부 받아들이지 않은 것이라고 할 수 있다. 천미가『삼명통회』뒤에 발표된 명서이기는 하지만 과거 논리를 수정하고 발전된 명서라고 할 수는 없다. 그렇지만, 적어도 천미의 저자는 1자 대 2자도 분명 형충파해가 성립된 사례를 만났을 것으로 생각된다. 현대 사례에서도 1巳 2亥의 巳亥 충이 성립한 경우가 있다. 바로 하중기 간명 사례에서 그 명조가 나온다.

坤『맹사단명질례집』										1972년			
95	85	75	65	55	45	35	26	15	05	時	日	月	年
辛	壬	癸	甲	乙	丙	丁	戊	己	庚	辛	丁	辛	壬
丑	寅	卯	辰	巳	午	未	申	酉	戌	亥	巳	亥	子

25세 丙子년 백혈병 발생, 26세 丁丑년에 사망했다. (교운 6세 12월 18일)

1巳 2亥이다. 巳亥 충이 작동한 것으로 보면 丁巳 일주가 무너지는 시점은 戊申 대운, 그리고 丁丑 세운이 가능하다. 그런데 만일 巳가 충을 받지 않아 손상이 없다고 한다면 戊申 대운을 사망운으로 예측하기가 매우 어려워진다.

일단 戊申 대운은 壬 정관격이 戊 상관운을 만났으므로 戊 상관이 흉신인 것은 분명하지만, 申 재성이 생수하여 재생관이 작동하는데도 불구하고 소흉은 몰라도 사망으로까지 판단하는 것은 적절하지 않을 수 있기 때문이다.

『진전』과『천미』의 극명한 차이는 지지의 손상 여부이다.『진전』은 지지가 합이 되면 형충파해는 불가하다는 입장이고,『천미』는 지지가 합이 되어도 충이 가능하다고 본다. 또『진전』의 1子 2卯 불형不刑에 대한 논리도『천미』는 아예 적시조차 하지 않으므로 1子 2卯의 형은 세력에 의해 子가 손상되는 것으로 해석될 수 있다.

이런 것들에 대한 통합론은 월지에 한해서만『진전』의 이론을 수용하는 것이다. 즉, 월지나 상대 오행이 합이 되면 월지는 손상이 없지만 상대는 손상될 수 있는 것으로 보고, 1子 2卯 불형론도 월지 卯는 손상이 없으나 월지의 상대 子는 손상이 있는 것으로 보는 것이다.

본 사례 1巳 2亥의 충은 월지 亥는 손상이 없으나 일지 巳는 손상이 되는 것으로 보는 것이다. 월지, 일지 巳亥 충은 불가하나 시지, 일지 사해 충은 가능한 것이다. 여기서 만일 巳가 월지에 있다면 巳가 완파되지 않는 것으로 본다. 천간 간법에서, 그리고 월지에 대해서『자평진전』만큼 깊이 연구한 명서는 없고,『자평진전』은 1자 대 2자 등은 불충론을 취용하기 때문이다. 물론 이것은 월지가 천간에 영향을 줄 때에 한한 말이다.

두 번째, 월지를 낀 1子 2卯 불형론 등은 유효하다. 1子 2卯에서 子가 월지이면 子는 안전하다. 卯가 월지이면 월지 卯는 안전하나 연, 일, 시에 있는 卯子 형은 유효하다. 운에서 1子 2卯 등도 불형불충이 원칙이나 대운에서 1자 대 2자 형파해가 되는 것은 유효로 본다. 세운에서 1:1 진眞이 되면 형파해의 길흉이 발생하기 때문이다. 충에서는 그런 것을 발견하지 못했다. 원국은 물론이고 대운에서도 월지 1子 2午 불충론은 유효했던 자료들이 있으므로 앞으로 자료를 더 모아 연구 분석해 봐야 결론이 날 것이다.

乾 1977년 06:30(출생 시)

97 87 77 67 57 47 37 27 17 07	時 日 月 年
壬 癸 甲 乙 丙 丁 戊 己 庚 辛	己 乙 壬 丁
寅 卯 辰 巳 午 未 申 酉 戌 亥	卯 卯 子 巳

19세 乙亥년에 대입 낙방하고 재수하여 들어갔는데 휴학하여 공부에 장애가 있었다. 己酉 대운에 경찰관이 되었다. 처도 경찰관이다.

1子 2卯 불형이다. 월지 子 인수는 안전하다. 戌 대운은 卯戌 합이 子卯 형을 가능하게 하여 子 인수가 파괴되므로 공부에 장애가 있었다. 17세 癸酉년에도 巳酉 합 편관 흉운이 작동하여 공부에 진전이 없고, 18세 甲戌년은 卯戌 합이 2개 되어 子 인수를 구하여 학업이 가능하다. 19세 乙亥년은 亥卯 합이 子를 구하나 乙庚 합이 경관을 제거하므로 합격운이 아니다. 20세 丙子년은 子를 복구하여 합격운, 대학에 들어갔으나 공부 방해인자 己 재성이 작동하므로 공부에 장애가 있다.

己酉 대운, 巳酉 합한 유살酉煞이 卯卯子 3자를 동시에 충파한다. 卯卯子는 파괴가 아닌 동이 되어 子 인수는 건강하므로 취업 대운이다. 이때 酉가 1卯만 충하여 子卯 형이 가능하다는 논리를

지으면 안 된다. 만일 巳가 없다면 卯酉 충, 子卯 형 1:1의 진충진
형眞沖眞刑이 가능하다.

乾 이석영 매형				1908년			
95 85 75 65 55 45 35 25 15 05				時 日 月 年			
丁 丙 乙 甲 癸 壬 辛 庚 己 戊				庚 己 丁 戊			
卯 寅 丑 子 亥 戌 酉 申 未 午				午 卯 巳 申			

일찍 초운 戊午, 己未에 마을의 부잣집에서 출생하여 호강하며
자라났고 매우 총명하여 유망한 청년으로 칭송이 자자하더니 4
남 2녀를 낳아서 모조리 실패하다가 32세 己卯년 관성官星운 9월
14일(음 甲戌월 丙申일)에 생남하고, 그 해[105] 12월 30일 중병으로
사망했다. (33세 庚辰년 戊寅월 庚辰일 사망[106])

　　卯午 파, 申巳 형은 유효하다. 월지 巳 인수는 길신이고 용신
이다. 申巳 형은 월지 巳 인수가 손상되어 불미하다. 火가 복구되
는 남방운이 길하다.
　　申 대운은 2申 1巳 불형不刑이 되지만 안전하다고 보면 안 된
다. 세운에서 申巳 형이 성립되는 시점이 있기 때문이다. 세운 庚
辰 등이 대운 1申을 합해가면 1:1의 申巳 형은 유효해지는 것이
다. 이때 사망했기 때문에 운에서 2申 1巳는 寅巳 형이 유효한 것

---

105) 그해는 己卯년(32세)이다. 12월 30일 이전에 다음 연도 입춘이 있었다.
　　그래서 다음 해 庚辰년 戊寅월이 되고 사망일도 庚辰일이다.
106) 『사주첩경』 卷4, p.308.

으로 보는 것이다. 여기서는 巳 인수격 파괴가 사망 원인이다.

乾 1967년

97 87 77 67 57 47 37 27 17 07	時 日 月 年
乙 丙 丁 戊 己 庚 辛 壬 癸 甲	甲 癸 乙 丁
未 申 酉 戌 亥 子 丑 寅 卯 辰	寅 巳 巳 未

결혼하여 자식을 출산하고 1년 가까이 집에 들어가지 않고 친가에서 숙식하거나 출타하여 부부간 불화가 심했다. 32세 戊寅년에는 교통사고를 내었으나 무사했는데, 집에 들어간 지 얼마 안된 33세 己卯년에 일어난 교통사고에 사망했다.

월지는 1寅 2巳 불형이다. 그러나 일지와 시지는 寅巳 형이 가능하다. 巳 재격은 용신이기 때문에 파손되면 안 된다.

壬寅 대운이 되면 1:1의 寅巳 형이 되므로 일지 巳와 월지 巳 재격이 파손되어 흉 대운이다. 대운이 흉하면 사안이 크다. 사망도 가능하다. 壬寅 대운 안에 대흉이 있다.

32세 戊寅년, 3寅 2巳는 불형이 원칙이다. 따라서 戊寅년은 壬寅 대운의 巳 파손 시점은 아니다. 그런데 운에서 3寅 2巳도 형이 유효한 것으로 본다. 형을 짓는 巳申戌월이 되면 1:1 寅巳 형이 되기 때문이다. 다만 세운에서 인사 형이 된 것이 아니고 월운에서 인사 형이 된 것이라 월운에서 발생한 흉은 사안이 작으므로 사소한 교통사고로 그쳤다. 대운과 세운은 운명이고 월운과 일운은 사소한 일이다.

33세 己卯년 卯未 목극木局의 木이 동하면 대운 寅이 동하여 1:1 寅巳 형이 작동한다. 세운이 대운의 인사 형을 작동시키므로 흉 세운이 분명하므로 사망했다. (寅巳 寅巳 未卯) 이처럼 戊寅년이 인사 형 시점인데 길운이 되면 다음 연도가 시점이다.

乾 1956년 20:00(출생 시)

99 89 79 69 59 49 39 29 19 09	時 日 月 年
癸 壬 辛 庚 己 戊 丁 丙 乙 甲	壬 戊 癸 丙
卯 寅 丑 子 亥 戌 酉 申 未 午	戌 寅 巳 申

저녁 먹고 나서 출생. 乙丑 甲子년(29~30세) 결혼, 원래는 장롱 짜는 기술자였는데 장롱이 경기가 없어서 인테리어 기술자를 했다. 만 9년 전(40세 乙亥년)에 위암으로 위 절제 수술해서 경과가 좋았는데 49세 甲申년 식도암이 발견되었다. 10월 중순 수술했으나 乙酉년(50세) 현재 위태롭다. (교운 양 9세 10월 14일 20시)

寅戌 합, 申巳 형은 유효하다. 월지 巳 녹신과 申 식신은 동시에 서로 손상된다. 丙申 대운에 원칙적으로 1巳 2申 불형은 유효하다. 다만 丙申 대운 10년 세운 내에 1申을 제하는 운을 만나게 되므로 대운에서 1巳 2申 형은 유효하다고 보는 것이다. 다행히 巳 인수가 寅戌 화국火局과 세력을 형성하기 때문에 월지 巳 인수는 안전하고 申 식상은 제어되므로 申 대운은 1巳 2申 인사 형으로부터 안전했다.

丁酉 대운은 인사 형의 申을 돕는 서방운이다. 그런데 다행히

酉가 巳를 합하여 申巳 형을 구해서 길 대운이 되었다.

40세 乙亥년은 寅亥 합 때문에 인사 형이 작동해서 위암 수술 했다.

49세 甲申년은 서방 金 세운이라 연지 申 흉신을 돕는다. 또 寅申 충은 巳 녹신을 파손하므로 식도암 수술했다. (酉←戊寅← 申 巳↔申)

대운이 길하고 세운이 흉하면 견딜만한 흉이 발생한다. 대운 이 흉하고 세운도 흉하면 대흉이다. 사망에 이를 수도 있다. 세운 이 대운의 흉을 완결해도 사망에 이를 수 있다. 이 명조는 甲申 년이 대운의 흉을 완결했으나 다행히 대수술에 그치고 사망은 면 했다. 이 고비를 넘기면 亥운이 2차 사망 시점이 될 것이다.

坤 1931년

95 85 75 65 55 45 35 25 15 05		時 日 月 年
庚 己 戊 丁 丙 乙 甲 癸 壬 辛		丙 丙 庚 辛
子 亥 戌 酉 申 未 午 巳 辰 卯		申 午 寅 未

68세 戊寅년 12월에 대장암 수술. 대장 수술 후 겨드랑이 임파선 이 결핵성으로 밝혀져 다 들어내었다.

午未 합, 寅申 충은 유효하다. 지지에서 월지 寅 인印을 파손하 는 申 겁財는 기신이다. 남방운은 화인위겁化印爲劫이 되고 庚辛 재성이 용신이 되는데 火에 극을 받으므로 재운은 별로 좋지 않 다. 그러나 남방운은 지지 申을 제하여 월지 寅 인수를 구하므로

최소한 대흉은 없었다. 서방운은 申이 왕해져서 불리하다. 서방 대운 水 세운은 정말 좋지 않다.

丙申 대운은 1寅 2申이 되는데 안전했으므로 불충되었던 사례이다.

丁酉 대운은 비로소 金이 작동하는 대운이다. 寅 인수가 파괴되는 시점이다.

68세 戊寅년, 2寅 1申은 충이 불가하다. 또 戊土가 생금하므로 좋지 않다. 또 寅이 寅午 화국火局을 일으켜서 申을 방어하므로 대흉은 없었다. 앞으로 庚辰, 辛巳년을 잘 이겨내야 한다. 이 사람은 丁酉 대운이 길로 판명되므로 꾸준히 운동을 하면 건강이 좋아질 가능성이 높다.

이 밖에 건륭은 월지 卯酉 충이 있고 운에서 卯를 만났는데도 酉가 파괴되지 않고 10년을 잘 보냈다. 안상영도 운에서 2寅 1申이 될 때 시장에 당선되었다. 그래서 '충沖'은 운에서 2자字 대 1자 불충이 유효한 것으로 본다. 이처럼 운에서 형파해와 충이 달리 작용하는 것에 대해서는 앞으로 좀 더 연구해야 할 과제이다.

세 번째, 월지는 안전하나 상대 오행은 형충파해 당할 수 있다. 대표적인 것이 합이다. 어느 쪽이 합이 되든지 합이 있으면 월지는 충격으로부터 안전하다. 다만 월지 상대는 손상이 될 수 있다. 이때 상대 오행은 손상되는 경우가 있고 손상되지 않는 경우가 있다. 예컨대 월지가 申이고 상대가 寅이면 상대 寅은 손상된다. 월지가 寅이고 상대가 申이면 월지와 상대 오행은 다 손상 불가하고 동動이 된다. 이 이론은 『진전』과 『천미』를 다 받아들인 이론이다.

子午 충이 있다. 월지 子는 辰과 합이 되어 충에서 안전하지만 일지 午는 손상된다. 그런데 일지 午는 일간의 근원이라 위험한 상황이다. 일단 지지에서 水火가 접촉되었기 때문에 지지 亥, 子, 申운을 조심해야 한다.

戊申 대운 천간 戊 식신은 임살壬煞을 방어하는 길신이다. 그러나 지지 申이 子를 동요시키는 것은 방어하지 못한다. 41세 壬申년도 좋지 못하다. 다행히 사망에 이르지 않은 것은 辰土가 어느 정도 水를 방어했기 때문이다. 만일 辰土가 없었다면 사망했을 것이다.

왕정위 암살 실패로 감옥에 들어갔다. (5차 감옥살이다.) 6개월 후 9월 甲戌월 석방되어 왕기정부汪記政府 정보부政保部 차장과 76호 제일처第一處 처장을 맡았다. 38세 乙酉년 국민정부國民政府에 의해 한간죄漢奸罪로 수감. 39세 丙戌년 총살당했다.

32세 己卯년에 어떤 일을 하려고 하는데 결과가 어떠한가 묻는 것이 주제이다. 학금양은 卯戌 합이 된 卯 겁재를 酉 관官이 충한다고 하면서 이것은 관방에 잡히는 것이라고 했고 실제 잡혔다.[107]

여기서 卯는 戌과 합이 된 상태이므로 기본적으로 이 卯酉 충에서 월지 酉 정관은 손상이 없다. 그러나 상대는 충의 손상이 가능하다. 마침 酉金의 세력이 태왕하기 때문에 卯戌 합에도 불구하고 卯 겁재는 손해가 있다. 卯는 甲 일간의 근원이다. 합 때문에 사망이나 대흉은 피했지만 적어도 酉 관에 잡히는 정도의 구속은 있다고 보는 것이다.

네 번째, 월지뿐만 아니라 어떤 지지든 궁지에 몰리면 파괴된다. 이것은 『적천수천미』의 왕자충쇠쇠자발 이론에 적용된다. 이때 합은 무시된다. 월지가 합이 되어도 3자, 4자 세력이 연합하여 월지를 형충파해하면 월지 역시 파괴되고, 또 월지가 기타 지지와 중중한 세력을 형성하고 있으면 월지는 합이 없어도 파손되지 않는다. 이것은 그동안 나왔던 보편적 명리이론에 부합하는 논리이다.

---

107) "卯木要合戌去劫財, 因申酉戌一黨, 即被酉金沖破, 故而可推劫財不成 反被官方抓獲."

『삼명통회』「오언독보」는 "二子不沖午, 二寅不沖申, 二午不衝子, 二申不沖寅"이라는 문장을 소개하고 있다. 어느 쪽이든 2:1의 상황에서는 충이 성립하지 않는다는 것이다. 그런데 「오언독보」는 만육오의 저작이 아니고 고대의 이론을 소개한 문서이다. 「오언독보」는 고대 문서이고 충이 되면 양자가 동시에 손상된다는 입장에서 설명한 책이다.

따라서 고대 명서의 이런 식의 문장을 대할 때 현대 학자들은 항상 시차에 주의해야 한다. 『삼명통회』 속에 있는 순수 만육오 이론은 후대 이론이라 할 수 있는 부분이 있지만, 『삼명통회』에서 소개하고 있는 고대의 명서들은 고대의 이론을 가감 없이 그대로 소개하고 있기 때문이다.

즉, 『삼명통회』 이후는 충을 극의 방향에 주목하기 시작했기 때문에 1子 2午 불충론은 있어도 2子 1午 불충론은 없다고 보아야 하는 것이다. 이와 관련된 사례도 속속 나오고 있는데 그 중 한 사례는 다음과 같다.

乾 『명리요강』(p. 406)										1911년
91	81	71	61	51	41	31	21	11	01	時 日 月 年
甲	乙	丙	丁	戊	己	庚	辛	壬	癸	辛 壬 甲 辛
申	酉	戌	亥	子	丑	寅	卯	辰	巳	亥 子 午 亥

동방東方 寅卯운은 水가 약하고 火가 생기生氣되므로 가정이 창흥昌興했고 己운에 희신喜神인 甲木을 합하여 패패敗가 많았으며 子운에 약한 午火가 충극沖克을 만나니 낙상落傷으로 거세去世했

다. 왕절旺節의 왕신旺神이 극함이 태심太甚하면 화가 중중重한 법이다.

원국 1子 1午 충이 되어 午 재성은 파괴된다. 戊子 대운은 2子 1午가 되었다. 2子 1午만 보면 불충의 조건이지만, 주변 水 세력이 전부 월지 午를 파괴하고 있기 때문에 이런 경우는 2子 1午 불충을 고집하면 안 된다. 水 세력에 의해 월지 午가 무너지는 것으로 보아야 한다.

여기서 『자평진전』 학자들은 戊子 대운의 사망을 무살戊煞 때문이라고 말할 수는 있다. 하지만 辛 인수가 화살생신하고 있고 또 무살이 子 절, 태에 앉아 허약한 살煞인데 사망을 주도하는 인자라고 볼 수는 없다. 살천煞淺하면 살은 권신權神이 되기 때문이다. 이 명조는 북방 子운에 子午 충은 성립되는 것이고 월지 午 재성은 파괴되어 사망한 것이 분명하다.

이때 만일 2子 1午 불충론에 매달려서 충이 되지 않는다고 한다면 子운을 직접 사망운으로 볼 수 없게 되므로 戊子 대운에 사망 이유는 미궁에 빠지고 만다. 그러므로 이렇게 제신制神의 세력이 너무 왕할 때는 2子 1午나 1子 2午 불충론 등에 얽매이지 말아야 한다.

乾 『명리요결』 제5권			1936년			
91 81 71 61 51 41 31 21 11 01			時 日 月 年			
甲 癸 壬 辛 庚 己 戊 丁 丙 乙			癸 戊 甲 丙			
辰 卯 寅 丑 子 亥 戌 酉 申 未			亥 子 午 子			

건축학과를 졸업하고 토건업을 하고 있는 사람이다. 부부 사이도 유정한 편이다. 戊戌 대운에서 庚 대운까지 돈을 많이 벌었다. 그러나 子 대운에 이르러 동생을 도와주다가 30억의 부도를 내었고 위암 수술도 받았다.

2子 1午 불충론에 적용되지만 시지 亥가 子와 한 무리가 되는 바람에 월지는 궁지에 몰렸다. 이렇게 되면 2子 1午도 충이 성립되고 월지 午는 파괴된다. 子 대운이 되면, 3子 1午가 되는데 여기서 만일 子午 충이 성립되지 않는다면 午 인수는 안전할 것이고 그러면 흉운으로 판단할 근거가 없어진다. 庚 식신이 갑살甲煞을 제할 수 있으므로 잘못하면 길 대운이라고 오판할 수도 있다. 그런데 만일 3子 1午를 충으로 인정한다면 더 생각해 볼 것 없이 子운에 월지 午는 손상되어 흉한 대운이라는 선언이 즉시 가능해진다.

월지 午 양인이 파괴되면 갑살은 흉신이 된다. 庚子 대운에 子水가 동하므로 庚甲 충은 유효해서 갑살이 제거되므로 최소한 수명 손상은 막아진 것으로 보인다.

乾 1984년 13:00(출생 시)

97 87 77 67 57 47 37 27 17 07	時 日 月 年
丙 乙 甲 癸 壬 辛 庚 己 戊 丁	戊 戊 丙 甲
戌 酉 申 未 午 巳 辰 卯 寅 丑	午 子 子 子

머리가 좋은 수재이다. 16세 己卯년 부친 사망. 18세 辛巳년 과

학 고등학교 2학년 말에 카이스트 대에 합격. 23세 丙戌년 8월 9일(丙申월 庚午일) 변리사 시험, 12월 초순 최연소자 합격 발표 후 변리사 회사 입사. 卯운에 결혼하고 37세 庚子년 9월 현재 직장에 잘 다니고 있다.

3子 재성이 午 인수를 궁지에 몰고 극한다. 천간 戊 비比가 子를 방어하려 하나 연간 갑살甲煞이 戊를 제어하므로 午 인수는 파괴된다. 손상이 복구되면 국이 크다. 다행히 대운이 동남으로 60년간 흘러가므로 안전하다. 申 대운 북방지에나 흉운이 있다.

坤 1980년 11:34(출생 시)

10	90	80	70	60	50	40	30	20	10		時	日	月	年
辛	壬	癸	甲	乙	丙	丁	戊	己	庚		壬	乙	辛	庚
未	申	酉	戌	亥	子	丑	寅	卯	辰		午	巳	巳	申

2번이나 남자를 만나 실패하고 寅 대운 후반에 증권사 직원을 만났다. 월 5백씩 생활비를 받았으나 41세 庚子년 4월경 남자 친구와 전화로 싸운 후 9월까지 남자 친구가 집에 들어오지 않는다. 명주는 이 남자가 안 들어올 것으로 생각하고 있다.

월지는 2巳 1申 불형론이 적용되나 일지는 申巳 형이 가능하다. 午巳巳 3火가 연지 申을 궁지에 몰고 형극한다. 그런데 이 申 관官의 손상은 길상이다. 관살혼잡의 근원을 제어하기 때문이다. 궁지에 몰려 파손된 오행을 반드시 나쁘다고만 할 문제가 아닌 것이다. 또 일지 申巳 합은 결혼을 유지케 하는 작용을 하므로 이 합이 파괴되어도 혼인이 불미해진다.

寅 대운은 寅巳 형이 가능하고 동시에 申巳 형도 가능해지므로 월지 巳 상관이 파손되어 운도 불미하고 또 일지 巳 파손은 남자와도 헤어지는 운이다. 그래서 혼인이 안정되지 못했다.

41세 庚子년 庚 관官은 남자 친구인데 연간 庚과 중관重官이 되므로 배우자의 흉이 있거나 헤어지는 운이다. 게다가 子午 충은 午 식신 용신이 손상되는 것이므로 재물이 줄어든다.

丁丑 대운은 巳丑 합으로 관성이 입궁하므로 남자는 들어오나 월지 申巳 형은 1:1이 유효해져서 자신의 운은 좋지 못하여 돈을 벌기 힘들다. 다행히 일지 巳가 연지 申을 제어하는 것은 유효하므로 남자가 돈을 벌어올 것이다.

이후 북방운은 水 인수가 火 식상 용신을 제어하므로 부부운이 순조롭지 못하다. 특히 亥운은 사해 충이 되어 일지 배우자궁 巳 상관 길신이 파손되므로 남편 사망운이다.

坤 1953년

94	84	74	64	54	44	34	24	14	04		時	日	月	年
己	戊	丁	丙	乙	甲	癸	壬	辛	庚		壬	辛	己	癸
巳	辰	卯	寅	丑	子	亥	戌	酉	申		辰	巳	未	巳

68세 庚子년 9월 9일(乙酉월 乙卯일) 방문. 경기도에 사 둔 집에, 한 남자에게 월세를 내주었는데 1개월째 연락 두절이다. 월세도 6개월간 안 내어 보증금 소멸된 지도 2개월째이다. 경찰서에 물

어보니 이런 일로 경찰을 대동하고 문을 딸 수 없다 하니 무슨 방법이 있겠느냐고 물었다. 마침 지하에 물이 샌다고 경비실에서 연락이 왔다 했다.

필자 답변 : 세운이 나빠 순리적으로는 해결이 안 된다. 9월은 좋은 달이다. 일단 동네 파출소에 가서 사정을 하고 경찰 대동하여 집안을 살핀 후 일을 처리하라고 했다. 9월 15일 연락이 오길, 동네 파출소 직원이 대동해 주어 문을 열고 입실했는데 세입자는 변사 상태였고 최종 심장마비로 죽은 것으로 판명 났다. 세입자 가족들이 밀린 월세 등은 해결해 주었으나 1달간 방치된 시체 악취, 벌레 퇴치 등의 과정에 지출과 악취 때문에 34평 아파트 도배를 새로 하는 바람에 토탈 1천2백만 원의 비용이 지출되었다. 그후 새로 세입자가 들어왔다.

丙寅 대운 丙 정관은 己 인수가 쓰는 용신인데 壬 상관의 극을 받을 우려가 있고 寅巳 형은 정관의 일부가 손상된 것과 같으므로 丙寅 대운은 길한 중에 소소한 근심이 있다.

68세 庚子년, 인수 용관은 火土 관인官印은 길하고 金水 비식比食은 흉한데 庚子 金水 비식 운을 만나서 반갑지 않다. 게다가 子辰 수국水局 식상이 투출하니 丙 관官이 극을 받는 상이다. 丙은 얼굴이나 심장으로 보는데 빛을 잃는 세운이다.

다행히 자미 해 未剋子가 있고 火土가 태왕하므로 子 식신 흉신을 제어할 수 있다. 비록 子辰 합 때문에 수국 식상 흉신이 완제되지는 않으나 일부 손상은 가능하므로 세운의 흉이 상당 부분 감소된다.

그리고 乙酉월은 세운 庚 겁劫을 乙庚 합으로 제거하므로 결과적으로 乙酉월은 庚子년 흉을 제거하는 길월이 된다. (酉辰子←未巳巳寅) 여기서 未 인수는 치안을 담당하는 경찰로 보았다. 만일 未剋子가 불발한다면 庚子년은 도무지 해결 기미가 보이지 않는 흉년으로 볼 수밖에 없다.

坤『명리요론』4권(p.205)	1949년
98 88 78 68 58 48 38 28 18 08	時 日 月 年
壬 辛 庚 己 戊 丁 丙 乙 甲 癸	庚 丁 壬 己
午 巳 辰 卯 寅 丑 子 亥 戌 酉	戌 丑 申 丑

부모덕은 없고 甲戌 대운에 미국으로 건너가서 우연히 귀인을 만나게 되었다. 귀인의 도움으로 물 사업(술과 음식)에 손을 대어 甲戌, 乙亥 대운까지 수백억을 모았다. 丙子 대운도 재산이 늘어났고 세운 壬申년(44세)에 결혼식도 올렸다. 丑대운 戊寅년(50세)에 암으로 사망한 후에 재산은 남편이 사회에 헌납했다.

신약하고 庚 재성은 왕하다. 庚壬 재관겸격이고 己 식신이 壬 관官을 극하므로 전부지공田父之功의 명조이므로 신약한 것은 문제가 되지 않는다.

乙亥 대운은 乙庚 합, 申亥 해까지 작동하면 金水 재관이 파손되어 매우 흉한 대운처럼 보인다. 그런데 실제는 결혼만 성사되지 못했을 뿐 사업은 번창하여 수백억 발재의 기반이 되었던 시기였다. 이때 무엇이 작동하여 발재했을까?

이것은 쇠신충왕왕신발의 논리가 작용된 것이다. 이 명조는 지지가 전부 토금으로 채워져 있다. 월지가 申金 재성이고 3지에 암장 辛金이 있어 4지가 다 金이므로 申金의 세력은 亥보다 훨씬 크다. 마치 금광산에 큰 金이 하나 노출되어 있고 그 금맥이 바위 깊은 곳까지 심장되어 있는 것과 같다. 겉으로 보기에는 申金 1개가 보이지만 내부적으로는 2~3개의 金이 집합된 것과 같다. 이때 신해 해가 발생하면 亥 관성은 손상되고 申 재財는 손상이 없다. 다만 申 재는 발동할 뿐이다. 亥가 파손되면 乙 인수의 뿌리가 파손된 것이라 을경 합의 작용도 허망하다.

그래서 乙亥 대운은 신해 해로 申 재가 작동하여 재운이 좋았다. 다만 상대 亥 관성은 손상된 바라 결혼은 할 수 없어서 다음 丙子 대운 44세 壬申년에야 결혼을 했다.

이처럼 월지가 합이 없어도 기타 지지와 뜻을 같이하여 뭉쳐져서 어느 지지 1자字를 궁지에 몰고 타격하면 월지는 손상이 없고 상대 지지는 손상이 되는 것이다. 『자평진전』 학자들은 특히 이 사례에 대해 재삼 숙고하여 잘 기억해 두어야 한다.

坤『사주건강질병DNA』2권(p.178)										1944년
94	84	74	64	54	44	34	24	14	04	時 日 月 年
庚	辛	壬	癸	甲	乙	丙	丁	戊	己	庚 壬 庚 甲
申	酉	戌	亥	子	丑	寅	卯	辰	巳	戌 子 午 申

초년부터 소화기능이 좋지 못했다. 丁卯, 丙寅 대운에는 손발 저린 증세와 가벼운 당뇨까지 나타났다. 乙丑 운은 건강이 더 악화

되었고, 62세 乙酉년 己丑월에 위암 수술을 받았다.

申子 합, 午戌 합 때문에 월지에서 子午 충은 불가하지만 오술 합과 신자 합이 투출한 상태에서는 수극화가 가능하다. 그런데 甲子 대운이 되면 자오 충이 가능해진다. 申子子가 모이면 월지 午 재財가 궁지에 몰려 손상을 받기 때문이다. (申子子→午戌) 戌 土가 있어서 월지 午火 재성이 보호되기는 하지만 이를 믿고 안 전하다고 하면 안 된다. 戌土는 水의 세력을 감소시키는 역할을 할 뿐이므로 소흉은 있는 대운으로 본다. 또 세운에서 酉丑 등을 만나면 戌을 형해刑害하므로 午 재성 용신은 궁지에 몰려 완파되 므로 세운이 대운의 흉을 완결해서 흉이 큰 편이다. 午 재성 파 괴는 신체 손상으로 볼 수 있다.

乾 가정황제明嘉靖帝										1507년			
96	86	76	66	56	46	36	26	16	06	時	日	月	年
己	庚	辛	壬	癸	甲	乙	丙	丁	戊	己	辛	己	丁
亥	子	丑	寅	卯	辰	巳	午	未	申	亥	巳	酉	卯

16세 壬午년 즉위, 대례의 문제로 3년간 토론함. 18세 甲申년 190명의 중신들 파직, 수감시키고 자신의 뜻 관철. 36세 壬寅년 임인궁변 일어남. 50세 丙辰년 산시 대지진. 61세 丁卯년 1월 23 일 사망했다.

巳亥 충, 卯酉 충은 유효하다. 묘유 충으로 월지 酉 녹신이 파

손된다. 卯 대운은 亥卯卯가 酉를 파손하는 것으로 보는 것이 가능하다. 卯 대운 卯 세운이 되면 亥卯卯卯가 된다. (亥^卯 卯卯↔酉巳) 언뜻 酉 녹신이 안전할 듯하다. 그런데 속단은 금물이다. 만일 卯월이 되면 亥卯卯卯卯↔酉巳가 되므로 酉 녹신은 巳의 합이 있는데도 불구하고 旺卯에 의해 파괴되기 때문이다. 卯월만 아니라 巳를 제하는 申亥월 등이 되어도 卯酉 충은 성립될 수 있으므로 대운에서 亥卯卯酉 등의 구조는 월지 酉가 파손되는 것으로 보아야 한다. 실제 가정황제는 癸卯 대운 丁卯년 癸卯월에 사망했다.

고대의 「오언독보」 상충론을 그대로 따른 명서는 『자평진전』이다. 『자평진전』은 「논행운」에서 '양신불충일인兩申不沖一寅'을 언급했기 때문이다. 위의 명조 사례 중 월지에 午가 있는 것은 2子 1午, 3子 1午 불충론이 적용될 수 있다. 월지 午가 살아있는 것으로 볼 수 있는 것이다. 그러나 이것은 어디까지나 천간에 영향을 주는 午中丁의 화기火氣가 살아있다는 것이지, 지지와의 관계를 보는 『적천수천미』 간법에서는 단연코 월지 午는 충을 받아 작용이 중단된 것으로 본다.

재차 강조하지만, 월지가 궁지에 몰려도 2子 1午, 3子 1午 불충 등을 유효한 논리로 볼 수는 있다. 그런데 이 논리는 월지 午가 천간에 영향력을 행사하는 것에 한한다. 지지에서 월지와 기타 지지와의 관계를 보는 것에서는 2子 1午, 3子 1午 충은 성립되어 월지 午 양기가 사라져서 암흑이 된 것으로 보는 것이다. 천간에서는 丁火의 불빛이 보이지만 지지에서는 午火의 불빛이 사라진 것이다. 이때 명주는 대흉했기 때문에 대흉은 천간의 문제가 아니고 지지의 문제 때문이라고 보는 것이다.

　명서命書 1천여 년의 세월 중에 1~2백 년의 시간은 짧은 시간이지만 1578년에『삼명통회』「오언독보」가 편찬된 이후 440여 년을 지내오면서 수백 년 간「오언독보」의 논리에 맞지 않는 이런 사례들이 여러 개 등장했을 것이다. 그래서 마지막 명서『적천수천미』에서는 2卯 1子 불형론, 2子 1午, 3子 1午 불충론 식의 문장들이 사라진 것이다.

　이상 4가지를 월지에 우선 적용하고 기타 지지는『적천수천미』방식대로 형충파해합을 간명하면『진전』과『천미』는 결합된 것이다. 필자가 여러 사례를 적용해 보면서 시간이 갈수록 천간은『진전』의 학문이 유용하고 지지는『천미』의 학문이 유용하다는 것을 거듭 느끼고 있는 바이다. 따라서 필자가『형충파해합 간법』을 소개하면서『진전』과『천미』를 결합한 이 방법 또한 놓칠 수 없다고 생각하여 작금에 소개하고 있는 것이다.

　독자들은 이러한 저자의 뜻을 이해하고 본서 사례 통변을 읽어야 한다. 그리고 만일 신왕신약을 중시하는『적천수천미』의 간법을 고수하고 있는 학자라면 필자의『형충파해합 응용』을 읽고 착안하여 자신의 간법을 완성하면 된다. 아울러 이 글을 읽는 독자가 혹 필자의『형충파해합 응용』과『형충파해합 간법』양서를 다 해득한다면 형충파해합에 대해 뛰어난 학자가 되어서 모든 사안을 그리 어렵지 않게 풀어낼 것으로 확신하는 바이다.

6. 1자字 대 3자의 형충파해刑沖破害

　　고대 명서들은 1자 대 2자, 혹은 1자 대 3자 등은 형충이 안 된다는 입장을 가지고 있었다. 앞에서 거론한 바 있는 「오언독보」의 二子 一午 불충론은 하나의 전형이다. 여기서 자오 충은 서로 손상되는 개념이다. 1:1로 충해야 양자가 다 손상되어 진충이라고할 수 있다. 만일 어느 한쪽이라도 세력이 다多하면 강자와 약자의 만남이라 강한 충돌이 불가하다는 것이다. 따라서 고대 명리학은 한쪽의 숫자가 많아질수록 형충의 충돌은 대폭 감소하거나없는 것으로 본다.

　　만육오는 『삼명통회』를 저작하면서 「전투복강형충파합」에 주註를 달았는데 1자 대 3자는 형충이 불가하다고 명확하게 언급하면서 1:1의 형이 진형眞刑이라고 했다.

> "힘(力)이 중지되는 것은 1위位가 2~3개와 형刑이 되는 것이다. 형은 1:1이 진형眞刑이다. 辛酉년 辛丑월 己丑일 乙丑시 명조는 3丑이 있어서 戌火가 형하지 못한다.[108]"

　　1:1의 형충파해합이 진眞이라는 논리는 예나 지금이나 명리학

---

108) 『삼명통회』 「전투복강형충파합」 "原注 : 力停者一位不能刑二三位, 刑一位乃眞刑也, 如辛酉辛丑己丑乙丑 : 得己丑之火以救其禍."

의 표준이다. 형충파해합이 복잡하게 여러 자가 뒤섞여 있어도 1:1의 형충파해합이 성립되면 그것을 진眞으로 보는 기준이 되는 것이다.

그런데『삼명통회』부터 충극의 방향성을 감지한 이후『적천수천미』에서는 양방향으로 손상되는 것은 상생이 되는 글자, 즉 子卯 형이나 寅巳 형 등에서만 양자 손상이 가능하고 상극이 되는 충은 한 방향으로의 극을 인정하기 시작했다. 1:1의 子午 충을 논하자면 子는 손상이 없고 午 일방만 손상이 있다는 것이다. 그렇다보니까 1子 2午, 1子 3午는 충이 불가하다는 과거 논리와 같으나, 2子 1午는 충이 성립되어 午가 파괴된다는 입장을 가지고 있는 것이다.

그런데『적천수천미』보다 앞서서 발행했던『삼명통회』에서도 저자 만육오가『적천수천미』식의 사고를 했던 흔적이 있다. 2午 1子 불충론을 설명하는 대목에서 '반개 1午는 복을 짓는다.'고 한 것인데 이것은 일단 충을 인정한 대목이라고 할 수 있다. 충으로 1개는 손상되지만 나머지 1개는 멀쩡하게 발동하므로 충이 되레 복이 된다고 이해할 수 있는 것이다.

이렇게 형충파해 이론이 변화된 것은 충극의 방향을 양방향으로 보느냐, 한 방향으로 보느냐의 차이점 때문이었다. 그리고 그 변화의 계기를 만들어준 것은『삼명통회』라고 말할 수 있지만, 그렇다고『삼명통회』가 현대적 명서라고 단정 지을 수는 없다.『삼명통회』는 여러 면에서 어정쩡한 명서이다.『삼명통회』는 고대의 이론을 그대로 소개하는 것에 많은 부분을 할애했기 때문이다. 따라서『삼명통회』자체는 고대와 현재의 중간에 있는 명서라고 할 수 있다. 그런 측면에서 형충파해 이론이 고대와 완전히 다르게 된 시점은 마지막 명서『적천수천미』때부터라고 단언할 수 있다.

그것은 학자들이 수백 년 동안 여러 실 사례를 입수하면서 고대의 이론이 사실과 다른 것을 발견했기 때문일 것이다. 아래에 있는 몇 개의 자료들도 후대『적천수천미』식 형충파해로 보아야 풀리는 사례들이다.

乾『적천수천미』「체용體用」									時 日 月 年
庚 己 戊 丁 丙 乙 甲 癸 壬 辛									丙 丙 庚 戊
午 巳 辰 卯 寅 丑 子 亥 戌 酉									申 申 申 寅

丙火가 초추初秋에 출생하여 秋金이 당령當令했다. 3申이 1寅을 충거沖去하니 (三申沖去一寅) 丙火의 뿌리는 이미 뽑힌 상태이고 비견 또한 힘이 되지 못한다. 연월양천간年月兩天干에 土金이 투간透干되었으므로 다만 그 세력에 종從하게 된다. 재성財星의 성질을 따라야 하고 비견이 병이다. 고로 水旺 지지에서는 비견을 제거하여 사업이 발전했다. 丙寅 대운은 형상파모刑喪破耗했다.

『적천수천미』에서 3申 대 1寅은 충이 된다고 했던 문장이다.『자평진전』과 반대 입장이다. 이 명조『천미』는 종재로 보지만『진전』은 재격이 용신이므로 재성을 길신으로 보는 것은 양서가 같다.

丙寅 대운이 되면 3申 2寅이 된다. 이것이 1:1의 충이 아니어서 충이 불가하다면 丙寅 대운의 丙 비比는 金 재성 용신을 극하는 흉신의 뿌리가 매우 깊어지게 된다. 흉신의 뿌리가 깊으면 그

만큼 흉도 강해진다. 丙寅 비겁이 庚申 재성 용신을 극하는 단순한 흉신 개념을 넘어서 庚申 재성 용신을 완파하여 사망으로까지 볼 수 있다.

그런데 『적천수천미』는 3:1이나 3:2의 충이 가능하다고 보므로 丙寅 대운에 2寅은 3申에 충을 받아 제거되는 바람에 丙 比의 기세가 한풀 꺾어진 것이고 그래서 비록 형상파모의 고통은 있었지만 적어도 사망에 이르지는 않았던 것이다.

乾『명리요결』제5권	1936년
91 81 71 61 51 41 31 21 11 01	時 日 月 年
甲 癸 壬 辛 庚 己 戊 丁 丙 乙	癸 戊 甲 丙
辰 卯 寅 丑 子 亥 戌 酉 申 未	亥 子 午 子

이 명조는 건축학과를 졸업하고 토건업을 하고 있는 사람이다. 부부 사이도 유정한 편이다. 戊戌 대운에서 庚 대운까지 돈을 많이 벌었다. 그러나 子 대운에 이르러 동생을 도와주다가 30억의 부도를 내었고 위암 수술도 받았다.

앞에 『자평진전』과 『적천수천미』의 결합 장에서 나온 예문이다. 월지 午는 양인격이고 신약에 갑살甲煞은 흉신이 되므로 戊 일간의 근원 午 양인의 파손도 좋지 않다. 만일 3子 1午의 충을 인정하지 않으면 庚子 대운은 길운이 되므로 손재와 위암 수술한 이유를 알아내기 어렵다. 3子 1午를 충으로 인정해야 풀리는 예문이다.

신왕해도 갑살甲煞이 중첩하면 흉국이 된다. 寅戌 화국火局 인
수가 화살火煞 용신이다. 丁巳 대운은 丁 인印이 화살하는 길신이
다. 그런데 반신불수가 되었으니 무슨 이유인가? 여기서 寅巳 형
을 안 볼 수 없다. 만일 3寅 1巳를 불형으로 본다면 丁巳 대운에
장애인이 된 이유를 알기 어려운 것이다.

실제는 30세 丁卯년은 木운이고 卯戌 합은 寅을 움직이게 해
서 3寅 1巳 형이 작동, 巳 녹신이 파괴되어 반신불수가 된 것이
다. 다행히 천간 丁 인수가 어느 정도 화살작용을 해서 사망은
면했다.

고등학교 물리선생을 하다가 46세 庚寅년 중풍으로 사망했다.(2010년 3월 30일 己卯월 己未일 丙寅시) 손위 형 1명, 아들 1명이 있다.

3巳 겁재가 가득하고 午월에 태어나 火 태왕하다. 1점 壬 관官이 용신인데 土 식상이 없고 2乙 인印이 壬 관을 돕고 있어서 자그마한 길국은 형성된 명조이다.

戊寅 대운은 戊 상관이 나와서 흉신이 되고 乙 인印은 戊 상관을 방어하는 길신이다. 寅은 戊 식신의 장생이고 양을인兩乙印의 근원이다. 寅巳 형으로 寅의 파손은 戊 상관과 乙 인이 다 손해이지만 이때는 누구의 손해가 더 큰가 가린다. 인사 형으로 巳는 발동하고 寅은 손상된 것이므로 戊 상관은 장생을 버리고 녹신을 얻은 것이고 乙 인은 뿌리를 잃어 무기력해진 것이므로 乙 인의 손해가 더 크다. 乙 인은 유명무실해지고 戊 상관은 壬 용신을 극하는 흉을 짓는다. 戊寅 대운은 寅巳 형 때문에 흉 대운이 된다.

46세 庚寅년은 3巳 2寅 형이고 여전히 寅이 손상된다. 흉 대운 흉 세운이고 庚寅년은 戊寅 대운의 시점이다.

乾 『사주임상록』(p.277)			1934년			
10 91 81 71 61 51 41 31 21 11			時	日	月	年
甲 乙 丙 丁 戊 己 庚 辛 壬 癸			戊	丙	甲	癸
寅 卯 辰 巳 午 未 申 酉 戌 亥			子	子	子	酉

32세 甲辰년 결혼했고, 34세 丙午년 딸을 낳았다. 37세 己酉년에

상처했고, 38세 庚戌년에 재혼했다. 39세 辛亥년에 아들을 낳았
다. 酉운 중에 노름으로 하루 저녁에 쌀 150가마 값을 잃고 화병
으로 40세 壬子년 아들 돌을 지내고 죽고 말았다.

월지 子에서 투출한 癸 정관이 용신이고 戌 식신은 기신이고
甲 인수는 희신이다. 연간 癸 정관은 안전하지만 지지에 子酉 파
가 있다. 이것은 子 관성과 酉 재성의 전투가 일어난 것이다. 子
정관이 손상되어도 불리하고 酉 재성이 손상되어도 또한 불리하
다. 그래서 입관하지 못했다.

원국 3子 1酉의 子酉 파는 酉 재財가 손상되므로 파재破財의 상
이다. 辛酉 대운은 3子 2酉이지만 자유 파는 작동된다. 40세 壬子
년은 4子 2酉이다. 이 역시 자유 파가 작동한다. 子가 왕하여 酉
재성이 파괴되고 무너지므로 재산 손실이 크고 또 신약관왕은 관
성이 병인데 40세 壬子년에 壬 편관까지 나타나므로 사망했다.

乾 만리랑萬里浪 　　　　　　　　　1908년

99 89 79 69 59 49 39 29 19 09	時 日 月 年
辛 庚 己 戊 丁 丙 乙 甲 癸 壬	甲 甲 辛 戊
未 午 巳 辰 卯 寅 丑 子 亥 戌	戌 戌 酉 申

27세 甲戌년(1934) 감옥에 들어갔고, 32세 己卯년(1939) 己巳월에
왕정위 암살 실패로 감옥(5차)에 들어갔다. 6개월 이후 9월 甲戌
월 석방되고 동년에 왕기정부汪記政府 정보부政保部 차장과 76호
제일처第一處 처장을 맡았다. 38세 乙酉년 국민정부國民政府에 의

해 한간죄漢奸罪로 수감되었고, 39세 丙戌년 丙申월 辛酉일 총살 당했다. (교운 양 9세 2월 16일 19시)

27세 甲戌년에 감옥에 들어갔다면 3戌 1酉의 해害 작용을 생각해 볼 수 있다. 戌이 酉 정관격을 손상하면 관사 아니면 사망이 일어난다. 즉, 원국 2戌 1酉은 천해穿害가 불가하나 甲戌년에 3戌 1酉가 되면 천해 작용이 가능하다. 3戌이 酉를 궁지에 몰고 극하는 것이다. 39세 丙戌년에 사망한 것도 酉戌 해가 작동한 것이다.

이상과 별개로, 만리랑 자료 속에 있는 한 문장을 살펴보겠다. 만리랑의 이 사주를 학금양이 한 번 본 적이 있는데, 단건업의 질문에 학금양이 다음과 같이 대답했다.

段問 : "甲木秋生, 無根無印, 應以從格看, 爲什麼行甲子運見水吉,
　　　行乙丑運見土金反凶呢?"
郝答 : "我們看命與明眼人不同, 旣不講格局, 也不論用神, 只對口訣
　　　"甲生酉月身喜水潤, 乙生酉月用火攻 … 旣簡捷, 又淸楚.[109]"
　　　–『명리진결도독命理眞訣導讀』

학금양은 사주를 구결口訣로 본다면서 甲생 酉월은 水를 희喜하고 乙생 酉월은 화공火功을 써야한다고 했다. 이 두 구결은 월지 정관과 편관을 중심으로 간명하는 내용이다. 『연해자평』에서부터 월지를 용신이라고 했고 월령제강을 충하면 열 중 아홉은 다 흉하다는 '월령제강불가충 십충구명개위흉月令提綱不可衝 十衝九

109) 旣簡捷, 又淸楚 : 간단하지만 정확하다는 뜻.

命皆爲凶' 사상은 7대 명서 중에 『궁통보감』을 제외하고 상위 6대 명서가 다 공감하고 있는 법칙인데 맹사들도 월령을 중히 보았다는 심증이 드는 문장이라 실로 주목된다.

또 己卯년의 출옥 시점을 乙亥월로 보았는데 극기剋己하기 때문이라고 했다. 또 庚辰월 역시 출옥 운인데 庚 충 甲 때문이라고 했다. 합을 극하면 합이 풀어진다는 논리를 적용하고 있는 것이다.

이외 학금양은 己卯년 사건을 甲己 합 재성財星 합국合局, 편재偏財로 인한 금품 갈취 사건으로 보았고, 사안이 위험하다 했다. 또 卯戌 합과 戌酉申 일당이 연합하여 卯酉 충이 가능한데 이 충은 관방(金)에 잡히는 것이라고 했다. 격국법에서는 월지 酉 정관격의 운을 간명할 때는 묘술 합 때문에 충이 불가하다고 할 수 있지만, 일상적 사안인 관방에 포획되는 것 등을 볼 때는 월지 합의 유무와 상관없이 卯酉의 양자 세력이 충한 결과로 사안을 유추할 수 있는 것이다.

계속해서 1자 대 3자의 전극 설명을 이어가겠다. 그런데, 1子 3午의 충 중에서도 좀 특별한 것이 있다. 자오 충은 원래 午火가 손상되나 午가 주변에 土를 끼고 있으면 土의 작용에 주목해야 하는 사례들이 나타나고 있는 것이다.

실제 1子 1午의 충에서 午中己土의 작용력은 별로 없어서 午가 손상된다. 그러나 子나 午가 戊己土를 끼고 있으면 子水가 손상되었던 자료들이 있는 것이다.

坤 『명리요강』(p.352)		1918년		
91 81 71 61 51 41 31 21 11 01		時 日 月 年		

丁戊己庚辛壬癸甲乙丙　　戊戊丁戊
未申酉戌亥子丑寅卯辰　　午午巳午

초년 甲寅 운에 출가하여 1남 1녀를 출생하고 요족堯足한 가정이
더니 癸운 초에 상부喪夫하고 子운 (49세) 丙午년에 거세去世했다.

火土가 한 덩이리가 되어 종왕격이다. 壬子 대운은 3午 1子이
다. 원국은 午가 戊를 이고 있는데 子午 충으로 子 재성이 손상
된 것으로 보아야 하는 자료이다. 임철초가 월지 午가 보조 세력
1자만 얻으면 午剋子가 된다고 했던 논리에 힘을 받을 수 있는
자료이다.

일단 여기서 고대의 논리처럼 3午 1子는 子午 충이 불가하다
고 한다면 子 재성은 무고하고 무고하면 정격으로 바뀔 것이다.
그렇다면 壬子 대운 壬 재財는 극을 받아도 子는 손상되지 않으
므로 최소한 사망은 아닐 것이라는 반론에 부딪히게 된다. 그러
므로 3午 1子 충은 일단 성립된 것이고 子가 손상된 것으로 보아
야한다. 그렇다면 평상시 3午 1子 충에서 모든 子는 반드시 손상
되는 것일까? 그런데 다른 3午 1子의 자료에서는 子가 안전했었
던 자료가 있다.

乾 『적천수천미』「팔격八格」									時 日 月 年
庚 辛 壬 癸 甲 乙 丙 丁 戊 己									甲 丙 庚 己
申 酉 戌 亥 子 丑 寅 卯 辰 巳									午 午 午 巳

초년에 己巳, 戊辰 대운은 火를 설洩하고 金을 생하니 부모 유산이 풍성했다. 丁卯, 丙寅 운을 지나면서 土金의 희용신喜用神이 모두 상상傷하고 녹祿을 3차례 만나 네 아들은 극했으며 가업은 완전히 깨어졌다. 乙丑운이 되어서야 북방北方의 습토濕土를 만나서 火를 어둡게 하고 金을 생하고 다시 또 합화合化의 작용이 유정有情하니 경영하는 일로 큰 이익을 얻었고 장가를 들어 아들도 얻었으며 다시 가업을 일으켰다. 甲子, 癸亥는 水운이라 土를 적셔주고 金을 길러주어 수만금을 벌어들일 수 있었다. 만약 이 사주를 비천록마격이라고 한다면 水 대운은 크게 불리했을 것이다.

월지 午에서 己가 투출하여 상관격이다. 상관은 재財를 좋아하므로 상관용재이고 이 명조는 己庚을 잘 살려야 한다. 그런데 火 비겁이 태중한 것이 흠이다. 따라서 丁卯, 丙寅 비겁 대운에서는 木에 의해 土가 극을 받고 또 庚 재성도 녹아버리므로 온갖 고통이 이루 말할 수 없었다. 북방운을 만나자 비로소 火 비겁의 세력이 식어지므로 길운으로 간 것이다.

甲子 대운은 3午 1子 충인데 子가 손상되었다면 火 비겁의 흉작용이 이만저만이 아니었을 것인데도 불구하고 사업이 더욱 발전했다면 子는 손상이 없었던 것으로 보아야 한다. 그렇다면 앞의 명조는 子가 손상되었고 이 명조는 子가 안전했는데 그 이유

가 무엇일까? 여기서 유백온의 子午 충에 대한 이론을 다시 한 번 더 거론할 필요가 있다. 『적천수천미』「논세운」하위충何爲沖에서 나온 유백온의 비문이다.

예컨대 子운 午년이 되면 이르되 운運이 세歲를 충한 것이다. 일주가 子를 기뻐하면 곧 子를 돕는 운이 길하고 또 연年의 간두幹頭가 午를 제하는 신을 얻어야 한다. 혹 午의 무리(黨)가 다多하고 간두 戊, 甲을 만나면 반드시 흉하다.[110]

유백온은 지지 충만 중요한 것이 아니고 충과 관련된 천간의 한 글자도 충에 영향을 준다는 문장을 남긴 것이다. 특히 이 문장에서 子가 길신인데 子午 충의 午 천간에 戊가 있으면 흉하다고 한 것은 子가 파괴된다는 의미로 해석된다.

이런 유백온의 논리로 위 두 사례를 분석하면 앞의 자료 戊午의 子午 충은 子가 손상되고, 이 자료 甲子의 子午 충은 午 위나 子 위에 戊가 없어서 子가 안전했으므로 자오 충은 천간 戊甲에 의해 영향을 받는다는 것을 알 수 있다. 그리고 원칙적으로 子午 충은 子가 午를 충하는 것이지만 주변의 정황에 따라 반대로 午 剋子도 가능하다는 것을 알 수 있다.

천간이 직하 지지에 영향을 준다는 논리는 『삼명통회』에서 여러 번 등장한 바이지만 아래 자료 역시 戊子년 子上에 戊土가 있어서 子가 불리했던 자료이다.

---

110) 『滴大髓闡微』「論歲運」"何爲沖如 : 子運午年 謂之運沖歲 日主喜子 則要助子 又得年之幹頭 遇制午之神 或午之黨多 幹頭遇戊甲字者必凶."

乾 1954년

97 87 77 67 57 47 37 27 17 07	時 日 月 年
庚 己 戊 丁 丙 乙 甲 癸 壬 辛	戊 丙 庚 甲
辰 卯 寅 丑 子 亥 戌 酉 申 未	子 午 午 午

동일 명조가 두 사람이 있다. 한 사람은 甲戌 대운에 뇌종양 발병했다. 한 사람은 태어나면서부터 심장이 약해 평생 고통을 받았다. 39세 癸酉년 심장병이 더욱 악화되었고, 40세 甲戌년 위암으로 사망했다.

양인격, 子午 충은 子가 건조함을 적시는 용신이다. 그런데 천간 戊土 때문에 子가 손상된 것으로 보아야 한다. 甲戌 대운 戊土운은 시간 戊가 도림한 것이다. 子 관성이 파괴되는 시점이다. 이때 한 사람은 뇌종양으로 고생하고 한 사람은 40세 甲戌년에 사망했으니 戊土 운이 확실히 좋지 못한 것이다.

乾『적천수천미』「간지총론干支總論」(p.60)	時 日 月 年
戊 丁 丙 乙 甲 癸 壬 辛 庚 己	戊 戊 戊 戊
辰 卯 寅 丑 子 亥 戌 酉 申 未	午 戌 午 子

초년 己未운에서는 온갖 고통이 많았다. 庚申, 辛酉운에 이르자 戊土의 기운을 인화引化시켜 매우 좋은 인연을 만나 결혼하여 아들도 낳았고 일도 성공해서 가세를 일으켰다. 한번 壬戌 대운으로 바뀌자 水는 통근通根하지 못하고 또 午戌이 화국火局으로 변

하면서 큰 화재를 당해서 다섯 식구가 모두 죽고 말았다.

여기서도 子午 충을 子의 손상으로 보아야 한다. 庚申, 辛酉 대운은 잘 살았기 때문이다. 壬戌 대운 壬 재성은 파괴되고 午戌 합이 연합하여 子를 파괴하는 시점이 되어 사망했다.

坤 1977년

86 76 66 56 46 36 26 16 6,6				時 日 月 年			
乙 甲 癸 壬 辛 庚 己 戊 丁				甲 丙 丙 丁			
卯 寅 丑 子 亥 戌 酉 申 未				午 午 午 巳			

27세에 癸未년 결혼하여 자식은 낳지 못했다. 31세 丁亥년 백혈병 진단, 32세 戊子년 사망했다.[111]

종세는 왕신을 따라서 한다. 戊申 대운의 戊土는 왕신을 누설하므로 길하지만 申金 재성이 巳와 申巳 형이 되면 파재파신破財破身의 사건이 가능하다. 그런데 안전했다면 천간 戊土가 화토금 상생의 작용을 한 것으로 보인다.

己酉 대운 역시 길운인 듯하나 통관신 己 상관이 甲 인印에 합극 당하므로 巳酉 금국金局 재성이 왕화에 파괴당하므로 흉 대운이 된다.

31세 丁亥년 巳亥 충은 亥水가 왕화를 식혀주는 북방 세운이라 일단 대해는 없다. 그러나 巳에는 戊土가 암장되어 있고 또

111) 역학동 http://cafe.daum.net/2040/N9bm/74

亥中甲木은 사해 충 수극화를 수목화로 상생하는 작용이 있으므로 火旺한 상태에서 巳亥 충은 水가 초간焦幹을 입어 서서히 고갈되므로 혈액 이상이 발생한 것이다.

32세 戊子년은 1子 3午 충이 되는데 여기서 자오 충은 子가 손상된 것으로 보아야 한다. 子午 중에 子 위의 戊土가 子를 극하므로 子水가 파괴된 것이다.

이상에서 예문에서 본 바 대로 지지 子午 충은 천간 甲이나 戊가 영향을 준다는 것을 알 수 있다. 그렇다면 앞으로 子午 충을 볼 때 戊午, 戊子, 午戊, 子辰의 戊가 끼어있으면 子가 파괴될 수 있다는 것을 염두에 두어야 할 것이다.

7. 잡기토동론雜氣土動論

辰戌丑未는 잡기雜氣, 고庫, 묘墓 등의 명칭을 가지고 있다. 진술 충, 축미 충, 축술 형, 미술 형은 대표적인 잡기 土의 동요이고 암장신 개고이다. 『자평진전』은 토동을 중요하게 생각하지만. 실제는 토동론뿐만 아니라 개고론과 12운을 마스터하지 않으면 안 되는 명리학에서 잡기는 중요한 한 챕터이다.

잡기 명조는 길흉 신을 명확하게 찾아내서 입묘入墓, 출묘出墓, 발동發動의 논리로 잡기를 풀어내면 십분 적중하는 오묘함이 있다. 명안종사들이 후배들에게 잘 알려주지 않으려 하는 부분도 개고론이다. 개고론에서 흐르는 공통적 논리를 찾아내면 적중이 매우 놀랍기 때문이다.

그런데 말이 공통적 논리이지 辰戌 충, 丑未 충, 未戌 형, 丑戌 형이 있는 명조들을 수백 수천 개 채집하여 개고 논리를 찾아내는 일은 실로 엄청난 노력과 시간과 자기 생명을 깎아내는 노고를 겪지 않으면 안 된다. 가장 먼저 여러 권의 명서 이론을 다 기억하고 있으면서 사례들을 일일이 비교 분석하여 사막에서 바늘을 찾듯 하나하나 진설을 찾아내는 것이다.

현재 명리의 진설을 찾기 위해 이런 노고를 아끼지 않고 있는 학자들 중에는 중도에 이빨이 빠지고 심지어 방광암, 전립선암으로 고생하는 학자들도 있다. 그렇다보니까 수십 년 노력해도 완성을 하지 못하고 결국 포기하는 사람도 부지기수이다. 또 설사 진설을 찾았다고 자부하는 학자들도 그동안 자신이 채집하지 못 했던 새로운 사례가 속속 나오고 있고, 거기에 부합하도록 수정 하면 여기가 안 맞고 여기에 부합하면 저기가 안 맞는 경우가 허 다하므로 제 3자가 보면 언감생심 아직 비결을 완수했다고 할 수 없는 정도들 뿐이다. 실로 50만 4천여 개의 명조에 흐르는 진眞논 리를 찾아내는 것은 하늘의 별을 따는 격이 아닐 수 없다.

그런 지경이다 보니, 현재 전 세계적으로 오직 하중기 1명만이 구결을 가지고 있었을 뿐이다. 안타깝게도 그 조차도 가까운 제 자에게도 전해주지 않고 1998년 戊寅년 납월에 가버리는 바람에 중국, 한국, 일본 동양 삼국에서는 누가 이렇다 할 만한 구결 완 성을 한 사람이 없는 추세이다. 다만 현재 다수의 학자들이 구결 완수를 위해서 고군분투하고 있는 것만은 분명하다.

그러므로 현재로서는 수많은 필수 논리 중에 단 하나의 진眞 논리를 찾는 것만 해도 명리학계에서는 매우 반갑고 희귀한 일 이 아닐 수 없다. 필자 역시 수많은 임상자료를 가지고 辰戌丑未 4고 중에 흐르는 진 논리를 찾으면서 지낸 지 수십 년이 지난 연 후에야 4고에 공통으로 흐르는 이법理法을 하나 둘씩 발견하고 있는 중이다.

명리는 8자와 대운까지 10자 안에서 인생사 모든 것을 읽어내 는 학문이므로 일자다의一字多意적 개념을 가지고 해석해야 한다. 잡기도 마찬가지이다. 辰戌 충은 수극화 토극수가 동시에 일어나 기 때문에 한 가지 작용만 아니라 辰戌 충이 되면 암중에서는 수 극화가 일어나고 또 토가 동하여 수를 극하는 토극수도 일어나므로 수의 작용도 절반으로 줄고 화의 작용도 절반으로 줄어드는 경향이 있다.

또 사고의 형충은 토동하고 월지의 토동은 천간 상생상극에 영향을 준다. 또 辰丑월에서 투간한 壬癸는 형충파해가 없어도 진토극수辰土剋水, 축토극계丑土剋癸가 가능하다. 『자평진전』에는 진토극수에 대한 문장이 여러 곳에 나오고 있다. 그중 일부는 다음과 같다.

"잡기 칠살七煞은 간두에 재財가 불투해야 청용淸用이 되고 또한 귀貴가 된다.[112]"

"丙생 辰월이 투계透癸는 관官이고 또 투을透乙는 인印이 된다. 관인官印이 상생하고 乙 인은 또한 능히 진중암토辰中暗土를 보내서 청관淸官이 되었다. 이것은 양간 병투하여 유정有情에 부합한 것이다.[113]"

위쪽 문장은 잡기 칠살이 청용淸用이 되는 이유를 설명한 것인데, 여기서 청용이 되는 이유는 월지 辰土 식상의 작용 때문이다. 월지 辰土는 본기本氣이고 戊土에서 암장신이 투간했기 때문에 본기 戊土는 투간신 水에 대해 일부분 제어력이 있다는 것이다.

두 번째 문장 辰에서 癸 정관이 투출했을 때 乙 인印이 辰土

---

112) 『자평진전』「논칠살」 "更有雜氣七煞 干頭不透財以淸用 亦可取貴."
113) 『자평진전』「논잡기여하취용」 "丙生辰月 透癸爲官 而又透乙以爲印 官與印相生 而印又能去辰中暗土以淸官 是兩干竝透 合而有情也."

식신을 극하는 것이 정관과 인수가 유정한 관계가 된다는 것도 辰土 식신이 투출한 癸 관官에 영향을 미친다는 것을 전제하고 설명한 것이다.

위 이론을 증명하듯 辰월 임살壬煞이 乙 인수를 만나 사망한 자료가 있다. 살격은 인수 운을 만나면 길한 법인데도 인수 운에 사망한 것은 인수가 辰土 식상 용신을 극해서 흉이 된 것 외에 다른 이유를 찾을 수 없다.

乾『명리요론』제4권(p.171)			1931년			
92 82 72 62 52 42 32 22 12 02			時	日	月	年
壬 癸 甲 乙 丙 丁 戊 己 庚 辛			壬	丙	壬	辛
午 未 申 酉 戌 亥 子 丑 寅 卯			辰	申	辰	未

초년 木 대운, 군 장교로 입대하여 丁亥 대운에 중령으로 예편하고 한동안 고생하다가 丙戌 대운에 巨金을 손에 넣었다. 부동산 투기로 성공했다. 86년 丙寅년(56세)부터 부인과 별거하고 소실을 두고 생활하다 癸酉년(63세)에 뇌출혈로 쓰러졌다. 수술 후 안정이 되는 것 같다가 95년 乙亥년(65세) 11월(丁亥)에 다시 쓰러져 수술 도중 사망했다. 자식이 불량했고 재산을 쓰지 못하고 그대로 두고 죽었다.

잡기 壬 편관격이 辛 재성을 끼고 있어서 재살이 다 있어 비록 이것만 보면 흉상이지만 운이 좋으면 부富는 성취할 수 있다. 그리고 다행히 임살壬煞이 중첩하나 월지 辰土가 진토극수로 제살하고 있어서 길국이 형성되었다. 대운 또한 己戊丁 편관 제복 운으로 가므로 중령까지 올라갔다.

원국은 춘월에 3개 土가 중중하다. 丙戌 대운은 진술 충만 있으면 戌火 겁재가 손상되므로 불리한 형국이나 다행히 미술 형이 있어서 木火가 개고되고 토동하므로 戌土 식신이 잘 작동할 수 있었다. 이러한 辰戌 충, 未戌 형은 부동산 발재를 뜻한다.

乙酉 대운은 乙 인수격이 되고, 연간 辛 재성이 乙 인印을 극하는 상이 있다. 乙 인수는 수명과 관련이 있는 육신이다. 壬 편관이 62세 壬申년, 63세 癸酉년을 만나면 재관이 왕해지므로 흉 세운인 것은 분명하다.

65세 乙亥년은 乙 인수가 유근하여 뿌리가 깊다. 대운의 乙 인印이 복구되고 亥未 목국木局까지 번성하므로 화살化煞하는 길 작용을 할 것인데 사망했다. 도대체 무엇 때문에 사망인가?

여기서 乙 인수가 길신인가? 흉신인가부터 가려져야 한다. 본래 천간에 있는 인수는 화살하는 길신이지만 만일 辰土 식신이 제살작용을 하고 있다면 乙 인수는 흉신이 된다. 그렇다면 辰土 식상이 작동하는가 마는가는 乙 인수운이 길했는가 흉했는가로 판가름이 난다. 그런데 乙 인수 대운 乙 인수 세운에 사망했으므로 辰土 식신은 작동하고 있었던 것이다.

乙亥년의 乙 인수는 뿌리도 깊은 인수이다. 즉, 제살하는 辰土를 乙亥 인수가 극하는 것은 곧 편관의 용신 식상을 제거한 것이라 대흉이 된 것이다. 丁亥월 역시 亥未 목국木局 인수가 왕성한 월이다.

乾 1942년

95 85 75 65 55 45 35 25 15 05	時 日 月 年
甲 癸 壬 辛 庚 己 戊 丁 丙 乙	壬 乙 甲 壬
寅 丑 子 亥 戌 酉 申 未 午 巳	午 巳 辰 午

54세 乙亥년에 중풍으로 쓰러졌다. 57세 戊寅년, 투병하다 사망했다.

월지 辰土에서 壬 인수 길신이 투출해서 진토극수이다. 진토 재성은 격이 되지 못하면서 壬 인수를 제하는 흉신으로 작용한다. 그러므로 甲 겁재는 진토 재성을 극하는 희신이 된다.

己酉 대운 甲己 합은 甲을 제어하므로 진토극수가 작동하여 흉하다. 54세 乙亥년, 巳酉 금국金局 관성이 극목하므로 乙 비견도 손상되어 중풍이 왔다. 木은 왕해도 중풍이 오고 손상되어도 중풍이 온다.

庚戌 대운 戌은 진토 재성의 묘지墓地이므로 토기土氣가 무기력하여 길운일 듯하지만 午戌 합이 되면 입묘入墓가 아니고 발화發火의 운이 되므로 진토 재성은 더욱 왕성해져서 진토극수의 시점이 된다. 庚 정관이 甲 겁재를 극하는 것도 좋지 않다. 진토극수가 작동하는 대운이다.

57세 戊寅년에는 戊 재성이 장생을 만나 최왕해지므로 壬水 인수에게 불리한 세운이다. 壬水 인수 용신이 손상되어 사망했다.

살용식제煞用食制는 노재투인露財透印을 요하지 않는다. 재財는 능히 식신을 굴려서 살을 생하고 인수印綬는 능히 식신을 보내서 살을 보호하기 때문이다. 그런데 재가 앞에 있고 식신이 뒤에 있으면 재생살이 곧 식신의 제가 되고, 혹 인수가 앞에 있고 식신이 뒤에 있으면 식신이 태왕해도 인수로 제하므로 곧 대귀를 이루게 된다.[114]

乾『자평진전』탈승상脫丞相									時	日	月	年
甲	癸	壬	辛	庚	己	戊	丁	丙	乙			
寅	丑	子	亥	戌	酉	申	未	午	巳			
										戊	丙	甲	壬
										戌	戌	辰	辰

탈승상은 辰中 암살暗殺이 壬으로 투간했다. 戊는 사지에 앉아서 식신태중食神太重이고 甲 인印이 투간한 상태이다. 따라서 태과太過를 덜게 되니 어찌 귀격貴格이 아니겠는가?[115]

잡기 칠살이 재성이 없어서 귀격이 되고 승상이 된 사례이다. 월지 辰에서 戊 식신이 투출했고 壬 편관도 투출했다. 戊 식식이 태중하여 제살태과, 식신이 흉신이 된다. 戊 식신이 뒤에 있어서 노년이 불미한 상인데 다행히 앞에 甲 인수가 戊 식신을 극해주어 노년의 식신을 걱정하지 않아도 된다는 뜻이다. 戊 식신은 본래 본격인데도 불구하고 甲의 극으로 퇴위되고 壬 편관이 주격이

---

114) 『子平眞詮』「論偏官」"煞用食制, 不要露財透印, 以財能轉食生煞, 而印能去食護煞也. 然而財先食後, 財生煞而食以制之, 或印先食後, 食太旺而印制, 則格成大貴."
115) 『子平眞詮』「論偏官」"如脫丞相命, 壬辰, 甲胡, 丙戌, 戊戌, 辰中暗煞, 戊壬以透之 戊坐四支 食太重而透甲印 以損太過 豈非貴格 若煞强食淺而露印 則破局矣."

된다. 투간회지는 본격이라 해도 청清하지 않으면 격이 되지 않기 때문이다.

여기서 진술 충은 토동하여 辰土 식신이 작동하나 이 또한 甲에 극을 받으므로 여기서 토극수는 별 의미가 없지만 사지四支에 土 식상이 4개 중중한 편이고 제살태과하여 토 식상은 흉신이 되므로 火 역시 흉신을 돕는 인자이다. 이때 진술 충 수극화는 약간이라도 火를 절감시키는 역할을 한다. 대운이 壬 편관을 돕는 서북 金水 재관운으로 60년간 흘러가서 승상이 되었다.

이처럼 辰土 丑土에서 투출한 壬癸水는 辰丑土가 여전히 영향력을 행사하고 있는 특수한 관계로 이해해야 한다. 이외에 명서를 오랫동안 보다보면 저자들이 미처 생각하지 못했던 부분들이 발견되고 또 어떤 경우는 보는 법을 바꾸어야 하는 경우도 있으므로 명리는 선생을 잘 만나는 것이 대단히 중요한 일이라 하겠다.

乾 서락오 1886년　　　　10대운

00 90 80 70 60 50 40 30 20 10	時 日 月 年
壬 辛 庚 己 戊 丁 丙 乙 甲 癸	丙 丙 壬 丙
寅 丑 子 亥 戌 酉 申 未 午 巳	申 申 辰 戌

47, 48세(壬申, 癸酉)에 상해에서 발생한 1 · 28사변으로 모든 것을 잃고 말았다. 63세 戊子년 상해에서 심장병으로 사망했다.

壬辰의 임살壬煞이 묘墓에 앉아서 나약하나 申辰 합은 임살을 왕하게 한다. 辰戌 충 수국화는 火 비겁이 손상된다. 왕수旺水가

약화弱火를 극하기 때문에 이것이 사망 간점이다. 辰戌 충은 토동
이라 辰土 식신이 壬 편관을 제하는 용신이지만 火가 파손되어
흉한 상태이다.

戊戌 대운 戊 식신 용신은 戌 묘지墓地에 앉은 것이라 흉 징후
중에 하나로 볼 수는 있으나 묘에 집착해서는 안 된다. 寅午의
합이나 丑未의 형도 없으므로 戌운은 손상된 연지 戌의 복구가
아니고 辰戌 충으로 戌火가 손상되는 시점임을 뜻한다.

63세 戊子년은 辰과 같다. 子가 辰을 인동시켜서 남아있는 최
후의 戌火마저 제거해버린다. 그래서 심장이 정지되었다.

乾 1916년

99 89 79 69 59 49 39 29 19 09		時	日	月	年
癸 壬 辛 庚 己 戊 丁 丙 乙 甲		己	己	癸	丙
卯 寅 丑 子 亥 戌 酉 申 未 午		巳	酉	巳	辰

부자 명조. 午 대운 己巳년(14세) 결혼. 未 대운 庚辰년(25세) 癸亥
생과 재혼. 자식 셋(장자: 戊子생, 二子: 丙申생) 三女(장녀: 辛巳생)을
두었다. 토건업으로 대부大富됨. 戊 대운 庚戌년(55세) 戊寅월 戊
寅일 위암으로 사망.[116]

식신생재, 신왕한 명조이고 火土가 왕하다. 己 겁재 흉신이 癸
재財를 극하는 것이 이 명조의 간점이다.

戊戌 대운 辰戌 충은 火土가 동하여 辰水가 손상된다. 왕화토

---

116) 역학동 http://cafe.daum.net/2040/MsI/47285

(旺火土)가 약수弱水를 파손하는 것이고 흉한 일이다. 庚戌년은 진
술 충으로 水 재財가 손상되는 시점이다. 戌 묘지墓地에 집착할 문
제가 아닌 것이다. 55세 庚戌년의 戌土 비겁 흉운이 작동해서 사
망했다.

乾 1971년

95 85 75 65 55 45 35 25 15 05	時 日 月 年
己 戊 丁 丙 乙 甲 癸 壬 辛 庚	壬 丙 己 庚
亥 戌 酉 申 未 午 巳 辰 卯 寅	辰 午 丑 戌

국민은행에서 능력있는 사람으로 인정받고 있다. 은행에서 외국
에 유학을 보내주어 37세 丙戌년 현재 유학 중이다. 2자가 있다.
부인은 치과의사이다.

庚 재성이 임살壬煞을 대帶하고 있으므로 재생살이고 己 상관
은 제살하는 용신이다. 연지, 시지의 辰戌 충은 불가하나 丑辰 파
는 가능하고 이것은 土水가 동하는 것이다.

壬辰 대운에 거듭 임살이 유근한 채 나타나서 매사 불발하는
운처럼 보인다. 그런데 다행히 壬이 辰 묘지에 앉아서 기본적으
로 壬은 무기無氣하고, 辰 대운의 진술 충은 가능하나 寅戌 합을
충하는 辰戌 충은 火 제거가 아니고 토동이다. 土 식상이 동하면
임살은 찌그러지는 것이므로 壬辰 대운은 辰土 때문에 최대 길운
이 된다.

午가 처궁이고 午戌 합이 발동하여 己 식상을 왕하게 하므로

처 역시 능력이 있는 사람이다. 정관, 편관이 있는 명조는 『연해자평』과 『자평진전』을 보고 따로 관성간법을 마스터해 두어야 한다.

乾 1988년 16:26(출생 시)

99 89 79 69 59 49 39 29 19 09			時 日 月 年
甲 癸 壬 辛 庚 己 戊 丁 丙 乙			甲 乙 甲 戊
子 亥 戌 酉 申 未 午 巳 辰 卯			申 未 寅 辰

19세 丙戌년(2006) 2월 고등학교를 졸업한 뒤에 노래방에 한두 달 알바를 나갔다. 8월 (丙申월) 어느 날 알바 끝나고 주인 차를 빌려서 귀가 도중 5분도 채 가지 않아서 밤 11시경, 횡단보도를 건너던 사람을 치어 젊은 남자를 사망케 했다. 5개월간 구속, 피해자 가족과 합의 후 집행유예 1년을 받았다. 합의금 2억 들음. (교운양 9세 2월 16일 16시)

월겁격에 戊辰 재성이 용신인데 2甲 겁재 흉신이 있다. 군비중중은 이 명조의 흠이다. 다행한 것은 戊 재財가 辰 관대에 앉았기 때문에 土 재성이 왕하다는 것이다. 다만 신왕재약의 상은 불변이므로 土 재성을 돕는 운이 길하다.

丙辰 대운은 戊辰의 복음이다. 이 10년은 길운이고, 재운도 작용한다. 다만 辰에서 水 인수도 보이므로 이것은 소흉이 잠재된 사안이다. 그러나 辰土 대운이고 대운에서 水 인수는 작동하지 않으므로 흉 대운이 아니고 길 대운이다.

19세 丙戌년은 丙 상관이 묘지에 앉았다. 火土가 나약한 듯하나 인술 합이 있어서 묘지를 벗어났다. 길한 세운처럼 보이나 인술 합이 있어도 진술 충은 작동하므로 火 식상의 손상은 불가피하다. 戌火 손상은 곧 戊土 재성의 손상이기 때문에 흉이 일어난다. 丙戌년은 흉 세운인 것이다. (未戌↔辰 辰申→寅)

戌년이 辰과 충해도 申辰 해합은 불가하므로 戌火가 손상된다. 그리고 辰戌 충이 작동하면 인동하여 寅申 충도 작동되므로 왕성한 土金이 寅 겁재를 파괴한다. 丙戌년은 흉목 비겁을 제거하므로 목의 흉은 제거했지만, 辰戌 충 수극화로 火 식상 길신의 손상은 좋지 않다. 그래서 인명을 해치고 손재도 컸던 것이다. 여기서 사망한 사람은 土 재성으로 본다.

8월 丙申월은 申辰 수국水局이 작동하여 수극화의 사고 시점이다. 대운은 길하지만 연운, 월운의 흉은 소흉이다. 土 파괴는 5의 손해를 뜻한다. 5년은 아니고 5개월간 감옥이다.

乾 1998년 17:17(출생 시)

93 83 73 63 53 43 33 23 13 03	時 日 月 年
甲 癸 壬 辛 庚 己 戊 丁 丙 乙	甲 乙 甲 戊
子 亥 戌 酉 申 未 午 巳 辰 卯	申 巳 寅 寅

21세 戊戌년 군 입대해서 무탈하게 잘 지냈었다. 22세 己亥년 10월 현재 아직 복무 중이다.

甲 겁재는 흉신이고 戊 재성은 용신이다. 丙辰 대운 21세 戊戌년은 戊 재財 용신이 묘지墓地 戌에 좌한 것이라 戊 용신이 무기

력해 보인다. 寅戌 화국火局이 土를 도울 듯하지만 戊戌년 辰戌 충이 申辰 합과 寅戌 합을 해합하고 암중에서 辰戌 충 수극화가 작용할 태세이다. (巳↔寅戌↔辰申→寅)

그런데 계산식 완성 이후에는 반드시 종합적인 간명이 이루어져야 한다. 이 명조가 앞 명조와 다른 것은 丙戌년이 아니고 戊戌년이라는 것이다. 戊는 丙의 다음 단계이다. 戊戌은 丙火가 戊土로 변하여 단단하게 결성된 土의 시점이므로 辰戌 충 토극수의 순간 水를 극하는 土의 힘은 丙戌보다 강력하다. 戊戌년의 辰戌 충에서 일어나는 수극화는 미약하고 토극수는 강한 것이다. 그러므로 戊火의 손상은 미약하고 辰水의 손상은 크다. 결과적으로 戊戌년은 2개의 寅 겁재가 파괴되어 木 비겁이 제어되고 戊土 재성은 의연히 작동하는 길년이다.

8월 庚申월, 寅 겁재가 손상된 마당에 수국水局 인수가 일어나도 戊土 재성이 충분히 방어할 수 있다. 혹 월운에서 水가 작동하여 흉이 일어난다 해도 월운, 일운의 흉은 작은 사건에 불과하므로 큰 문제가 없다. 그리고 申월에 甲 겁재는 무기력하다. 그러므로 아무 일 없이 군대생활을 잘했다.

坤『사주임상록』(p.132)	1945년
91 81 71 61 51 41 31 21 11 01	時 日 月 年
乙 甲 癸 壬 辛 庚 己 戊 丁 丙	丙 戊 乙 乙
未 午 巳 辰 卯 寅 丑 子 亥 戌	辰 申 酉 酉

50대 재벌에 들어가는 모 재벌 부인 박 여사가 '이O예' 이름과 사

乙 정관이 중첩되므로 월지 酉 상관은 길신이고 酉 상관을 제하는 丙 인수는 기신이다. 개고명을 제대로 간명하려면 우선 명조 내에서 길흉 신을 사전에 명확하게 가려내야 하는데 천간의 길흉 신을 명확하게 가려주는 명서는 『자평진전』밖에 없다. 여기서 丙 인印은 기신인데 辰 관대에 앉아있기 때문에 흉신의 힘이 제법 있다.

丙戌 대운은 丙 인수 기신이 술묘戌墓에 앉아서 약화된 것이고 또 辰戌 충은 남아있는 잔여 열기 戌火를 끝까지 제거한다. 丙 인印이 작동 중지되면 丙戌 대운은 酉 상관이 길신으로 작동한다. 乙 중관이 청淸해지므로 조년 丙戌 대운 10년은 길운 선언이 가능하다. 다만 戌은 戊 일간의 근원이기도 하고 묘지墓地이기도 한데 辰戌 충으로 戌火 손상은 곧 戊 일간의 근원이 손상을 입는 것이다. 결론적으로 丙戌 대운 10년은 길과 흉이 다 있는 대운으로 통변한다.

丙戌 대운은 酉 상관 용신이 작동하는 대운이라고 이미 언급했다. 그런데 양을兩乙 정관이 하필 양유兩酉에 앉아있는 상을 보이고 있다. 만일 1酉만 작동하면 중관을 해소한 것이라 별 문제가 없지만 양유가 동시에 작동하면 양을 정관이 다 손상되는 것이므로 이것은 되레 흉이 된다. 酉는 날카로운 칼이고 乙木은 원

래 손가락 발가락, 신경을 뜻하는데 연, 월간은 상체이므로 틀림없이 손가락이다.

5세 己丑년의 丑은 양유兩酉를 작동시켜서 양을兩乙을 다 손상시키므로 흉 세운이다. 이때 酉 상관은 흉신으로 바뀐다. 세운에서 발생한 흉은 소흉이다. 또 己丑년의 水가 쇠약하다고 하나 엄연히 북방 수운인 것은 분명하므로 암중에서 水가 金의 예리함을 무디게 한다. 까닭으로 대흉은 면하고 대신 손가락 하나 잘리는 고통은 감내해야 했다. 흉운은 분명한데 흉의 강도 측정도 명리학의 한 분야임을 명심하고 연구해야 한다.

乾 1955년

92 82 72 62 52 42 32 22 12 02	時 日 月 年
乙 丙 丁 戊 己 庚 辛 壬 癸 甲	戊 戊 乙 乙
亥 子 丑 寅 卯 辰 巳 午 未 申	午 寅 酉 未

庚辰 대운에 금속 관련 사업으로 5백억을 벌었다. 己卯 대운, 55세 己丑년 부동산 건설업으로 진출했다.

양을兩乙 중관이 있고 酉월에만 칼이 있어서 酉金 식상이 안전한 용신이 된다. 金木 교역이 작동하면 발재가 크다. 金은 열매를 상징하기 때문이다. 寅午 인수가 酉 상관의 기신이기 때문에 남방운은 발전이 미미하다.

辛巳 대운은 巳火가 끼어 조금씩 발전하고 庚辰 대운 10년이 평생 가장 좋다.

己卯 대운은 卯酉 충이 卯 관성을 제압하니 길운은 분명하다.

55세 己丑년 금국金局 식상 길 세운에 건설업에 진출한 것은 시점을 잘 탄 것이고 庚寅, 辛卯년에도 발재가 있을 것이다.

乾 주원장朱元璋		1328년
93 83 73 63 53 43 33 23 13 03		時 日 月 年
壬 辛 庚 己 戊 丁 丙 乙 甲 癸		丁 丁 壬 戊
申 未 午 巳 辰 卯 寅 丑 子 亥		未 丑 戌 辰

일찍 부모구몰하고 거지, 승려, 떠돌이로 살았다. 25세 壬辰년에 곽장군의 군대에 들어가서 비로소 발신했다. 28세 乙未년 군 장악. 41세(1368) 戊申년 응천부에서 황제의 자리에 오르고 국호를 명明, 연호를 홍무洪武로 정했다. 61세(1388) 戊辰 몇 차례 대군을 파견하여 원나라의 잔존세력을 정벌하고 드디어 중국 통일을 완성하여 한족의 정통성 유지 및 전제정치를 강화하는 정책을 실시했다. 71세(1398) 戊寅 말년에 시의심猜疑心이 생긴 상태에서 황태자 표標를 잃으므로 정신적으로 불안정했다. 98년 윤 5월(71세 戊寅년 戊午월) 유서를 남기고 乙酉일(十日乙酉)에 경성의 서궁西宮에서 병사했다. (戊寅년 戊午월 乙酉일) 묘호는 태조太祖이다.

辰戌丑未 4고가 다 있으면 木火土金水 오행이 다 개고한 것이다. 대운에 따라 해당 오행이 작용한다. 월지 戌土는 상관이고 전국이 土 식상으로 중중한 것이 이 사주의 문제점이다.

壬戌 월주 戌中丁 녹신 위의 壬 관官은 이 사람의 용신이고 수

명성이다. 또 월지 戌中丁 녹신은 丁 일간의 근원이자 동시에 戌 상관의 근원이다. 이 명조는 戌剋壬, 辰戌 충, 丑未 충이 간점이다.

　북방 水운은 辰戌 충, 水剋火 중에 水 관성이 작동하는 대운이다. 戌中丁火 녹신 손상은 길과 흉이 다 있는 대운이다. 흉은 丁 일간의 녹신 손상이고 흉상이다. 부모구몰하고 가난한 거지, 떠돌이로 살았다. 좋은 점은 戌 식신의 근원 火가 손상되어 흉신 식신을 제거한 것이다. 따라서 북방운은 戌 식신이 작동 중지하므로 적어도 壬 관官 수명성은 안전했다. 다만 乙丑 대운만은 丑土가 지지 水를 흡수하고 또 천간 乙 인수가 戌 상관을 제어하므로 이 10년에 입대, 결혼, 장군이 되어 황제의 기반이 되었다.

　동방 木운은 丑未 충, 金剋木 중에 木 인수가 복구되어 작동하는 대운이다. 동방 木 인수운은 왕성한 土식상을 제한다. 본래 개고 인수운은 발복이 크므로 가히 중국 천하를 경영하는 대운이다. 따라서 동방 木 인수운 30년이 가장 화려하다.

　戌辰 대운은 동방 木이 뿌리를 튼튼히 내린 木운이고 丁 일간의 생지이고 관대이다. 壬 정관이 용신인데 戌土 상관 작동은 불운일 듯하다. 그런데 辰 대운은 辰戌 충이 戌火 녹신을 파괴한다. 동방 辰운은 丁 일간이 이미 관대를 얻었기 때문에 戌火 녹신 손상은 큰 문제가 되지 않는다. 다만 戌 상관에게는 상관의 근원 丁이 제거되는 것이라 무기력한 것이고 이것은 흉이 제거된 것이다. 실제 이때 주원장은 여러 번 전쟁에 나아갔으나 그때마다 승리하고 돌아왔다.

　남방 火운은 辰戌 충, 水剋火의 火 비겁이 작동하는 대운이다. 남방 火운은 火土 운이라는 것을 잊으면 안 된다. 火 비겁운에 신왕해지는 것이 분명하지만, 또한 화지火地는 천간 戊己土 식상이 득권하는 운이기도 하다. 그러므로 남방운은 길과 흉이 같이 있는데 그중 戊 상관이 왕성해져서 壬 관官 수명성을 파괴하는 것이 가장 중요한 흉사凶事 간점이다. 수명성 파괴는 사주가 종료됨을 뜻하기 때문이다. 남방이 시작되는 첫 巳 대운 71세 戊寅년 戊午월은 土 식상이 왕성한 운이라 종명했다.

坤『사주건강질병DNA』4권   1968년

94 84 74 64 54 44 34 24 14 04	時 日 月 年
癸 壬 辛 庚 己 戊 丁 丙 乙 甲	丙 戊 癸 丁
亥 戌 酉 申 未 午 巳 辰 卯 寅	辰 戌 丑 未

丙辰 대운부터 심장이 약해지고 소화기 질병이 발생해서 두통에 시달렸다. 32세 庚辰(2000)년은 유방암 발견, 항암 치료를 받았지만 38세 甲申년 壬申월에 자궁으로 전이된 것을 발견 또 38세 甲申년 己丑월에 뇌종양 발견, 수술 후 3개월 뒤인 39세 乙酉년 庚辰월에 사망했다.

癸水 재성이 용신이고 丑土 겁재는 흉신이고 축토극수丑土剋水가 가능하다. 辰戌 충, 丑未 충은 토동이므로 토왕하다. 동방운은 土 비겁의 세력을 덜어내는 것이라 길하다.

丙辰 대운은 왕성한 동방 목운이 火를 생하는 운이다. 辰戌 충으로 火가 손상되어도 대흉은 없었다.

32세 庚辰년 역시 辰戌 충의 시점이라 대흉은 없으나 辰土가 보여서 剋水가 진행되므로 건강은 좋지 않다.

丁巳 대운은 남방 시작 대운이고 土 비겁이 왕성해지므로 흉 대운이다. 辛巳, 壬午, 癸未년은 천간에 金水가 덮어서 사망은 면했다. 38세 甲申년, 39세 乙酉년은 甲乙 관성이 문제의 왕토를 제어하려 하지만 지지가 서방 金 식상 세운이라 뜻처럼 되기 어렵다. 게다가 갑술甲煞은 戊 일간을 상처내는 흉신이고, 乙 정관은 길신이지만 酉 식상에 파손되므로 甲乙 관성은 별 도움이 안 되고 토극수는 작동하여 癸 재성 용신이 파괴되어 사망했다.

IV. 기타 실례들

Ⅳ. 기타 실례들

　본서는 『자평진전』 용신법으로 기술되었다. 『자평진전』은 연월일시 천간과 월지, 5소의 오행으로 간명한다. 월지 월령이 용신이기 때문에 명命을 보는 법이 간단하다. 월지에 있는 재성, 정관, 인수, 식신은 4길신이고 4길신이 월지에 있거나 월령이 천간에 투출하면 그것이 용신이다. 월지에 있는 편관, 상관, 겁재, 양인은 4흉신이기 때문에 흉신을 제어하는 글자 상신相神이 용신 역할을 한다.

　용신을 어렵고 복잡하게 뽑을 필요 없다. 독자들이 이 사례를 읽을 때 월지 월령이 4길신인가 4흉신인가만 구분하면 즉시 용신이 가려지게 되므로 책을 읽어가면서 별 애로 사항이 없을 것이다. 월지 월령을 중요하게 생각했던 이 용신법은 초기 『연해자평』은 물론이고 명서마다 일관되게 강조했던 바이기 때문에[117] 안전한 간법이고 적중률도 가장 높다. 필자가 적극 추천하는 바이다.

『삼명통회』「사언독보」는 "제강유용提綱有用 최파형충最怕刑沖 충운즉완沖運則緩 충용즉흉沖用則凶"이라고 했다. 월지에 있는 용신이 충을 받으면 흉하다는 말이다. 「사언독보」의 용신은 일간에게 유용한 오행을 말한다. 월지가 길신일 때 충격을 받으면 재앙이 발생하지만 월지가 흉신일 때 충격을 받으면 오히려 길운이 된다는 『자평진전』의 논리와 상통하는 말이다. 이 논리가 바로 형충파해합의 핵심 사항이다.

이후에 나오는 실례 설명들은 『자평진전』 간명법으로 본 것이다. 『적천수천미』 간명법을 고수하는 학자들은 혹시 용신이 애매할 때는 월지에서 용신을 찾아보기 바란다. 즉, 월지가 4길신이면 곧 용신이 되고 월지가 4흉신이면 곧 기신으로 보고 간명하는 것이다. 시간이 갈수록 그 적중률에 감탄하게 될 것이다.

이때 월지에 한해서는 『자평진전』식 형충파해합 간법을 적용해야 한다는 것을 잊지 말아야 한다. 예컨대 월지 午가 4길신이고 午가 寅의 합이 있으면 子의 충에도 불구하고 午는 손상이 없는 것으로 보는 식이다. 나머지 연, 일, 시지는 합이 있어도 형충파해가 가능하다는 『적천수천미』식 간법으로 간명하면 된다.

---

117) 『연해자평』, 『삼명통회』, 『명리정종』, 『명리약언』, 『자평진전』, 『적천수천미』, 『궁통보감』 이 7책이 명리 기본서인데 이중에 월령제강이 용신이라고 한 명서는 5개 정도이고 나머지 2개는 월지를 중요한 오행으로 본 것에 이의가 없다. 특히 마지막 명서 『적천수천미』는 「체용장」에서 월지제강이 용신이라는 문장을 명확하게 새겨두었다.

乾 1969년 19:00(출생 시)

96 86 76 66 56 46 36 26 16 06	時 日 月 年
丁 戊 己 庚 辛 壬 癸 甲 乙 丙	己 丁 丁 己
巳 午 未 申 酉 戌 亥 子 丑 寅	酉 酉 卯 酉

47세 乙未년(2015) 베트남에서 알루미늄 사업 투자를 하고 내방했다. 이미 5군데 철학관에서 대박이라고 해서 기대하고 있었으나 사업을 말리었다. 하지만 이미 투자가 들어가서 어쩔 수 없었다. 과연 몇 년간 순조롭지 않더니 52세 庚子년 乙酉월에 문을 닫았다. - 그리다 임상자료 -

卯 인수가 용신이고 酉의 충을 받는 상황이다.[118] 서방 대운이 시작되는 戌 대운 申酉 세운은 卯酉 충이 작동되는 시점이다. 그런데 사업 개시 연도가 甲午, 乙未년 남방 끝이다. 남방 세운은 길운이라 준비는 착착 잘 진행되지만, 48세 丙申년부터는 卯 인수가 파괴되는 시점이라 매사 꼬이고 불안정하다. 급기야 천간에서 庚 재성이 작동하는 庚子년에 사업을 접은 것은 운수대로 흘러간 것이다.

5명의 명命 카운슬러는 월지 卯 인수의 중요성을 간과하고 반대로 酉金 재성을 재물 길신으로 본 것이라 반대로 본 것이다. 사업운에 대해서는 명리 40년 경력자라고 해도 섣불리 믿으면 안 된다. 월지 卯 인수가 용신이라는 것은 격국론을 1달만 배운 초

118) 3酉 1卯는 卯가 파손된다. 앞에 나온 『자평진전』과 『적천수천미』의 결합장을 참고하기 바란다.

심자도 알 사항이다. 하지만 이 계통은 스승을 제대로 만나지 못하여 50년 100년이 지나도 오판 딱지를 귀중하게 등에 메고 다니는 사람들이 더러 있다.

坤 1982년

93 83 73 63 53 43 33 23 13 03	時 日 月 年
癸甲乙丙丁戊己庚辛壬	庚丁癸壬
巳午未申酉戌亥子丑寅	戌酉卯戌

24세 乙酉년 4학년 말 신한은행에 합격했다. 25세 丙戌년 2월부터 출근 직후 1~2개월 만에 적성에 안 맞는다고 모친 반대에도 불구하고 퇴사했지만 1년간 취업이 되지 않았다. 26세 丁亥년 르노삼성에 입사 후 1~2년 만에 퇴사. 30세 辛卯년 미팅 때는 컨설팅 회사에 다니고 있었다. 그후 34세 癸巳년 4월, 회사 위태로워 다른 회사를 알아보고 있다.

壬癸 관살官煞 흉신이 간점이다. 金水는 흉하고 木火土는 길하다. 庚子 대운은 관살이 최왕한 흉 대운이다. 흉 대운은 고난의 시간이다. 이때는 길 세운이라도 길함이 크지 않다. 다행한 것은 卯戌 합이 卯 인印 용신을 보호하고 또 아이러니하게도 지지 북방 水운은 木旺한 운이고 또 지지 水가 庚金을 누설해서 대흉은 없다.

24세 乙酉년, 2庚 1乙은 乙 인수 용신이 잘 작동한다. 또 戌火 비겁이 酉 재財를 해害로 제하여 입사했다.

35세 丙戌년은 원국 戌의 시점이다. 丙 겁재 길신은 壬癸에 제거되고 戌土는 庚 재財 흉신을 도우므로 퇴사, 재취업은 불가했다. 다만 戌土 식상이 水 관성을 방어해서 신체에 흉은 없다.

庚子 흉 대운 10년간 3개의 회사를 전전했다. 흉 대운 길 세운에도 합격은 가능하지만 이 10년은 기도하고 수행으로 힘든 것을 감수하며 살아야 한다. 하늘 아래 겸손하지 않으면 고통이 크다.

乾 1966년

10 90 80 70 60 50 40 30 20 10	時 日 月 年
甲 癸 壬 辛 庚 己 戊 丁 丙 乙	乙 庚 甲 丙
辰 卯 寅 丑 子 亥 戌 酉 申 未	酉 子 午 午

31세 丙子년에 자식이 사망했다.

丙午 관살 혼잡은 흉성이다. 子酉 파破, 午午 자형自刑은 유효하다. 자유 파는 자식궁과 배우자궁이 손상이다. 丁酉 대운은 자식성 丁과 자식궁 酉가 나오므로 자식 문제가 발생하는 대운이다. 酉상上 丁 관官은 丙午 관살 흉이 작동되는 시점을 뜻한다. 관살 흉신이 酉에서 발생하므로 자식의 흉이다. 관살의 세력이 태중해서 자식의 흉이 크다. 사소한 문제가 아니고 자식 사망에 준하는 안건이다.

31세 丙子년은 子酉 파를 재현한다. 자식궁 파손 시점이다. 子상上에 자식성 병살丙煞이 작동하는 것은 자식의 흉을 뜻하고 자식은 아들임을 뜻한다. 만일 庚子년이었다면 자식과 배우자 둘다 흉이 발생했을 것이다. (子酉 子酉 午午自刑)

32세 丁丑년에도 자식이 사망하는가? 酉丑 합이 자식궁 파손을 구하고 丁 관官은 丑에 누설되어 관살 흉운은 분명하나 강렬하지는 않다. 丁丑은 丁酉 대운의 시점은 맞지만 자식 사망 세운은 아니다.

乾 1986년

94 84 74 64 54 44 34 24 14 04	時 日 月 年
庚 己 戊 丁 丙 乙 甲 癸 壬 辛	丙 戊 庚 丙
戌 酉 申 未 午 巳 辰 卯 寅 丑	辰 申 子 寅

25세 庚寅년 공기업에 입사. 35세 庚子년 9월 현재 진급 시험에서 탈락하고 만나던 여자 친구와도 이별하였다. 툭 터놓고 얘기할 수 있는 친구 한 명 없고 회사와 집만 반복 왕래 중입니다.

甲辰 대운은 재용살인운이므로 갑살甲煞은 흉신이다. 이 대운은 갑살 제거에 중점을 둔다. 35세 庚子년 庚 식신은 제살하는 길신, 子辰 수국水局 재성은 丙 인印을 제압하는 길 작용이 있다. 그래서 庚 식신의 제살작용은 진급 시험 합격운이고 子辰 수국은 여자 친구와 사이도 좋을 것이라 생각한다면 이는 오판이 된다.

35세 庚子년에 무슨 변수가 있는가? 우선 형충파해합은 1:1을 진眞으로 본다. 형충파해합으로 분석해 보면 辰子辰子 합은 寅申 충이 작동하여 寅 장생이 손상된다. (辰⌒子 辰⌒子 申↔寅) 寅은 戊 일간의 장생이다. 甲 편관은 戊 일간을 파손하는 흉신이고 현재운 辰에 뿌리를 내리고 있어서 건왕하다. 戊申 일주는 약한데

寅申 충으로 장생 寅의 파손은 戊에게 불리하다. 시험은 청탁清濁이 중요하다. 탁운濁運에 경쟁이 있는 진급 시험은 불리할 수밖에 없다. 다만 子辰 수국水局 재성은 분명 길을 짓는다. 그래서 직장에 다니는 운은 잘 작용한 것이다. 이 사람은 寅申 충 때문에 불안정, 고독, 외로움이 주기적으로 찾아올 것이다.

35세 庚子년에 辰子辰子 합습은 배우궁 申에 붙어있던 子 재성 여자 친구인 辰의 합을 따라가는 상이다. 합해가는 辰 비比는 다른 남자이다. 남자가 생겨서 떠나는 것이다. 寅申 충의 입장까지 분석해 보면 (辰子 辰子 申↔寅) 배우자궁 申이 충을 받으면 합이 무산되므로 水 재財가 사라진 것이고 여자 친구가 떠나는 것으로 해석된다. 일지 申과 연지 寅의 충에서 申金은 파괴가 아니나 해합 사건으로 적어도 배우자와 헤어짐은 가능한 충동沖動으로 보는 것이다. 참고로 일지 동動은 애인이 없는 사람은 애인이 생기고 애인이 있는 사람은 헤어지는 경우가 있다.

乾 1991년

91	81	71	61	51	41	31	21	11	01		時	日	月	年
壬	癸	甲	乙	丙	丁	戊	己	庚	辛		丁	己	壬	辛
午	未	申	酉	戌	亥	子	丑	寅	卯		卯	酉	辰	未

30세 庚子년 4, 5월 공무원 시험에 낙방했다.

壬 재격이 용신이다. 壬 재財를 파괴하는 戊己土 비겁운은 좋지 않고 金水 운은 길하다. 己丑 대운 酉丑 합은 불가하고 또 己

丑土 비겁은 흉신운이기 때문에 土 세운은 성취가 없다. 다만 북방지라 대흉은 없고 또 목 세운을 만나면 길하다.

30세 庚子년은 子辰 수국水局 재성이 壬 재財 용신을 도우므로 합격운이 될 듯하다. 그런데 왜 낙방했단 말인가? 계산해 보면 子辰 합은 해합되고 未 비比가 子 재성 용신을 파괴하므로 낙방하는 세운이 맞다. (卯←酉丑→辰子←未)

庚子 세운이 일단 낙방운이면 운 자체가 탁濁한 것이다. 그것으로 판정을 끝내야 한다. 보통 세운이 길하면 월운이 나빠도 합격하지만 세운이 흉하고 월운(辛巳, 壬午월)이 길하다고 해서 합격하는 일은 거의 없기 때문이다.

坤 1993년 09:30(출생 시)

96 86 76 66 56 46 36 26 16 06		時 日 月 年
甲 癸 壬 辛 庚 己 戊 丁 丙 乙		戊 己 甲 癸
戌 酉 申 未 午 巳 辰 卯 寅 丑		辰 卯 子 酉

28세 庚子년 봄에 공무원 시험 합격 가능 운이라고 했다. 과연 시험에서(6월 13일) (9월 12일 면접까지 합격) 경기도 교육 행정에 합격했다.

동방 木운은 甲 관官이 작용하는 길지라는 것이 가장 중요한 점이다. 28세 庚子년은 庚 식상이 작동하여 시험에 불리할 듯하다. 대운 丁 인印이 庚 상관을 제하는 희신이지만 子에서 발생한 子辰 수국水局이 丁 인을 극하므로 합격 불가로 보인다.

그런데 정밀하게 庚子년을 계산해 보면 결과가 다르게 나온다. 子辰 수국은 해합되고 '子卯, 子酉, 卯辰'으로 전투가 되는 것을 알 수 있다. (卯↔子辰←卯 子↔酉) 이 결과 흉신 子酉가 파손되어 庚子 金水 식재를 무력화시킨 것이고 대운 지지 卯 관성 1개의 작용만 남겨둔 것이다.[119]

이것은 丁卯 대운의 丁 인수와 卯 관성 길운은 작동한 것이고, 庚子의 庚 상관과 子 재財는 제거되어 흉신을 파괴함으로써 흉변 위길, 합격운이 된 것이다. 이 명조는 형충파해합으로 세밀히 보지 않으면 낙방운으로 보기 쉽다.

壬午월 시험 월은 子卯午 삼전부터 계산하면 된다. (午↔卯↔子 辰←卯 子↔酉) 壬午가 파괴된다. 丁壬 인재印財를 버리고 중요한 午 인수도 파괴되어 癸卯만 남겨두었다. 卯 관성官星이 작동하는 것은 좋은 일이지만 癸 재성이 작용하면 이것은 파국이다.

그러나 연에서 丁 인수가 파괴되는 것은 심각한 일이지만, 월운에서 길신 丁火 인수 등의 파괴는 흉이 크지 않다. 월운에서 길신이 손상된 것은 굳이 손상으로 보지 않아도 된다. 1개월 중에는 30일이 계속 다른 국을 지으면서 변화해 나가기 때문이다. 또 癸水 재성은 월령 용신이 甲 관官을 생하는 작용도 일부 있으므로 차선의 길은 작용한다. 세운이 길하면 월에서는 차선의 길만 나타나도 길월로 보는 것이 좋다.

참고로, 시험 당일 丁亥일은 해묘 목국木局 관성이 살아나고 丁

---

119) 『자평진전』「논재취운」財旺生官 : "至於生官而帶食破局 則運喜印綬 而逢煞反吉矣."

인수도 살아나서 다시 길국을 지어 좋은 일진이었다. 이렇게 당일 일진의 변수도 있기 때문에 세운이 길하면 흉월은 낙방의 사유가 되지 않는다. 시험 보는 일은 대운과 연운이 가장 중요하다. 월운은 대운, 세운이 작동되는 시점으로 보고, 일운, 시운은 참고로 보는 것이 좋다.

坤 1998년 01:15(출생 시)

94 84 74 64 54 44 34 24 14 04	時 日 月 年
丁 戊 己 庚 辛 壬 癸 甲 乙 丙	丙 乙 丁 戊
未 申 酉 戌 亥 子 丑 寅 卯 辰	子 丑 巳 寅

키가 작고 예쁘다. 23세 庚子년 3월 己卯 철강회사에 취업했다.

丙丁火 식상과 巳丑 금국지관金局之官의 전투가 일어났다. 식상과 관성이 전투를 벌이고 있으면 일주는 녹신에 의존하지 않는다. 전부지공田父之功의 원리가 작용하기 때문이다. 일간이 유근한 甲寅, 乙卯 명조들과 보는 법이 다르다.[120]

乙卯 대운은 신왕한 운이라 길 대운이다. 또 乙丑 일주의 어떤 일이 있는 대운으로 본다. 취업, 결혼 등의 운이 작동한다.

23세 庚子년 庚 관官은 취업 신이다. 그런데 乙卯 대운과 乙庚 합하여 庚 관이 손상되고 丙丁 식상까지 포진하고 있다. 여기

---

120) 녹신 파괴로 흉의 발생 유무는 원국의 상황에 따라 다르다. 甲寅 乙卯 일주는 녹신 파괴가 흉하다. 그러나 甲子 乙丑 일주 등이 식상과 관성 등이 전투를 벌이고 있으면 운에서 녹신이 손상되어도 크게 흉이 되지 않는다. 전부지공田父之功의 원리가 작용하기 때문이다.

까지만 보면 취업이 불가한 상이다. 그런데 乙卯처럼 통근한 천간 지지는 한 몸으로 보는 것이 가능하다. 子卯 형으로 지지 卯를 파손하면 천간 乙 比의 뿌리가 손상된 것이다. 고로 乙卯의 卯 파손은 곧 乙의 파손으로 볼 수 있다. 子卯 형으로 乙의 작용은 허망해지고 庚 관官은 굳건하게 작용한다. 또 子丑 합이 되면 寅巳 형도 가능하므로 (子↔卯 子⌒丑 巳↔寅) 巳 식상을 파손하여 庚 정관의 기신 丙丁 식상의 근원을 제어한다.

己卯월의 卯 비比는 대운 卯의 시점이다. 己卯월에 子卯 형이 거듭되므로 卯 파손 시점이고 己 재성만 남아서 庚 관을 생한다. 또 원국 사축지관巳丑之官도 庚子의 庚 관을 왕성하게 해준다. (子↔卯 子↔卯 丑巳↔寅) 세운과 월운이 庚 관을 작동시켜서 회사에 합격했다.

坤 1986년

97 87 77 67 57 47 37 27 17 07		時 日 月 年
庚 辛 壬 癸 甲 乙 丙 丁 戊 己		乙 丙 庚 丙
寅 卯 辰 巳 午 未 申 酉 戌 亥		未 午 子 寅

24세 己丑년 9월(癸酉)에 취업했다.

午戌 합, 午未 합, 子未 해가 간점이다. 운 간점의 기준은 항상 월지 子 정관 용신이다. 子 정관을 파손하는 글자 午, 未의 처리에 중점을 둔다. 그리고 子 정관을 파괴하는 글자가 이처럼 午未 두 자이면 子와 가까운 글자 午가 子를 파손하는 것으로 본

다. 여기서는 午未 합이 子를 구하여 子 정관은 안전하다.

戊戌 대운은 戊 식신이 입묘入墓하고 또 乙 인수가 戊 식신을 극하므로 子 정관이 잘 빛나는 대운이다. 이런 대운은 土 식상이 보여도 굳이 취업을 포기할 필요 없다.

24세 己丑년은 또 己土 식상이 보이지만 지지 丑은 子 정관을 합으로 보호한다. 월지 이외는 합이 있어도 형충파해가 가능하므로 丑戌未 삼형이 된다. 시세지형은 암장 9자가 다 동하므로 丑戌에 있는 암장 金水 재관이 작동한다. 子 정관은 水의 세력이다. 己丑년은 동절 왕수가 주관하는 시즌이다. 丑金 재성은 己 식상을 통관하여 子水를 생하므로 子 정관이 안전하게 작용하는 세운이 된다. 투출한 己土 식상만 보지 말고 암중暗中에 있는 오행의 작용도 놓치지 말아야 한다. 癸酉월은 酉丑 금국金局 재성이 표면에서 작동하여 금수 재관이 잘 작동하는 합격 월이 되었다. 이런 명조는 심화 과정에서 깊은 탐구가 필요한 자료이다.

乾 1981년

98 88 78 68 58 48 38 28 18 08	時 日 月 年
庚 辛 壬 癸 甲 乙 丙 丁 戊 己	戊 丙 庚 辛
辰 巳 午 未 申 酉 戌 亥 子 丑	戌 子 寅 酉

30세 己丑년 7월에 회사를 그만 두고, 8~9월(壬申 癸酉)에 3군데 회사에 합격했다. 가고 싶던 회사에서 면접 제의가 들어오자, 합격했던 회사들을 포기하고 면접을 보았는데 그만 불합격했다.

신왕재약, 丁亥 대운은 신왕한 명조가 亥 관성 지지를 만난 것이라 길 대운이 된다. 寅戌 화국火局은 겁재 흉신인데 인해 파는 해합 인자가 하나 나온 것이다. (子↔酉　戌寅ⁱ亥) 세운에서 戌을 제어하는 글자 하나만 더 나오면 寅戌 합은 해합된다.

30세 己丑년은 丑이 戌子寅酉를 다 접촉하지만 丑戌 형으로 寅戌 합, 丑酉 합이 해합된다. (子↔酉丑←戌寅ⁱ亥) 여기서 丑戌 형은 丑金 용신이 손상되고 子酉 파는 酉 재성 용신이 파손된다. 또 가장 중요한 것은 寅亥 파가 戌 식신 용신과 丙 일간의 장생 寅을 파손하여 좋지 않다.

다만 대운 丁 겁재劫財가 剋金하는 흉신인데 현재 세운 己 식상이 방어하고 庚辛 재성 용신을 생하는 것은 분명 길상이다. 己丑년은 천간 己 상관이 생금하는 길을 지으나 지지는 丑金 재성 용신이 파손되어 흉을 짓는다. 己丑년은 길흉이 다 있으나 다만 천간보다 지지의 작용력이 더 크기 때문에 지지 酉丑 재성 용신 파손은 대부분 경사가 일어나기 힘들다.

9월 癸酉월은 재관이 보이므로 길한 듯하나 癸 정관은 戊癸 합으로 파관되고 酉 재성만 길운으로 작동한다. 여기서 만일 세운이 길하다면 癸 관官이 파손되고 재성 길신만 작동해도 합격으로 볼 수 있다. 그런데 세운이 흉이면 월운이 아무리 길하다 해도 합격을 보장하기는 어렵다.

坤 1973년

92 82 72 62 52 42 32 22 12 02	時 日 月 年
己 戊 丁 丙 乙 甲 癸 壬 辛 庚	丙 癸 己 癸
巳 辰 卯 寅 丑 子 亥 戌 酉 申	辰 酉 未 丑

34세 丙戌년 10월 1일(丁酉월 癸亥일) 오후 9시 전후(壬戌), 부부가 장난치다 함께 침대 쪽으로 넘어졌다. 남편은 괜찮으나 명주命主 는 벽에 부딪혀 우측 눈꼬리뼈를 심하게 찧었다. 7일간 직장을 쉬었는데도 다 낫지 않았고 오래 갔다.

己未 편관 흉신이 중하고 제어가 잘되면 직장운이 좋다. 未 부모궁은 金 인수 용신七煞用印을 생하므로 부모는 평생 나의 흉을 보듬어 주는 은인이다.

癸亥 대운은 亥未 목국木局 식상 용신 운이다. 癸亥 대운은 길 대운 선언이 가능하다. 길 대운으로 판정이 나면 이 10년은 큰 문제없고 길사가 많다. 그것이 운명이다. 대운이 길하면 흉 세운을 만나도 사안이 크지 않다.

34세 丙戌년에 丙 재財는 흉금凶金을 제어하는 길신인데 지지는 서방 금운이다. 丙 재성 길신은 술묘戌墓에 앉으므로 길 작용이 미약하다. 戌土 관성은 흉신인데 辰戌 충으로 戌火를 제거하여 戌土의 세력은 감소된다. 丙戌 세운은 丙 재성 길운은 미미하고 戌土 흉운도 토의 흉이 상당 부분 감소되어 대략 5~10% 정도의 소흉이 작용한다.

丁酉월, 丁 재財는 길하나 酉金 인수는 흉신이다. 세운 戌에 辛

인印이 암장되므로 丁酉월은 丙戌년의 辛金 인수 흉이 나타나는 시점이다. 다행히 丁 재가 金 인印을 방어하나 酉월 제강의 힘은 1달간 유효하다. 戌 세운의 5% 흉이 작동하는 시점은 丁酉월이다. 丁酉월은 90%의 길이 있고 5~10%의 흉이 있다.

癸亥일 비겁은 용신 丁 재財를 제어하므로 흉한 일진이다. 다만 목국 식상 길신도 작동하므로 50%는 길운이 작용한다. 癸亥일은 50% 길, 50% 흉이 작용하는 일진이 분명하지만 세운 5%의 흉이 50% 작동하는 일진이므로 약소한 흉은 있다.

壬戌, 癸亥 시는 천간에 水 비比 흉신이 나온 시라 흉발 시점이고 역시 절반의 흉이 작용하는 시간이다. 이때 넘어져서 눈꼬리뼈를 다쳤다.

대운 길, 세운 5% 흉, 월운 10% 흉, 일진 50% 흉, 시진 50% 흉운에 눈꼬리뼈를 찢어서 10일 이상 고생했다. 그렇다면 눈꼬리뼈를 다친 것은 5~10%의 흉 세운이 반감되어 작용한 것이라는 것을 알 수 있다.

坤 1962년

99 89 79 69 59 49 39 29 19 09		時 日 月 年
癸 甲 乙 丙 丁 戊 己 庚 辛 壬		癸 戊 癸 壬
巳 午 未 申 酉 戌 亥 子 丑 寅		亥 辰 卯 寅

戊戌 대운 50대 초반, 서울대 대학원 지질학 석사 후 박물관 특수직으로 공무원 생활을 시작했다. 54세 乙未년 2월, 6급 1명 뽑는 박물관 공채에 합격. 6월 박사 논문 통과. 12월(戊子) 20일경

(庚午) 전화를 받으면서 목욕탕에 급히 들어가다 넘어져서 오른쪽 손목에서 15cm 상부가 부러져서 철심을 박았다.

卯 정관이 용신인데 수목 재관은 중중하고 戊 일간은 약하므로 신왕한 운이 좋다. 戊戌 대운은 戊 비比가 묘墓에 떨어졌고 또 戊 비가 癸의 합에 파손되므로 이것만 보면 戊戌의 土는 무기력하다. 다행히 寅戌 화국火局이 土를 도우므로 戊戌이 살아나서 95% 길 대운 선언이 가능하다. 대운이 일단 길운으로 판정되면 흉 세운을 만나도 흉 사안이 크지 않다.

54세 乙未년은 남방 세운에 乙 정관이 투출하고 卯未 목국木局이 도와 정관의 작용력이 약하지 않다. 未土 비겁이 나와서 未戌 형으로 土 비比를 도우므로 신왕관왕하므로 거의 100% 길 세운이다. 그래서 6급 공무원 공채 합격과 박사 논문까지 통과했다.

동년 12월 戊子월 戊 비比는 길신인데 절, 태에 앉은 것이라 나약하다. 子辰 수국水局은 흉신 癸水 재성을 돕고, 戊癸 합은 戊 비겁 길신이 작용력을 잃었다. 100% 흉월 선언이 가능하다. 庚午일 庚은 乙 관官을 파손하고 또 午가 卯를 파할 수 있으므로 卯 정관도 손상된다. (辰子 未亥 卯↔午 寅戌) 역시 100% 흉한 일진이다. 세운은 길하나 월운, 일운이 흉할 때 팔이 부러졌다. 卯木은 팔다리이다.

길 대운, 길년, 흉월, 흉일에 일어난 일이다. 대운과 세운이 동시에 흉하면 운명적인 대흉이다. 세운과 월운이 동시에 흉하면 손해가 좀 있으나 운명적이지는 않다. 월운, 일운의 흉은 심해야 파손, 골절 정도이다.

乾 1995년 18:06(출생 시)

	時 日 月 年
92 82 72 62 52 42 32 22 12 02	
丙 丁 戊 己 庚 辛 壬 癸 甲 乙	丁 丙 丙 乙
子 丑 寅 卯 辰 巳 午 未 申 酉	酉 子 戌 亥

26세 庚子년 정초 방문 때 금년 운이 좋다고 했고 취업한다고 했다. 그런데 9월(乙酉) 들어 협심증 때문에 병원에 다녔으나 특별히 나온 것이 없었다. 22일(戊辰) 새벽 5시경 갑자기 협심통이 극심하여 119를 불렀다. 잠시 후 괜찮아져서 되돌아갔는데, 오전 7시경 재차 부모가 보고 있는 상태에서 심장마비가 일어나서 혼절, 119가 다시 와서 집 가까운 병원에 도착했다. 3일간 저온수면 상태에 있다가 깨어났으나 처음에는 아무도 알아보지 못했고 점차 나아졌다. 그러나 그전 며칠의 기억은 아주 지워졌다. 종합검사에서도 심장마비 이유를 찾지 못하여 퇴원. 예방약을 타서 먹고 있다. 11월(丁亥)에 대형 증권사에 1차 합격, 2차 합격, 3차 면접까지 끝내고 2021년 2월부터 수습사원으로 다닌 지 2개월이 된다.

癸未 대운에 癸 정관 취업 신이 나타나서 戌土 식신은 기신이 된다. 乙 인수는 戌土를 극하여 癸 관官을 구하는 희신이다. 亥未 합 때문에 未가 월지 戌土는 접촉할 수 없지만 일지 子는 子未 해가 가능하다. 子未 해가 되면 酉戌 해가 작동하여 酉 재성은 戌土 식신을 일깨우는 인자가 된다. 乙 인수 희신이 파손되는 庚辛金 세운이 걱정스러운 바이지만 다행히 3丙丁火가 庚辛金을

제어할 것이다.

26세 庚子년의 庚 재財는 丙丁에 제어되고 癸 정관은 子의 힘을 받아 강력하므로 천간 지지가 다 길하고 명확한 취업 세운이다. 그런데 乙酉월은 酉가 乙 인印을 제거하여 길신 木의 일부가 파손되고 또 酉가 戌土 식신을 작동시키므로 이 달에 한해서는 흉월이 되어 사망 문턱까지 갔다 온 것이다. 그러나 월운이 흉한 것으로는 사망운으로 볼 수 없고 또 丁亥월은 子 관성이 왕한 달이라 취업 월이 된 것이다.

坤 양력 1990년

97 87 77 67 57 47 37 27 17 07	時 日 月 年
丙 丁 戊 己 庚 辛 壬 癸 甲 乙	己 癸 丙 庚
子 丑 寅 卯 辰 巳 午 未 申 酉	未 亥 戌 午

28세 丁酉년 7월 5일(丙午월 癸巳일)경 왼쪽 발뼈가 골절됐는데 2주간 방치했다가 丁未월 丁未일에 병원에 갔다. 공부하면서 한 달간(丁未월) 팔 전체를 깁스했다. 동년 11월 말~2018년 양 1월 초 임용고시 응시 1월 말 최종 합격했다.

정관 대살, 己未 편관이 주 간점이므로 제살을 중심으로 간명한다. 편관을 중심으로 계산해 보면 木火土는 길하고 金水는 좋지 않다. 편관 용재와 비슷한 구조이다.

癸未 대운은 癸 비比 흉신이 40% 작동하고 未 관성이 60% 길운을 짓는다. 대운에서 길흉이 다 나오면 이 대운은 길과 흉이

다 있다.

28세 丁酉년은 丁 재성 길신이 40% 작동하지만 천간이 길신이면 운명적인 길사가 작동한다. 대운 未의 길함은 丁에서 발현되므로 丁酉년에 교사 임용에 합격했다. 酉金 인수는 흉신이지만 세운에서는 酉 인印의 흉이 동하지 않으므로 거의 흉이 없는 것으로 보아도 된다.

丙午 월은 시험 전 재성 길신이 잘 작동하므로 길월이다.

癸巳 일은 癸 비比 흉신이 나왔고 또 세운 酉와 巳酉 금국金局 인수 흉신도 일어나 木 식상 용신을 극한다. 흉한 일진이다. 단순히 일운이 나쁜 것은 그냥 지나가도 될 일이지만, 일운이 세운의 흉을 일으킨 것은 그냥 지나갈 수 없다. 최소한 소흉이 있다. 이런 흉 일진에 발목이 부러진 것이다. 이것은 길흉 강도를 추정하는 한 기준이 된다. 즉, 흉 일진이 월운의 흉을 일으키면 발목이 부러지는 것보다는 작고, 월운이 세운의 흉을 일으키면 발목이 부러지는 정도의 흉이 일어날 수 있는 것이다.

겨울은 시험 치는 달이다. 辛亥, 戊子, 己丑월 북방운은 대운 癸 비比 흉신이 왕성해지므로 불리하다. 다만 천간 戊己는 길하다. 시험 치는 달 辛亥의 辛金 인수는 좋지 않고 亥水도 흉하다. 다만 亥未 목국木局 식상은 길하다. 이때 1차 시험에 합격하고 戊子, 己丑월에 최종 합격했다.

그러므로 세운이 길하면 월운은 세운을 따라가기 때문에 월운이 좀 나빠도 큰 영향력이 없다는 것을 알 수 있다. 그러나 월운이 세운의 길을 파손하면 세운과 월운이 다 흉하기 때문에 조심해야 한다. 辛亥월은 丁 재財를 파손하지 않으므로 월운이 세운을 파손하지 않았다.

坤 1949년 08:00(출생 시)

96 86 76 66 56 46 36 26 16 06	時 日 月 年
乙 甲 癸 壬 辛 庚 己 戊 丁 丙	戊 甲 乙 己
酉 申 未 午 巳 辰 卯 寅 丑 子	辰 寅 亥 丑

학교 선생을 퇴직하고 기간제로 다시 다니고 있다. 60세 戊子년 乙卯월 癸亥일 乙卯시(3월 24일) 오전 7시 목욕탕에서 넘어져 팔이 부러졌다. 3주 진단 나왔고 깁스하고 다닌다.

亥 인수에서 戊 재財가 투출하여 용신이고 乙 겁劫은 기신이다. 辛巳 대운 辛 정관은 乙 겁을 제하여 길 대운이다. 巳丑 금국은 辛 관官을 왕성하게 하므로 늦게까지 직장운이 작용한다.

60세 戊子년, 戊 재는 길신이다. 재관이 잘 작동한다. 乙卯월은 비겁 흉월이다. 乙木이 土 재 용신을 파손하기 때문이다. 癸亥일 乙卯시 일시도 흉신이다. 대운, 세운은 길하나 월, 일, 시가 흉하여 팔이 부러졌다. 戊土는 신체를 뜻한다.

坤 1962년

93 83 73 63 53 43 33 23 13 03	時 日 月 年
壬 癸 甲 乙 丙 丁 戊 己 庚 辛	癸 癸 壬 壬
辰 巳 午 未 申 酉 戌 亥 子 丑	亥 未 寅 寅

49세 庚寅년 5월 3일(己卯월 癸未일) 좌회전 신호 받고 가다가 버스가 들이받아 교통사고를 당했다. 차는 폐차되었으나 몸은 크게 다치지는 않았지만 두뇌 후유증이 심각하여 거의 1년간 치료를 반복 고생한 후 보험회사와 합의해 주었다. (교운 양 4세 7월 12일 22시)

월지 寅 상관격은 흉신이기 때문에 金 인수로 제하거나 火 재성으로 누설해야 하는데 천간에 水 비겁이 중중하므로 壬癸 비겁은 저격수(sniper)가 된다. 丙丁火 재성이 노출되면 즉시 파손되므로 좋지 않다. 다행히 寅中에 丙 재성 길신이 암장되어서 평생 식록은 있다. 실제 丙丁 재성이 노출된 세운에 다 몸을 다치는 사건이 있었다.

丁酉 대운, 丁壬 합, 丁 재성이 파손되는 대운이다. 火 재財 파손 세운은 손재나 몸이 아플 것이다. 그러나 지지 서방 酉 인印은 길운으로 잘 작동하고 있으므로 천간 40%의 흉이고, 지지는 60% 길이 작용하는 대운이다. 40%의 흉 작용이 있었다. 위 사례 내용에는 없지만 丁酉 대운 10년 중 丙丁火 재성이 3번 나왔고 다 사고가 나서 다쳤다.

49세 庚寅년은 寅中에 丙이 암장되어 손상은 없었으나 대운 丁火의 시점으로 보는 것은 가능하다. 寅 상관은 원국 寅木 상관 흉격이 나온 것이다. 천간 庚 인수는 寅 상관격을 제하는 길신이다. 그러므로 庚寅년은 60% 정도 길운은 분명하고 40%의 흉도 있는 세운이다.

戊寅월은 寅 세운의 시점이다. 그런데 寅월 木은 본래 나약하고 戊土는 왕성하므로 全木월이 아니다.

己卯월은 왕목이므로 틀림없는 木월이다. 卯월은 亥卯 목국木局 식상 흉신이 번성한다. 천간 己土 편관은 신체인데 파괴되는 상이 나와서 己卯월은 세운 庚寅이 작동하는 시점 월이고 교통사고로 몸을 다쳤다.

이 사례는 40% 흉 대운, 40% 흉 세운에서 발생한 사건이다. 차가 전파할 정도의 충격을 받았으나 몸은 큰 파손이 없었고 머릿속 내상만 입어서 정상 생활은 했지만 거의 1년 이상 고생했다. 사안이 컸지만 신체 파손이나 죽을 정도의 대흉은 아니었다.

乾 1989년 05:50(출생 시)

96 86 76 66 56 46 36 26 16 06		時 日 月 年
乙 丙 丁 戊 己 庚 辛 壬 癸 甲		己 乙 乙 己
丑 寅 卯 辰 巳 午 未 申 酉 戌		卯 酉 亥 巳

33세 辛丑년 2월(庚寅) 10일(己丑) 오후 18시(癸酉) 10분(乙卯)에 교통사고가 났다. 혼자 1차선에서 서행하고 있었는데 뒷버스가 내 차를 들이받아 버스기사 과실 100%이다. 다행히 다친 곳은 없고 일부 다리와 허리 쪽이 뻑적지근해 병원 방문해서 엑스레이 찍어봤더니 이상 없다고 해서 보험처리 하지 않고 합의금 250만으로 마무리 되었고 그 합의금은 수령하자마자 투자를 했다가 날려먹었다.

이 사고로 결국 뒷범퍼가 극미하게 손상되었고 허리와 다리의 경한 손상을 입었는데 치료비를 받지 못한 것이나 마찬가지이다. 이 명조는 金 관성이 흉신이 된다.

壬申 대운은 60% 흉, 辛丑년은 100% 흉, 庚寅월 천간 40% 흉이 작용하므로 대운, 세운은 흉이 크지만 월운은 경미한 흉운이므로 이 세운에 한해서는 운명이라 할 수 없는 흉운이다. 만일 庚申월이었다면 대운 60%의 흉이 100% 작동하는 월이 되어 몇 개월 입원했을 것이다.

坤 1968년

99 89 79 69 59 49 39 29 19 09	時 日 月 年
甲 乙 丙 丁 戊 己 庚 辛 壬 癸	壬 戊 甲 戊
辰 巳 午 未 申 酉 戌 亥 子 丑	戌 辰 寅 申

2014년에 교통사고가 났어요. 내년 6월이면 3년이 됩니다. (47세 甲午년 庚午월) 자전거 타고 급한 전화 받으면서 가다가 신호를 무시한 트럭에 치여서 (머리부터 허리까지 타격, 왼쪽 목 어깨갈비뼈 부근 왼쪽 등뼈) 다쳤습니다. 경찰도 운이 좋았다고 합니다. 엄청 힘들었습니다. 물리 치료 1년간 하고는 작년 겨울에는 하다가 안 하다가 했습니다. 겨울이 되니 더 아프네요, 숨 쉴 때도 아프다가 안 아프다가 해요. 지금도 피곤하면 사고난 데가 아파요. 앞으로 제 몸이 후유증에서 자유로울까요?

甲 편관격이 주 간점이다. 편관이 중하면 제거해야 좋다. 寅申 충, 辰戌 충으로 인살寅煞을 충한 것은 좋은 일이다. 庚戌 대

운은 庚 식신 용신도 나오고 寅戌 화국 인수 기신도 나와서 길과 흉이 다 있는 대운이다. 다행한 것은 戌 대운부터 서방지로 가서 金 식상 용신의 뿌리가 깊어 흉의 크기가 크지 않다. 하지만 庚 戌 대운은 길 대운이지만 寅戌 화국 인수의 소흉이 끼어있다.

47세 甲午년은 원국의 갑살甲煞 흉신이 나왔는데 午 사지死地 에 앉은 것이라 갑살의 흉이 크지 않다. 午 인수 역시 庚 식신을 파손하는 흉신이므로 甲午년은 천간 지지가 다 흉한 100% 흉 세 운이다.

庚午월은 세운 午가 재현하여 흉발 시점이다. 庚 식신은 길신 인데 무근하여 약하고 午 인印 흉은 60% 강력하다. 대운에서 소 흉이 나왔고 세운 월운이 대운의 소흉을 받아주는 거의 100% 흉 한 운이므로 대운 2~30% 정도 소흉이 100% 작동한 경우이다. 사 망은 면했지만 후유증은 컸다.

乾『사주임상록』(p.582)		1956년		
95 85 75 65 55 45 35 25 15 05		時 日 月 年		
丙 乙 甲 癸 壬 辛 庚 己 戊 丁		乙 癸 丙 丙		
午 巳 辰 卯 寅 丑 子 亥 戌 酉		卯 亥 申 申		

일찍 상경하여 중국음식점에서 기술을 익히고 30대 후반에 중국 음식점을 개업했다. 43세에 戊寅년 오토바이를 타고 배달하다가 교통사고가 나 큰 상처를 입고 병원에 입원했다.

庚子 대운, 대운에서 월지 용신 庚 인성이 투출하면 예의 주시

해야 한다. 庚乙 합은 흉凶하다. 다행히 지지 子가 申을 합한 수 국 비겁이 丙 겁財 기신을 제어하므로 월지 庚 인수는 보호된다. 그러나 대운 庚 인수 용신이 丙에 극을 받는 상이 일단 있으면 세운을 중히 봐야 한다. 천간 40% 정도의 흉은 유효한 흉이다. 또 용신 파괴는 엄중한 사안으로 본다.

43세 戊寅년은 戊 정관이 申子 수국水局 비겁 길신을 극하고 또 寅申 충으로 申 인수까지 충하므로 세운은 천간 지지가 다 흉 하다. (卯⌒亥寅↔申 申子) 다행히 신자 합이 2申 중에 1申은 구 하므로 100% 흉은 아니고 대략 7~80% 흉 세운이라 할 수 있다. 그런데 세운의 흉은 대운의 흉 영향 아래 있으므로 戊寅년은 대 운 40%의 흉이 80% 작동한 것이었다. 그래서 교통사고가 나서 몸도 크게 다치고 한동안 병원 신세를 졌다.

乾 요절

93 83 73 63 53 43 33 23 13 03		時 日 月 年
戊 丁 丙 乙 甲 癸 壬 辛 庚 己		戊 辛 戊 戊
辰 卯 寅 丑 子 亥 戌 酉 申 未		戌 丑 午 辰

달포 만에 요절한 자의 명이다. (三歲…此造產生甫經月遭夭折)

辛丑 일주는 辛 일간이 축묘丑墓에 앉아서 무기력하고 또 午월 에 태어나서 매우 태약하다. 왕한 午戌 편관은 일어나 辛 일간을 극하지만 戊 인수가 방어하므로 천간은 안전하다. 그러나 지지 午戌이 丑金 녹신을 파괴하는 것은 막을 방도가 없다. 이것이 요

사 이유이다.

午未월은 편관 왕월이다. 달포는 己未월로 넘어갈 수 있다. 未戌 형에서 火가 발산하여 사망했다. 형충파해를 보지 않으면 달포 만의 요절을 알기 어렵다.

坤 1963년

10 90 80 70 60 50 40 30 20 10	時 日 月 年
壬 癸 甲 乙 丙 丁 戊 己 庚 辛	庚 甲 壬 壬
寅 卯 辰 巳 午 未 申 酉 戌 亥	午 辰 子 寅

56세 丁酉년 壬寅월(2월)에 대형 주식 사기 발각 직전, 우연히 투자금 3천을 회수했다. 사기꾼은 3월에 발각되어 7년형을 살고 있으나 수백억 투자금은 대부분 공중 분해된 뒤라 나머지 투자자들은 모두 돈을 날렸다.

경살庚煞이 흉신이므로 火 식상은 길신이다. 남방 식상지는 기본적으로 길지이다.

丁未 대운 2壬 1丁은 합 불가이고 丁 식상은 길신으로 작동하는 것이 원칙이다. 하지만 대운 간법에서는 합에 의해 파손되는 것으로 본다. 세운에서 1:1 진眞이 되기 때문이다.

56세 丁酉년은 2壬 2丁 1:1이 되어 丁 식신 길신이 파손되어 흉하다. 그런데 丁酉년 지지는 子酉 파로 酉 관성을 파손하므로 길이 작용한다. 丁酉년에 丁 상관 파손은 흉이 되고 酉 관성 파손은 길이 되므로 丁酉년은 길흉이 다 있는 세운이다.

壬寅월은 3壬 2丁이 되어 丁 식상 길신이 살아나므로 이 달에 한해서 길월이 된다. 이때 우연히 마음이 움직여서 투자금을 회수한 것이 손해를 모면했다.

```
乾 1955년
91 81 71 61 51 41 31 21 11 01        時 日 月 年
甲 乙 丙 丁 戊 己 庚 辛 壬 癸          乙 壬 甲 乙
戌 亥 子 丑 寅 卯 辰 巳 午 未          巳 寅 申 未


37세 辛未년에 사망했다.
```

申 인수가 격이고 용신이다. 寅巳申 삼형으로 월지 申 인수가 손상되어 파격 명조이다.

庚辰 대운 申辰 합이 申 印을 구원하는 것은 좋으나 庚 인수 용신이 투출하여 乙庚 합으로 庚 인수 손상은 흉하다. 대운에서 쟁합론은 효력이 거의 없는 것으로 보는 것이 좋다.

36세 庚午년은 乙庚乙庚 진합眞合이 되어 흉발 시점이나 寅午 화국火局 재성이 세운 1庚을 파손하여 다시 쟁합이 되어 대운 庚을 살려서 무고하게 지나갔다. 庚午년은 원래 庚辰 대운의 시점인데 庚午년이 길하면 다음 연도 辛未가 시점이 된다.

37세 辛未년, 辛이 1乙을 극하자 진眞 乙庚 합이 되어 사망했다.

　　庚寅 대운은 庚 인수 용신이 노출되었고 乙庚 합으로 庚 인印
이 파손된다. 그런데 지지 寅이 월지 申 인수격도 충하므로 천간
지지가 다 흉운이므로 庚寅 대운은 100% 흉 대운이다. 이렇게 되
면 이 대운을 넘어가기 힘들다.

　　61세 乙未년의 乙 식신 흉신은 묘지에 앉으나 지지 未가 亥卯
未 목국木局을 이루기 때문에 작용력이 있다. 乙未 세운은 원국
乙未년주 시점이므로 100% 흉 세운이다. 대운 세운이 흉하므로
乙未년은 수명 손상을 조심해야 한다.

　　庚辰월은 庚 인수가 복구되어 길월이 될 듯 하지만 세운 乙未
년이 乙庚 합하므로 월운 庚도 파손된다. 이것은 결국 대운 乙庚
합을 재현하는 시점이 된다. 이 정도면 더 이상 정밀하게 계산하
지 않아도 사망 월 판정이 가능하다. 대운, 세운, 월운까지 흉해
서 사망했던 사례이다. 참고로 사망 시 巳시까지 9자字를 다 계산
한 계산식은 다음과 같다. (亥未　卯未　寅↔巳↔申　辰酉)

坤 1963년

98 88 78 68 58 48 38 28 18 08	時 日 月 年
癸 壬 辛 庚 己 戊 丁 丙 乙 甲	丁 乙 癸 癸
酉 申 未 午 巳 辰 卯 寅 丑 子	亥 丑 亥 卯

50세 壬辰년 己酉월 壬申일 辛丑시 교통사고로 사망했다.

戊辰 대운은 戊 재성이 투출하여 재격 용신이 된다. 투출한 용신이 파손되면 흉한데 대운 1戊 2癸는 戊 재성이 잘 작동하는데 연월의 亥卯 목국 비겁이 戊 재財를 파손한다. 戊 재성의 파손은 재격의 파손이므로 흉의 강도가 거의 100%이고 사망도 가능하다.

50세 壬辰년은 대운 戊辰의 시점이다. 壬 인수격이 辰 묘지에 떨어진 것이라 약하고 또 정임 합으로 壬 인수가 파손된다. 또 卯辰 천穿은 辰土 재성을 파손한다. 壬辰년은 100% 흉 세운이다. 대운 100% 흉이 100% 작동하는 세운이라 위험하다.

己酉월은 辛 편관이 일어났다. 월, 일, 시에서 나타난 편관은 거의 저승사자이다. 己酉월 壬申일 辛丑시는 모두 반국이다. 巳酉丑 금국 관성이 乙 일간을 파손해서 사망했다. 시점과 흉운이 일치하면 피할 수 없는 사망운이다.

坤『맹사단명질례집』1973년 癸酉년 21세

98 88 78 68 58 48 38 28 18 08	時 日 月 年
癸 壬 辛 庚 己 戊 丁 丙 乙 甲	丁 甲 癸 癸
酉 申 未 午 巳 辰 卯 寅 丑 子	卯 寅 亥 丑

21세 癸酉년 甲寅월 己未, 庚申일 亥子 시時에 하반下班에서 돌아
오는 노상에서 강도를 만나 전포를 빼앗기고 전신 상하를 10여
차례 칼에 찔렸다. 얼굴도 수차례 찔렸고 의사는 내장까지 상한
것을 보았으나, 치료 후 건강해져서 29세 辛巳년에 소매상을 하
고 있었고 丁丑년에 출산했다. - 요약 -

화인위겁化印爲劫, 월겁격이고 丁 상관이 용신이다. 연지 丑中
辛金 관성은 취업과 겁화 인자이다. 연지에 丑이 있는 것은 초년
에 발생한다는 의미이고 乙丑 대운이 흉발 시점이다. 乙은 비겁
길신이고 丑 대운은 겨울이라 水木이 왕旺하고 丑金은 3~40%의
작용력이 있다. 세운 申酉년은 대운 丑이 작동하는 시점이다.

21세 癸酉년은 酉丑 합, 卯酉 충이 접촉하여 (丑丑酉→卯亥↔
寅) 亥卯는 해합된다. 8자 전체에 인비印比가 태왕한 것은 다행한
일이다. 유축지관酉丑之官은 천간에서 길관 길운을 지으나 지지
卯酉 충은 寅이 亥 인수격을 파손하게 해서 좋지 않다. 金이 천
간에서는 길을 지으나 지지에서는 흉을 짓는 것이다.

사건의 동기는 癸酉년에 酉金이 卯 겁劫을 충하고 癸 인印이
丁 상관 용신을 극하여 용신과 용신의 근원 丁卯를 파손한 것이
다. 흉이 심각하다. 그런데 한편 癸 인은 酉金의 흉기를 누설하여

완화시킬 수 있다. 아울러 흉의 강도 측정에서 현재가 丑 대운이라는 것도 중요한 단서이다. 丑 대운은 토금만 작동하는 것이 아니고 북방 水 인수운이 작용하는 대운이기도 하다. 癸酉년은 대운 丑이 작동하는 시점이 분명하고 癸 인이 酉金의 흉작용을 약화시킨다.

하지만 癸 인이 용신 丁 상관을 극하는 흉을 짓는 것도 분명한 일이다. 癸 1자가 길흉 두 가지 역할을 하는 것이다. 그런데 한편 癸는 또 원국 癸癸 인수와 함께 파손된 월지 亥 인수를 복구하는 역할도 한다. 이것이 가장 중요한 사안이다. 癸 인이 丁을 극하고 亥를 구한 것은 소를 버리고 대를 살리는 일이다. 실제 명주는 날카로운 칼(酉)이 동하여 여러 곳에 신체 손상이 있었으나 몸이 다 정상으로 돌아왔고 나중에 결혼도 하고 아기도 낳았다. 癸가 酉를 약화시키고 또 월지 亥 인수격 파손을 구했기 때문이다.

甲寅월은 寅亥 파의 시점이므로 12개월 중에 寅월은 사건 발생 가능한 월 중에 하나이다. 1亥 2寅이 되면 파 불가하므로 다음 시점 巳월로 넘어가겠으나 인축 암합이 寅亥 파를 작동시켰다. (寅^丑 丑酉→卯 亥↔寅)

21세 癸酉년은 대운 30% 흉이 60% 이상 작동했던 세운이다. 대운 30% 흉이 세운에서 60% 작동하면 거의 대흉 추론이 가능하다. 당연 대운 흉, 세운 흉에 포함된다.

乾 두웨성杜月笙　　　　　　　　1888년

95 85 75 65 55 45 35 25 15 05	時 日 月 年
庚 己 戊 丁 丙 乙 甲 癸 壬 辛	壬 乙 庚 戊
午 巳 辰 卯 寅 丑 子 亥 戌 酉	午 丑 申 子

3세 모친상, 5세 부친상. 어릴 때부터 물과 과일을 팔아 생계를 꾸려나갔다. 20세에 청방淸幇에 가입, 마약 운반에 손을 댄다. 37세 甲子년 마약 운반 사업을 시작하면서부터 상하이 3인방 중에 한 사람으로 두각을 나타내기 시작했다. 甲子 대운이 최전성기였다. 재물과 명성이 자자했다. 1950년 63세 庚寅년, 좋아하는 여인 명과 30년 만에 결혼(5번째 처), 건강이 안 좋아 명이 서둘렀다. 1951년 64세 辛卯년 8월 16일 (丙申월 戊子일) 병사.

　　정관용재인 귀격, 丑午 해害, 申子 합슴은 유효하다. 배우자궁을 볼 때는 子丑 합도 유효로 본다. 庚申 정관 용신이 월령을 얻고 통근하므로 리더의 자질이 있다. 초년 辛酉 편관 대운은 관살 혼잡하여 좋지 않다. 북방 인수지는 신왕한 운이라 길 대운이다. 甲子, 乙丑 대운 20년이 가장 화려한 호운이다. 이때 정재계에 걸출한 인물이 되었다. 乙丑 대운은 乙庚 합으로 庚 정관 용신이 작용하여 중지되어도 壬 인수 용신이 길운을 주도하므로 길운이 분명하나 甲子보다는 운이 떨어진다.

　　丙寅 대운은 丙 상관이 寅午 화국火局과 함께 작용하므로 강력한 흉 대운이다. 연간 戊 재성이 水 인수를 일부 극하기 때문에 庚 관官을 보호하는 水 희신이 약하다. 이렇게 강력한 흉 대운은

종명도 가능하다.

丑⌢寅⌢午　申子

위 도식은 丙寅 대운까지 5자를 계산한 것이다. 寅은 寅丑 합, 寅午 합, 寅申 충이 동시에 작동하지만 寅이 3가지 일을 동시에 하기 때문에 寅申 충은 불가하고 丑寅午 합은 가능하므로 寅午 합은 유효한 상태가 된다. 丙寅 대운은 천간 지지에서 火 식상이 범람하므로 100% 흉 대운으로 선언한다.

63세 庚寅년, 寅午 합, 寅丑 합, 寅申 충이 동시에 진행하지만 이 중에 寅申 충만 1:1 진眞에 적용된다. (寅午　寅↔申　子丑) 그런데 壬 인수가 火를 제어하기 때문에 두 개의 庚 관官을 파손하기가 쉽지 않다. 지지 화국火局이 庚 관을 괴롭힐 수는 있어도 파손하지는 못하는 것이다. 실제 이때 몸이 좋지 않았지만 사망하지는 않았다.

64세 辛卯년은 1卯가 동시에 子午를 卯午 파, 卯子 형하므로 申子 합도 寅午 합도 해합하지 못하고 卯木은 그냥 대운 寅木이 작동하는 동방 木 시점이 된다. 丙辛 합이 되어도 寅午 화국 식상이 일어나 작동하는 흉년인 것은 마찬가지이다. 이처럼 庚寅년이 대운 丙寅의 시점이지만 庚寅 세운이 길년으로 나오면 대부분 다음 연도 辛卯년이 丙寅의 시점임을 기억해 두길 바란다.

丙申월은 申子 합 때문에 월지 寅申 충이 작동하여 申 관官이 파괴된다. (丑↔午寅↔申　申子↔卯) 그런데 월운 丙申의 丙 상관은 대운의 丙을 나타내고 있고 申은 원국의 申을 나타내고 있

으므로 이것은 申 파괴 시점 월로 바로 볼 수 있다. 월운의 申子
수국은 큰 문제가 되지 않는다. 장차 일·시운에서 수를 제어하
는 土는 반드시 나오기 때문이다.

戊子일은 子丑 합, 申子 합으로 분리되고 또 戊土가 출현했다.
(卯↔午寅↔申 申子 丑子) 申子 수국 인수는 戊일 재성이 제거
하므로 丙 상관은 庚 정관을 파괴하는 월운이 되는 것이다.

결론적으로 丙寅 대운 흉, 辛卯 세운 흉, 丙申월 흉, 戊子일 흉,
이렇게 대운, 세운, 월운, 일진까지 연속 흉이 되어 정관격을 파
괴하고 있으면 사망을 면할 방도가 없다.

이상은 일진까지 추적해 본 것이다. 대개 연·월운까지는 상
생상극으로 길흉을 추단할 수 있으나 일·시운은 일일이 계산하
기가 쉽지 않다. 그러므로 원국과 대운의 흉이 일치하고, 세운이
나 월운 천간 지지의 한 글자가 원국이나 대운의 흉신을 나타내
면 흉운이 일어나는 시점으로 바로 보는 것이 편리하다.

이 명조의 경우 丙申월은 수국 인수가 길신이므로 이것만 보
면 申월에 사망하지 않는다고 오판하기 쉽다. 그러므로 丙申월을
대운 丙이 원국 申 정관을 파괴하는 시점으로 바로 보는 것이다.

乾 유창순劉彰順										1918년			
10	90	80	70	60	50	40	30	20	10	時	日	月	年
辛	庚	己	戊	丁	丙	乙	甲	癸	壬	己	庚	辛	戊
未	午	巳	辰	卯	寅	丑	子	亥	戌	卯	申	酉	午

34세 辛卯 1951년 한국은행 도쿄 지점장. 44세 辛丑 1961년 제6

대 한국은행 총재. 50세 丁未 1967년~1981년 롯데제과 회장. 65세 壬戌 1982년에 제 15대 국무총리. 93세 庚寅 2010년 6월 (辛巳) 3일 (丁丑) 사망.

卯 ↔ 午 寅 ↔ 申 巳⌒酉 丑 ← 午

양인격, 위 도식은 庚午 대운, 93세 庚寅 세운, 辛巳월, 丁丑일, 사망 당일까지 지지 8자로 계산식을 세운 것이다. 午 대운은 합이 없어 午 대운이 시지 卯 재財를 파손하여 흉하다.

庚寅 세운은 대운 午와 합한 인오지관寅午之官 용신이 寅申 충, 卯午 파로 파손되어 흉 세운이 된다. 卯酉 충 때문에 卯午 파가 완벽하지 않으나 이것을 문제 삼을 필요는 없다. 庚寅 세운은 12개월 12지가 작동하기 때문에 월운에서 완벽한 卯午 파를 이룰 수 있기 때문이다. 실제 辛巳월에 巳酉 합이 완벽한 卯午 파를 성립시켰다. 辛巳월은 巳酉 금국이 작동하여 신왕한 명이 더욱 신왕하여 흉월이고, 丁丑일은 丁 정관 길신이 나타났으나 길일로 보기보다는 흉토흉금凶土凶金이 작동하는 시점으로 볼 수 있다.

일단 일주 庚申이 노년에 庚午로 나타난 것은 시점론에서 사망 대운을 뜻한다. 양인격은 본래 정관, 편관, 재성, 식상이 용신이고 인비印比는 흉신이다. 월에서 巳酉 금국은 申 비比 흉신에게 힘을 실어주고 庚寅 세운이 대운 午와 인오지관寅午之官을 이루는데 충파로 파괴된 것이 결정적 사망 원인이므로 나머지는 시점에 부합하는 운만 찾아내어도 되는 것이다. 즉 간명 임상에서 항상 연·월·일·시운까지 일일이 다 계산하기가 용이하지 않다는 것이다. 그러므로 흉이 작동하는 한 시점을 정확히 집어내어 계산해서 간단히 추단해야 효율적이다.

이 명조로 말하자면, 庚午 대운 庚 比比는 원국 庚 일간의 시점이다. 庚이 흉신이고 또 卯午 파로 재관 길신이 손상되기에 庚午 대운은 흉 대운이다. 대운은 운명이기 때문에 바로 사망 대운으로 본다. 이후 원국이나 대운을 뜻하는 글자가 나타나는 세운, 월운은 일일이 계산하지 않아도 바로 사망 세운으로 보는 것이다.

즉, 93세 庚寅년은 庚 比比 흉신이 또 나오고 대운 午는 寅과 같은 火이므로 대운 시점으로 본다. 그리고 寅년이 작동되는 시점은 寅월 巳월인데 寅월은 寅년이 복구되는 시점이므로 아니고, 巳월을 寅 파손 시점으로 보는 것이 가능하므로 사망 월로 보는 것이다. 간명은 최소한 월운까지는 보아야 한다.

乾 연산군燕山君[121]			1476년			
95 85 75 65 55 45 35 25 15 05			時 日 月 年			
己 戊 丁 丙 乙 甲 癸 壬 辛 庚			庚 丁 己 丙			
酉 申 未 午 巳 辰 卯 寅 丑 子			子 未 亥 申			

7세 壬寅년 모친 폐비 윤 씨 사망. (실록 : 8월 16일 壬子일) 8세 癸卯년 세자 책봉. 19세 甲寅년 12월, 부친 성종 사망으로 왕으로

---

121) 『성종실록』 11월 7일 기록. "丁未 前夜三更五點 元子生. 전날 밤 3경 5점三更五點에 원자元子가 탄생했다." 삼경은 하룻밤을 다섯으로 나눈 셋째의 시각. 밤 열한 시부터 새벽 한 시까지의 사이이므로 子시 출생이다. 『연산군일기』에는 원래 시기심이 많고 모진 성품을 가지고 있었으며 또 자질이 총명하지 못한 위인이어서 문리文理에 어둡고 사무 능력도 없는 사람이라고 서술되어 있다.

등극. 무오·갑자 양 사화士禍를 일으킴. 31세 丙寅년 9월 1일 중종반정으로 폐위 및 유배됨. 9월 24일 아들인 폐세자와 창녕대군, 양평군 사사. 31세 丙寅년 강화도에서 사망. (1506년 음력 11월 6일, 己亥월 辛巳일)

이 명조는 용신 변화가 있는 명조이므로 보기가 까다로우나 차분히 해석해 보면 사망 이유가 명확하다. 亥未 목국木局 인수격은 子未 해害, 申亥 해로 해합되고 亥 정관도 申에 의해 손상을 입어서 인수와 정관, 즉 인의와 올바름을 다 잃은 것이 폭정의 원인이다.

정관용재, 亥 정관이 용신이고 己 식신은 기신이고, 천간 庚辛 재성은 亥 정관을 생하는 희신이다. 연간 丙 겁재는 己土 식신을 돕는 흉신이다. 북방운은 亥水 관성이 작동하는 운이라 12년간 권력을 잘 유지했다.

壬寅 대운, 원국에 己 식상 흉신이 있는데 壬 정관이 노출된 것은 좋지 않다. 寅이 丙己의 장생운이라 흉신의 기세가 왕성하다.

31세 丙寅년은 寅 대운의 시점이고 丙己 흉신이 왕성하게 작용한다. 대운과 세운이 다 흉하므로 살려면 급히 정권을 내려놓고 마의태자처럼 산으로 들어가야 했다.

己亥월은 원국 己亥의 시점이고 己 흉신이 작동하는 시점이라 사망했다.

그런데 己亥월 지지를 계산해 보면 (子→未亥 寅⌒亥 申↔寅) 己 식상을 극하는 亥未 목국 인수가 살아있다. 그런데 흉발 시점이 대·세·월운까지 일치하면 월에 있는 합에 큰 의미를 두면 안 된다. 己亥월 30일 중에는 亥未를 해합하는 날짜가 반드시 나오기 때문이다. 따라서 월운의 합은 해합되는 것으로 직관할 필요가 있다. 실제 辛巳일에 巳亥 충이 작용하여 해미가 해합되어 사망했다. (子→未亥→巳　寅^亥　寅↔申)

乾 이승만李承晩			1875년			
96 86 76 66 56 46 36 26 16 06			時 日 月 年			
己 庚 辛 壬 癸 甲 乙 丙 丁 戊			庚 丁 己 乙			
巳 午 未 申 酉 戌 亥 子 丑 寅			子 亥 卯 亥			

1910년(36세 庚戌) 프린스턴 대학에서 박사학위 취득. 1934년(60세 甲戌) 10월 뉴욕에서 오스트리아인 프란체스카 도너Francesca Donner와 결혼. 1947년(74세 戊子) 7월 20일 대통령 선거에서 초대 대통령 당선. 1960년(85세 庚子) 3월(己卯) 15일 4대 대통령 당선. 4월 26일 하야下野. 1965년(91세 乙巳) 7월 19일 하와이 요양원 거세去世.

인수격이 정관을 쓰면 학식과 권력을 겸비한다. 그런데 乙 인수격이 己 식신과 庚재성이 투간해서 학자의 길을 포기하고 야망을 좇아갔다. 庚 재성이 乙 인印 용신을 멀리서 극하기 때문에 파손이 크지 않고 또 통관운 壬水 정관을 만나면 매우 좋다.

壬申 대운 74세 戊子년, 대세운 申子 수국水局은 壬 정관과 한 그룹이 된다. 인수용관운이다. 戊 상관이 비록 절, 태에 좌하여 태약하지만 戊剋壬은 가능한데도 대통령에 당선되었다. 壬 관官

은 극을 받아도 申子 수국水局이 보충한 것이다. 그렇다면 壬 관
하官下에 申子 수국이 있으면 천간 戊己 식상의 극에도 水는 손상
이 크지 않는 구조임을 외워두면 편리할 것이다. 이것은 명서에
있는 내용이다.

辛未 대운은 남방운이지만 辛 재성이 시퍼렇게 날이 서 있으
므로 乙 인수 용신은 손상된다. 좋지 못한 대운이다.

85세 庚子년 己卯월 선거는 (子子↔卯 未亥 亥卯) 子卯 형형
이 卯 인수 길신을 일부 손상한 것이라 탁한 월운이다. 庚辰월,
庚辛 재성이 乙 인수를 손상하여 하야했다.

庚午 대운은 노년에 庚 재성 흉신이 보인다. 子午 충沖으로 午
녹신이 파괴된다. 午 녹신 파괴는 사망 징후이다. 91세 乙巳년은
亥卯 합, 巳亥 충, 乙庚 합이 사망운을 주도했다.

乾 김구金九				1876년			
94 84 74 64 54 44 34 24 14 04				時 日 月 年			
丙 乙 甲 癸 壬 辛 庚 己 戊 丁				甲 己 丙 丙			
午 巳 辰 卯 寅 丑 子 亥 戌 酉				子 巳 申 子			

1911년(36세 辛亥) 일본 헌병에게 체포되어 고문당하고 4년간 감
옥 생활했다. 1946년(71세 丙戌) 비상국민회의 남조선 대표. 1948
년(73세 戊子) 4월 19일 북한에 다녀온 뒤 단독 정부 반대 성명 발
표. 7월 20일 초대 대통령 선거 한독당 당수 김구 낙선, 이승만이
당선되자 정계 은퇴. 9월 9일 북한 정부 수립 선포. 1949년(74세
己丑) 6월 26일 낮 12시 36분(庚午월 丁亥일 丙午시) 경교장에서 육

申子 재격이 甲 정관을 쓰는 재왕생관 명조이다. 水 재財 용신이 申 상관에서 나온 바라 성정이 강하고 독립적이다. 화상위재化傷爲財는 귀격이다. 丙丙巳 인수가 3개이다. 己巳 일주의 巳가 申에 형을 받고 북방운은 신약재왕이 되어 대발하지 못했다. 다만 庚子, 辛丑 식상 대운은 水 재성이 甲 관官을 구하여 대흉은 없다. 그렇지만 庚子 대운 36세부터 亥, 子, 丑, 寅 4년은 감옥에 있었으므로 신약한 명조는 水 재성운이 좋다고 할 수만은 없다.

壬寅 대운은 寅巳 형이 신왕관왕 길국을 무산시키므로 허망하다. 천간 丙丙 인수가 土를 생하는 것에 의존한다.

癸卯 대운은 癸 재성 용신이 파손되지 않으므로 길상이다. 다만 지지 卯는 子卯 형이 작동하여 재관이 파손되므로 좋지 않다. (巳↔申子 子↔卯) 癸 재격은 甲 관官이 용신인데 甲의 근원 卯의 파손은 흉이 된다. 그런데 子卯 형은 卯 관만 파손하는 것이 아니고 子 재財도 파손된다. 재관 파손이 이 대운의 흉이다. 지지 흉은 60% 흉이 적합하다. 60%의 흉운에 사망하는 경우도 있으므로 요주의 대운이다.

원래 양자兩子를 파손해야 申 상관격으로 복구된다. 그런데 대

---

122) 김구의 다음 절입 일은 양력 9월 7일 15:36분이고 미래 절입 일까지는 9일 14:36분이 된다. 9일은 3년, 14시는 70일, 30분은 2일 12시간, 6분은 12시로 확대된다. 3년 2월 13일이다. 이 수치를 생일에 더하면 만 3세 11월 12일경이 대운이 바뀌는 시점이 된다. 실제 나이 4세 11월 12일이다.

운에서 1子가 파손되면 대운 간법에서는 2子가 다 파손되는 것으로 본다. 子를 제어하는 글자는 丑卯午未申酉 등 6개이고 癸卯 10년 내에 나머지 1子마저 제어되어 상관격이 될 때가 있기 때문이다. 따라서 癸卯 대운은 어느 한순간 申 상관격 흉운이 되는 대운으로 직관할 필요가 있다. 1子가 파손됨으로써 이제 대운의 흉이 작용하는 세운 시점을 찾는 일만 남았는데 子를 제어하는 丑, 卯, 午, 未, 申, 酉년을 주목해야 한다.

73세 戊子년 7월은 초대 대통령 선거 월이고 7월은 癸卯 대운이다. 원국 申子 수국水局이 재격을 지으므로 아직은 癸 재성이 용신이다. 戊 겁劫 흉신이 작용하는 세운이지만 이승만처럼 대운, 세운이 수국을 짓는 것도 아니고 또 이승만처럼 길 대운도 아니다. 이것이 선거에 불리한 정황이 된다. 戊 겁 흉신이 오롯이 작용하는 세운이고 사람이 돕지 않는 탁濁운인데 선거에 출마해서 겨우 13표를 얻고 대통령 낙선했다.

74세 己丑년은 11월 12일까지 癸卯 대운이다. 己丑은 己巳 일주의 시점이다. 세운 子丑 합이 나머지 1子를 합하므로 (巳↔申 子^丑 子↔卯) 申子 수국은 해합되어 파괴되고 申 상관격으로 복구되어 申이 甲 관官을 파손하는 상관견관이 된다. 그리고 癸 재財가 상관견관의 통관용신이 되는데 己丑의 己 비比가 癸 재財 용신을 극하므로 흉 세운이 된다.

庚午월, 己丑년 비견 흉신은 午월에 토왕土旺한 달의 극치이다. 庚 상관까지 투출하여 좋지 않다. 丁亥일은 巳申亥 삼각三摧이 亥 재성을 파손하고, 丙午시 역시 己丑 비견(사람)이 흉신으로 왕성하게 작동하는 시이다. 土金 비견 상관이 癸甲 재관을 파괴하여 사망했다. 丙午시까지 계산한 계산식은 몇 개가 나올 수 있는데 그 중에 다음의 계산식이 주목된다.

午 ↔ 卯　亥 ↔ 巳 ↔ 申　子 → 午　子 ⌒ 丑

巳申亥 삼각三推이 申子 합을 해합하여 水의 결집이 무너진 것이 흉원이다.

그런데, 원칙적으로는 癸卯 대운에 나온 子卯 형 하나만 보고 흉운이라고 할 수는 없다. 또 다른 1子가 子申 합을 짓기 때문이다. 장래에 발생할 지지 형충파해합의 결과를 고려하지 않으면 癸 재성 용신이 투출한 길 대운으로 오판할 수도 있는 사항이다. 그러므로 상관 흉격을 복구시키는 자묘 형이 일단 대운에서 시동이 걸리면 그 대운은 흉 대운으로 직관할 필요가 있다.

원래 대운이 아닌 세운에서 발생한 흉은 소흉인 것이 원칙이다. 그러나 이 명조는 己丑 세운이 대운의 흉을 완결하여 한 순간에 대운 흉, 세운 흉이 되었다. 소흉보다는 좀 더 흉한 7~90%의 흉운이라고 할 수 있다. 이 말은 김구의 己丑년이 흉운인 것은 분명하지만 반드시 종명하는 운은 아니라는 것이다. 7~90%의 흉은 100% 흉이 아니다. 천재지변이나 자살, 타살, 비행기 사고 등에서 사망하는 운이라고 해야 할 것이다.

乾 노무현   1946년

92 82 72 62 52 42 32 22 12 02   時 日 月 年

丙 乙 甲 癸 壬 辛 庚 己 戊 丁   丙 戊 丙 丙

午 巳 辰 卯 寅 丑 子 亥 戌 酉   辰 寅 申 戌

30세 乙卯년 네 번째 도전 끝에 고시에 합격. 대전에서 판사로 1
년 근무하고 변호사 활동함. 57세 壬午(2002년 12년 19일)년 壬子월
辛酉일에 대통령 당선. 64세 己丑년 4월 박연차 뇌물수수 사건
조사받는 도중 투신 사망.(己丑년 己巳월 戊辰일 乙卯시) (교운 양 4세
2월 9일)

寅申 충은 申辰 합과 寅戌 합이 된 상태에서 충하는 것이기 때
문에 천미식 충이 성립된다. 월지 申은 합이 있어 파괴되지 않지
만 일지 寅은 합이 있어도 토금 세력에 의해 파괴된다. 申 식신
이 寅 편관을 파괴한 것이다. 만일 운에서 동방 寅운을 만나면
지지 寅 편관이 복구되어 대관이 된다.

원국에서 寅木이 파괴된 명조는 기본적으로 木운이 길하다.
그러나 木운이라 해도 木이 파손되거나 흉을 지으면 흉운으로 논
하는 것이 명리 정법이다. 이 명조는 원국에 寅申 충이 있기 때
문에 辰戌 2자만 제어하면 申辰 합, 寅戌 합 두 개의 합이 다 무
산되어 반대로 일지 寅이 월령 申 식신을 파손하게 되므로 해합
을 매우 주의 깊게 보아야 한다. 또 土가 작동하여 水 재성을 제
거해도 문제가 크다. 중첩된 3丙 인수가 월지 申 식신 용신을 파
괴하기 때문이다. 따라서 이 명조에서 가장 좋은 글자는 水 재성

이고 가장 나쁜 글자는 戊己土 비겁이다.

壬寅 대운은 寅 편관이 복구되어 대권을 잡았다. 壬 재성은 申에서 투간한 화식위재化食爲財라 운의 급수가 크다. 57세 壬午년은 壬寅의 시점이다. 寅午 화국火局 인수는 水에 극을 받아도 별문제없다. 水 인수가 중중하기 때문이다.

癸卯 대운은 천간 癸 재성이 길신이다. 卯운은 동방 목왕지이고 지지 土 비比를 극할 수 있다. 卯는 卯辰 천穿, 卯申 암합, 卯戌합이 접촉된다. 그런데 이 중에 합이 2개라 1卯는 3자字를 제어하지 못하므로 그냥 卯 관성으로 작용한다. 다만 卯 대운이 수고辰 비比를 천穿하는 것은 좋지 못한 징후이다. 이 묘진 천 때문에癸卯 대운 10년 내에 申 식신 용신이 파손되기 때문이다.

본래 寅은 戌이 합으로 寅申 충을 구한 것이지만 구원신 戌을제어하면 寅申 충이 성립되기 때문에 대운 간법에서 이처럼 卯가辰 비를 접촉한 것은 곧 이 대운 내에 戌도 제어되는 것으로 본다. 戌을 제어하는 글자는 丑辰未 등이고 1개 이상이라 癸卯 대운 10년 내에 반드시 戌을 파손하는 세운을 만나게 되어 있다. 세운이 대운의 흉을 완결하는 이런 상은 대운의 흉으로 본다. 辰戌2자 중에서 卯 대운이 辰 1개를 접촉하는 것은 결코 작은 사안이아닌 것이다.

거듭 설명하자면, 卯운이 辰 녹신을 천하면 癸卯 대운 내에 申辰 합, 寅午 합은 풀리게 된다. 세운이 연지 戌을 제어하면 연달아서 申辰 합, 寅戌 합이 풀리고 寅申 충이 작동되는 것인데 목왕지에 寅은 왕성하므로 월지 申 식신을 충하여 파괴하는 것이다.월지 용신 파괴는 매우 흉한 사안이다. 戌을 형충하는 글자는 丑

辰未 등인데 癸卯 대운 십 년 중에 한 자는 반드시 나오게 되므로 癸卯 대운은 『삼명통회』의 '월령제강불가충 십중구명개위흉'[123]의 법칙에 해당되는 흉 세운을 운명적으로 만나는 것이다. 따라서 癸卯 대운에 卯辰 천穿이 있으면 이 대운에 申 식신격이 파괴되는 것으로 직관한다.

癸 대운 전후 세운 길신 水의 흐름을 보면 丁亥, 戊子를 지나서 己丑년에 水 재財가 땅 속으로 숨어들어가고 흉신 土가 작동하는 시점이다. 게다가 丑辰未 중에 癸卯 대운 첫 년이 64세 己丑년이다. 대운 벽두부터 흉 세운을 맞이했다.

卯 → 辰申 ↔ 寅戌 ↔ 丑

己丑년 丑戌 형은 진眞이다. 중중한 土 군비겁群比劫이 동하므로 癸水 재성은 타격을 받아 불리하다. 또 丑戌 형은 전술한 대로 寅午 합, 申辰 합을 해합하고 寅申 충이 작동하여 寅이 월지 申 식신격을 파괴한다. 이때 申辰 수국이 해합되고 자동으로 3丙 인印이 벌떼처럼 달려들어 월령 申 식신을 극파하므로 천간 지지에서 사면초가, 명주에게 매우 곤혹스러운 1년이 된 것이다.

己巳월은 토왕土旺한 월이고 癸 재성이 파괴된다. 寅巳申 삼형은 申 파괴 시점이고, 戊辰일 乙卯시는 1:1 卯辰 천穿이 되므로 辰일은 월지 용신 申 식신을 구하지 못하는 흉월이다. (卯→辰 申 ↔巳↔寅 戌↔丑 辰←卯)

그런데, 대운을 거슬러 올라가면 중년 丑 대운이 辰이나 戌 한

---

123) 『三命通會』「論雜氣」"月令提綱不可衝, 十衝九命皆爲凶."

자를 형파하고 세운 酉, 戌, 丑년 등이 戊辰을 접촉하면 申辰 해합이 되나 북방운은 水가 주관하기 때문에 해합의 의미가 그리 크지 않다. 원래 북방운에 火土는 기력이 없는데다 丑戌 형, 丑辰 파에서 金水가 작동하므로 火土의 흉이 발생한다 해도 사망할 정도는 아닌 것이다.

또 해합 인자가 2개 이하라면 10년 중에 해합 운을 피해갈 수도 있다. 그러므로 해합 인자 2개 중에 대운에서 1개가 작동해도 세운에서 나머지 1개가 무조건 작동할 것이라고 속단해도 안 된다. 어느 정도 감은 잡고 있되 반드시 남아 있는 지지의 상대 해합 인자가 몇 개이고 어떤 상태에서 해합인지 확인하는 습관을 들여야 한다.

한편, 명주 사망 뒤에 동일 명조 두 사람의 자료가 나왔는데 두 사람 다 운전이 직업이고 己丑년을 무사히 넘긴 것으로 보아 북방 세운 마지막 64세 己丑년이 흉 세운인 것은 분명하지만, 대운이 아닌 세운에서 발생한 흉이기 때문에 누구에게나 다 필연적인 사망운은 아니라는 것을 알 수 있다. 사망은 대개 흉 대운 흉 세운에서 일어나기 때문이다. 다만 이 명조는 세운이 대운의 흉을 완결했기 때문에 결과적으로 대운도 흉하고 세운도 흉한 세운이 된 것이라 평범한 소흉운이 아닌 것은 확실하다.

선인후과先因後果는 사람마다 다르다. 동명 사주라고 해도 고관대작에게는 죽을 정도의 큰 고통이 되지만, 보통 사람들에게는 힘들어도 무난하게 넘어갈 수 있는 세운이 될 수 있다.

乾 1956년

99 89 79 69 59 49 39 29 19 09		時 日 月 年
丙 乙 甲 癸 壬 辛 庚 己 戊 丁		癸 甲 丙 丙
午 巳 辰 卯 寅 丑 子 亥 戌 酉		酉 寅 申 申

60세 乙未년 己丑월 己亥일(1월 18일) 申시경 집 주변에 쓰러져 의식이 없는 것을 발견하고 병원 이송 중 사망. 의사는 심장마비 사로 추정했다.

2申 1寅, 월지 申은 寅申 충이 불가하나 연지 申은 寅申 충이 가능하다. 일지 寅 녹신은 수명성이다. 壬寅 대운은 원국에서 파괴된 寅이 나타났다. 이 寅은 寅 녹신의 복구라고 할 수 없다. 녹신 파괴 시점이다. 2申 2寅 진충眞沖이 되어 寅이 손상되기 때문이다. 형충파해의 복구 시점과 파괴 시점을 잘 구분해야 한다.

60세 乙未년은 寅木의 입묘 운이고 未土가 申金의 무리가 된다. 己丑월 역시 土金이 작동하는 시점이다.

乾 노회찬   1956년

94 84 74 64 54 44 34 24 14 04		時 日 月 年
丙 乙 甲 癸 壬 辛 庚 己 戊 丁		庚 庚 丙 丙
午 巳 辰 卯 寅 丑 子 亥 戌 酉		辰 午 申 申

49세 甲申(2004년 5월)년 제17대 비례대표 국회의원. 57세 壬辰년 (2012년 5월) 제19대 국회의원. 61세 丙申(2016년 5월)년 제20대 국

회의원. 63세 戊戌년 己未월 丙辰일 癸巳시 사망. (2018년 7월 23일 오전 9시 39분 투신)

병살丙煞이 흉신이다. 壬寅 대운에 丙이 보이므로 살煞 작동 시점이다. 寅午 화국火局 관살이 일어난다. 寅 상上에 제살하는 壬 식상이 있지만 대운에 있는 壬 식상의 제살작용은 10년간 다 유효한 것은 아니다.

63세 戊戌년은 丙의 시점이다. 戊 인수가 묘지墓地에 있으나 寅午戌 화국이 발생하여 戊 인수의 역량은 크다. 戊 인印이 壬水 식상을 제거하자 병살丙煞이 작동했다. 己未월 丙辰일 또한 토왕土旺한 달과 일이라 고통을 이겨내지 못했다.

坤 1957년

10	90	80	70	60	50	40	30	20	10	時	日	月	年
壬	辛	庚	己	戊	丁	丙	乙	甲	癸	乙	甲	壬	丁
戌	酉	申	未	午	巳	辰	卯	寅	丑	丑	寅	子	酉

결혼 후 남편과 식당의 물수건을 세탁해서 납품하는 사업을 했다. 결혼 초기에만 좀 힘들었고, 20년 이상 불 일어나듯 벌었다. 50대에 부자가 되었으나 남편이 바람피우는 문제로 근심이 있었다. 안전을 위해서 공장과 땅을 자신 이름으로 해 두었다. 56세 5월 21일(壬辰년 乙巳월 壬午일) 오전, 사업장에 출근하여 기계실 주변을 청소하다가 돌아가는 기계에 머리카락이 말려 들어가 머리가 깨어져서 사망했다. 기계 소음이

너무 크고 사람들은 한가한 곳에서 작업하고 있어서 사망 한 참 후에야 발견되었다. 고혈압이 있었는데 약을 먹지 않고 있었다. 부모도 단명했고 집안이 단명한 집안이었다.

수명성은 일지 寅 녹신이다. 子 인수격이 丁火 상관을 쓰는 명조이다. 丁壬 합으로 丁 상관이 손상되기 때문에 甲寅, 乙卯 비겁 대운이 丁火 식상을 생해주어 길하다. 丙辰 대운은 火土 식신 재성이 작동하여 사업이 번창했다.

丁巳 대운은 왕한 火 식상운이라 재물운인 것은 분명하다. 실제 사망 직전까지 호황이었다. 그런데 寅巳 형은 불미한 징후이다. 寅 녹신의 파괴는 수명 손상이다. 巳丑 합이 형을 방어하지만 (寅↔巳丑 子↔酉) 대운 간법에서는 합이 되어도 寅巳 형이 가능한 것으로 직관한다. 즉, 巳丑 2자 중에 대운에서 1巳는 寅이 이미 제어한 것이고 나머지 丑을 제어하는 글자는 2개 이상 辰, 巳, 午, 未, 酉 5개가 있으므로 丁巳 대운 내에 寅巳 형은 반드시 일어나는 것이다.

56세 壬辰년은 辰酉 합 때문에 寅巳 형이 된다. (寅↔巳丑^子 辰^酉) 현재운 辰土 세운은 水의 묘지라 水가 寅을 돕지 못한다. 乙巳월은 寅巳 형의 시점을 나타낸다. 壬午일도 寅巳 형이 작동한다. (子→午寅^巳 丑^巳酉^辰)

乾 1985년

10 91 81 71 61 51 41 31 21 11	時 日 月 年
辛 壬 癸 甲 乙 丙 丁 戊 己 庚	丁 乙 辛 乙
未 申 酉 戌 亥 子 丑 寅 卯 辰	亥 亥 巳 丑

36세 庚子년 己丑월 중순 현재까지 1년간 직장에 잘 다녔다. 다만 연말부터 우울한 기분에 휩싸여있다. 미혼.

신살辛煞이 간점이다. 巳丑 금국이 도우므로 살중하다. 丁巳 식상은 신살을 제어하는 용신이다. 木火 비겁 식상운은 길하나 土金水운은 좋지 않다.

戊寅 대운 동방지는 길지이다. 다만 戊 재財는 살을 돕는 흉신이므로 길한 중에 흉이 있다.

36세 庚子년은 북방 수 인수 흉세운이다. 子丑 합이 巳亥 충을 작동시켜서 巳火 용신을 파손한다.

寅 ↔ 亥 亥 → 巳 丑 ˄ 子

그런데 이렇게 지지 계산식이 흉으로 나와도 즉시 흉운으로 판단하지 말고 최종 천간 지지를 꼼꼼하게 확인하는 습관을 들여야 한다. 자세히 보면 寅亥 파가 흉신 戊 재財를 약화시킨 것이라 吉 대운이 되고 또 巳 식상 용신이 손상되어도 丁은 남아서 제살하므로 아주 흉국은 아니다.

그런데 세운이 이렇게 흉상이 보여도 12개월을 다 대입해 보면 흉월이 하나도 없는 경우가 있다. 이 명조도 子년의 흉이 발생하는 월운이 없다. 즉, 寅월은 寅亥 합이 巳를 구하고, 卯월은 亥卯 합이 巳를 구하고, 辰월은 子辰 합이 巳를 구하고, 巳월은 巳의 복구 월이고, 壬午월은 壬이 丁을 파손하나 午寅 화국이 巳를 구하고, 未월은 亥未 합이 巳를 구하고, 申월은 辛亥 해가 巳를 구하고, 酉월은 巳酉 합이 巳를 구하고 丙戌월은 寅戌 합이 巳를 구하고, 丁亥월은 2亥 1巳 불충이 巳를 구하고, 子월은 2子 1丑 쟁합이 巳를 구하고, 丑월은 巳丑 합이 巳를 구하므로 庚子년 지지 6자에서 나온 巳亥 충을 작동할 월 시점이 없는 것이다.

그렇다면 庚子년 1년은 비록 만족스럽지 않고 또 겨울에 우울한 기분에 사로잡히는 것은 분명하나 대흉은 물론이고 소흉도 작동하지 않는 것이다. 겉으로 보기에는 庚子년이 흉년처럼 보이나 실제는 흉이 없는 세운이다.

乾『맹사단명질례집』										1989년			
98	88	78	68	58	48	38	28	18	08	時	日	月	年
丙	丁	戊	己	庚	辛	壬	癸	甲	乙	丁	戊	丙	己
辰	巳	午	未	申	酉	戌	亥	子	丑	巳	午	寅	巳

"저 해자孩子는 단명하다. 살아있는 시간은 불과 13세(乙운)이다."

"당신이 볼 때 어떻게 죽는가요? 해소할 판법은 없나요?"

"그는 차화車禍로 죽어. 머리에 창創을 받아 한쪽 눈이 없어져. 이 재화는 해소가 불가능하다. 명중에 있는 재화야. 판법이 없어."

"당신이 볼 때 나년 나월이(언제가로 하는게 어떨런지요?) 가장 위험

합니까?"

"1998년(戊寅 10세) 음력 10월(癸亥)이 가장 흉해."

하중기의 산명은 그대로 응험했다. 癸亥월 己未일에 차 사고가

나서 사망했고 한쪽 눈이 있는 머리가 날아갔다.

丙 인수 용신이고 寅巳 형은 寅巳 양자 손상이다. 북방운은 巳

녹신의 절, 태지이다. 乙丑 대운은 북방지 시작 대운이고 乙운은

寅木의 시점이다.

乙丑 대운은 본래 丙 인수가 乙 정관을 만나 인수용관 길국이

된다. 丑운에 乙 관官을 극하는 金 식상이 투출하나 丙丁火 인수

가 제거하므로 천간의 동향은 乙丑 대운이 흉하다고 할 만한 사

안이 없다. 그런데 명주는 사망했다. 지지 寅巳 형을 무시하면 천

추의 한을 남길 사례이다.

월지가 합이 되어 형충파해하면 월지는 손상이 없으나 상대

지지는 손상이 가능하다. 이 寅巳 형의 寅은 안전하나 巳는 손상

된다. 巳는 戊 일간의 녹신이므로 수명을 보고 또 초년을 본다.

연지 巳는 일시에 巳午의 火 동기가 있어서 화왕火旺하므로 원국

은 파괴되는 상이 아니다. 다만 대운이 초년부터 북방 수운으로

가므로 상황이 급변한다. 북방운은 火가 절, 태지에 임한 것이므

로 원국에서 火가 아무리 왕성해도 절화絶火되어 나약해지기 때

문이다.

寅巳 형이 작동되는 시점은 戊寅, 戊申, 甲戌, 甲申, 己未, 乙丑

등이다. 寅巳 형이 연월에 있고 조년에 乙丑 대운이 있고 寅丑

합이 겨울 丑土마저 깨버린다. 북방운이 시작되므로 乙丑 대운이

바로 寅巳 형으로 巳 파괴 시점이다. 甲子운은 寅巳의 시점이 아니다.

13세 전까지 乙木운이고 10세 戊寅년은 동방 목운 시작 연이다. 모두 木운이다. 하중기는 寅이 巳 녹신을 깨트리는 인자로 본 것이다. 그런데 戊寅년 甲寅월을 흉월로 보지 않고 癸亥월을 사망 월로 본 이유는 무엇일까? 甲寅이나 癸亥는 똑같이 木운 시점이다. 癸亥는 겨울이고 甲寅은 봄이라는 차이만 있다. 乙丑의 乙은 겨울 관대라 건왕하고 丙은 겨울에 태약하다. 寅월은 巳의 장생이라 건왕하고 亥월은 대운 북방의 시점이다. 그래서 甲寅, 癸亥 중에 癸亥를 사망 시점으로 본 것이다. 원국 寅巳보다는 乙丑 대운의 시점을 따른 것이다. 소위 시점론, 응기론이다. 이때 乙 정관과 癸亥의 癸 재성은 길신 길운인데도 불구하고 명조를 파괴하는 시점으로 본다. 일단 원국 寅巳 형에서 寅木에 의해 巳 녹신이 손상되는 상이 있고 대운에서 木운을 보면 木 자체의 길신, 흉신에 관계없이 원국의 흉이 작동하는 시점으로 보는 것이다.

寅巳 형은 차사고의 상이다. 대운 丑土는 도로이다. 寅과 巳는 양화陽火이고 寅巳 형은 무은지형이라 차(寅)와 차(巳)가 야몰차게 충돌한다. 그래서 도로 위에서 일어난 차사고로 본다.

寅木은 창의創이다. 巳火는 눈眼이다. 巳中戊는 두뇌를 뜻한다. 寅木이 巳中戊土를 극한 것은 두뇌 손상이고 또 형은 丙의 손상이다. 그러므로 눈이 손상된다. 이러한 정황은 오행과 12지의 특성, 형의 속성 등을 잘 숙지하고 오랫동안 연습해야 명확한 답이 도출된다.

참고로 지지 계산식은 다음과 같다.

(寅↔巳丑←午 寅→巳←亥)

乾 1941년

92 82 72 62 52 42 32 22 12 02	時 日 月 年
庚 辛 壬 癸 甲 乙 丙 丁 戊 己	乙 丙 庚 辛
辰 巳 午 未 申 酉 戌 亥 子 丑	未 戌 寅 巳

丁亥 대운에 은행에 입사하여 큰돈을 모았으나 丙戌 대운에 건강이 극도로 악화되어 퇴사하고 甲申 대운 57세 丁丑년에 교통사고로 사망했다.

未戌 형, 寅巳 형은 유효하다. 신왕한 명조이고 金 재성이 용신이다. 寅巳 형은 중요한 사안이다.

己丑 대운은 북방운을 만나 巳가 절화되지만 寅巳 파손 시점은 아니다. 甲申이 파손 시점이다. 甲申은 寅巳申 삼형으로 3자字가 파괴된다. 이중에 寅 인수와 巳 녹신의 파손이 흉해가 크다. 시점과 흉운이 일치했다.

57세 丁丑년은 대운 申의 시점이고 북방 세운이다. 겨울이 되면 축술미丑戌未 水剋火가 작동하여 丙 일주의 근원 火 비겁을 파손한다.

坤 1968년

91 81 71 61 51 41 32 22 12 02		時 日 月 年
庚 辛 壬 癸 甲 乙 丙 丁 戊 己		戊 甲 庚 戊
戌 亥 子 丑 寅 卯 辰 巳 午 未		辰 寅 申 申

31세 戊寅년에 승용차로 고속도로를 주행하다 중앙선을 침범하여 대형 트레일러와 충돌, 본인과 일가족이 사망했다.[124]

申辰 합, 寅申 충은 유효하다. 월지 申 편관은 충 불가하나 연지 申은 일지 寅 녹신을 충한다. 이것은 흉상이다. 丁巳 대운은 寅의 시점이고 寅巳申 삼형으로 3자字 파손이다. 이 중에 寅 녹신 손상이 가장 중요하다.

31세 戊寅년은 대운 巳의 시점이다. 寅巳 형, 寅申 충은 유효하여 寅 녹신이 파괴되어서 차사고로 사망했다. 寅은 가족이고 또한 자동차이다. 丁巳 대운은 원국 寅申 충의 시점인 것이다.

坤 1953년

99 89 79 69 59 49 39 29 19 09		時 日 月 年
甲 癸 壬 辛 庚 己 戊 丁 丙 乙		癸 己 甲 癸
子 亥 戌 酉 申 未 午 巳 辰 卯		酉 丑 寅 巳

67세 己亥년 癸酉월 사망했다. 수술을 받았는데 간에 테니스공 만한 게 들어있었다고 딸이 전해주었다.

124) 역학동 http://cafe.daum.net/2040/MsI/43139

酉丑 합, 寅巳 형은 유효하다. 甲 정관 용신이 금국 식상을 차(帶)고 있다. 金 식상은 흉신이다. (酉⌒丑巳↔寅) 寅巳 형은 寅 관官을 파괴하는 또 하나의 흉상이다. 寅 관이 손상되면 여성은 배우자의 고난을 뜻하고, 寅 정관격 손상은 수명성 손상이기도 하고 간이 약해지는 징후이기도 하다.

丁巳 대운 2巳 1寅은 불형이므로 寅 정관을 구하는 길 대운이다. 혹 癸亥, 丙寅년에 巳亥 충, 寅巳 형으로 대운 巳를 파손하면 연지 巳도 무기력해져[125] 寅은 안전해 진다. 그래서 흉이 없었다.

庚申 대운은 원국 巳의 시점이다. 또 酉丑 식상이 작동하는 첫 서방 대운이다. 또 寅巳申 삼형이 작동하여 寅 관이 파괴된다. 59세부터 卯辰, 巳午, 未申, 酉戌년까지 8년간은 寅 정관이 파괴되는 세운이 없다. 卯年은 寅 관을 돕고 辰은 申을 합하여 수생목이 되고 癸巳는 巳 파괴, 乙未는 관살혼잡, 申은 2申 1寅 불충, 酉는 巳酉 합이 癸 재財를 생하여 무사하고 戌은 寅戌 화국이 庚申을 방어한다. 그런데 이렇게 8년을 일일이 다 계산할 필요 없고 申巳寅의 시점만 계산하는 것이 훨씬 효과적이다. 즉, 申 대운의 시점은 巳년, 申년, 亥년이므로 이 3년만 계산해 보는 것이다.

67세 己亥년은 북방 세운이다. 金 흉신을 제하는 火 길신은 절되어 빛을 잃고 잠복한다. 己亥년에 寅亥 합, 巳亥 충, 寅申 충으로 寅 정관을 파괴한다. (申→寅亥→巳)

壬申, 癸酉월은 흉금凶金 식상이 작동하는 시점이다. 이중 壬申

---

125) 巳 대운 파손은 연지 巳가 무력해진다. 만일 寅대운 파손이면 원국 寅이 무기력해지므로 생명이 위태롭다. 이 논에 대해서 심화 과정, 깊은 탐구를 해보기 바란다.

월이 시점이지만 金이 壬水로 변하여 생목하므로 온전한 金의 시점이라 할 수 없다. 癸酉월은 단단해진 酉金이 작동하므로 金 식상의 시점이다. 시점론에서 申 대운의 시점은 壬申월이지만, 실제 申이 발현되는 시점은 酉가 되는 경우가 많다.

이렇게 세운이나 월운이 대운 흉금凶金을 선명하게 재현하기만 하면 상생상극론은 배제해도 된다. 가을은 酉金이 주主가 되므로 천간 癸의 작용은 무시해도 되는 사소한 것으로 치부하는 것이다. 혹은 시주 癸酉의 시점으로 보아도 된다.

坤 『적천수형의』(p.699)				1971년			
93 83 73 63 53 43 33 23 13 03				時 日 月 年			
癸 壬 辛 庚 己 戊 丁 丙 乙 甲				丙 甲 癸 辛			
卯 寅 丑 子 亥 戌 酉 申 未 午				寅 寅 巳 亥			

20대에 남자에게 몸을 파는 직업을 한다. (2002년 출판)

寅亥 파, 寅巳 형은 유효하다. 寅 배우자궁이 파손되었다. 녹신은 성기를 뜻하기도 한다. 辛 정관은 남편이고 辛의 가정궁은 亥인데 남편의 가정이 나의 가정을 寅亥 합파로 파괴하고 나의 가정이 남편의 가정을 寅亥 합파로 파괴한다. 팔자에 혼인은 불가하고 설사 혼인이 성립된다 해도 오래 가지 못한다. 대운에서 연지 亥나 일지 寅을 합하면 당분간 혼인을 이룰 수는 있다.

乙未 대운은 亥를 합하는 未 상上에 乙 겁재가 있어서 유부남을 만나 사랑하는 운이고, 戊戌 대운은 배우자궁 寅을 합으로 구하지

만 戊癸 합 때문에 辛 정관이 파손되므로 혼인 유지가 힘들다.

중년부터 丙申, 丁酉, 戊戌 30년간 서방 관성이 흐르므로 남자를 만나는 대운이지만, 아쉽게도 천간에 丙丁 식상이 같이 작용하므로 수시로 남자를 만나고 헤어지는 상이다. 따라서 혼인은 불가하다. 원국 배우자궁과 대운 관성이 다 파손되고 또 20대 현재는 서방 관성운이라 남자가 끌려오므로 몸을 파는 것이다. 인력으로 되는 것 같으면 어찌 몸 파는 직업을 하겠는가?

乾 1974년 04:00(출생 시)

99	89	79	69	59	49	39	29	19	09		時	日	月	年
己	戊	丁	丙	乙	甲	癸	壬	辛	庚		戊	乙	己	甲
卯	寅	丑	子	亥	戌	酉	申	未	午		寅	卯	巳	寅

전자 기계 전문가, 외국인 회사에 입사해서 유능한 사람으로 인정받았다. 37세 전후 회사 구조 조정 시 어려운 사람을 위해 자신이 퇴사하여 개인 사업 시작했으나 창업은 실패하고 돈을 다 털어먹고 매일 술로 살았다. 42세 乙未년 5월 초 복수가 차서 병원에 갔더니 간경화였다. 45세 戊戌년 이혼, 47세 庚子년 11월 23일 아침에 (丁亥월 庚午일) 사망한 것을 발견했다.

戊 재격이 용신이고 甲己 합은 초년에 청清을 짓는 것이라 입사 후 10년 30대는 좋은 세월이었다. 巳 상관이 월지이므로 寅巳 형으로 巳 상관 파손은 좋은 일이다. 1巳 2寅 불형이지만 원국에 일단 寅巳 형이 있으면 언젠가 寅巳 형이 작동될 시점이 있다.

壬申 대운은 寅申 충, 寅巳 형이 작동한다. 巳 상관을 형하는 것은 좋은 일이지만 그 결과는 다른 사람이 이익을 보게 되어 있다. 또 巳 역마가 동하므로 이직 운이고 戊 재財의 장생 寅의 파손은 불미하다. 戊 재성 용신의 일부가 손상된 것이다. 그러므로 申 대운 중에 퇴사도 옳지 못하고 창업도 옳지 못한 판단이다.

癸酉 대운의 불길한 징후는 2개이다. 하나는 戊癸 합으로 戊 재財 용신이 파손된 것이고 또 하나는 酉 편관이 작동된 것이다. 유살酉煞은 상황에 따라 일지 卯를 충할 수도 있고 乙 일간을 극할 수도 있는 흉신인데 서방운에 강력하게 작용한다.

癸酉 대운은 천간 지지가 다 흉하므로 100% 흉 대운이다. 이제 남은 것은 이 10년 중에 언제 흉이 작동하는가만 찾아볼 뿐이다. 金이 흉원이므로 丙申, 丁酉, 戊戌 3년을 우선 보면 丙丁戊火 식상이 酉 편관을 방어하여 무사히 넘어갔다.

47세 庚子년은 庚金 관성이 나타났고 또 子卯 형으로 子卯 인수녹신 길신이 둘 다 파손되므로 사망했다.

하늘은 이 사람에게 申 대운까지만 기회를 주었다. 이후는 소규모 공장에 들어가서 단순반복적인 일로 생계하면서 자기를 버리는 수양 생활에 집중해야 했다. 자기를 버리는 것이 깊으면 오래 살고 자기를 버리는 일에 실패하면 고난을 겪다가 결국 종명한다.

坤 1952년 02:00(출생 시)												
10 90 80 70 60 50 40 30 20 10										時	日	月	年
壬 癸 甲 乙 丙 丁 戊 己 庚 辛										癸	戊	壬	壬
辰 巳 午 未 申 酉 戌 亥 子 丑										丑	申	寅	辰

출생 시 : 癸丑. 甲寅시. 동네 소규모 미장원 원장, 20대 후반 결혼, 30대 초반 딸을 데리고 이혼, 40대에 만난 남자는 살다가 헤어졌고, 50대 중반에 만난 남자는 바람이 나서 헤어지고, 60대 초반에 만난 남자도 己亥년 후반기에 바람 펴서 서먹한 상태로 동거 중이다. 평생 여행을 즐겨하지는 않는다.

寅 편관격이고 寅申 충이 주 간점이다. 대운이 서방 금운 30년 길운으로 흘러가므로 운이 꾸준하여 돈이 모인다. 일지 申은 배우자궁이고 寅 편관을 충하는 것은 배우자가 들어오는 상이지만 寅 편관이 역마이므로 남자는 역마살이다. 따라서 이 寅申 충은 혼인 반복의 의미가 있다. 申이 辰과 합하므로 대운에서 연지 辰을 제어하면 寅申 충이 작동하여 寅 편관을 제하는 길운이 되고 그러면 혼인운이 작용한다.

子운이 辰과 합하면 寅申 충이 가능하여 결혼한다. (丑 寅←申辰^子) 亥운 寅亥 파는 寅申 충이 불가하여 寅이 멀어지므로 이혼운, 戌 대운에 辰戌 충은 寅申 충이 작동하므로 동거운, 酉운에 辰酉 합도 寅申 충이 작동하여 동거운, 申운에 申辰 합이 되어도 진眞 寅申 충이 되어 동거운이다. (丑 寅↔申辰^申) 寅 관성 官星 남자가 역마이므로 모두 살다가 떠나간다.

乾『맹사단명질례집』(p.64) 48세 戊寅년 방문

96	86	76	66	56	46	36	26	16	06		時	日	月	年
丙	丁	戊	己	庚	辛	壬	癸	甲	乙		壬	辛	丙	辛
戌	亥	子	丑	寅	卯	辰	巳	午	未		辰	卯	申	丑

하노사夏老師가 추단推斷하고 말했다.

"당신은 부친과 인연이 박하다. 당신은 모친의 개가改嫁를 따라 갔다. 계부繼父가 있다." 장노판이 말했다. "맞습니다. 저의 모친 은 제가 소싯적에 나의 친부와 이혼한 후에 나의 현재 부친에게 시집왔습니다."

하노사는 계속 말했다.

"당신은 개인 소매상 일을 한다. 36세부터 상관 대운이다. 현재 재운財運에 해당하고 매우 좋다."[126]

"예, 저는 지금 양차養車[127]를 운전합니다."

"당신 명중에는 비겁이 중중重重해서 극부극처剋父剋妻가 적지 않 다. 35세 乙亥년 처자에게 처의 재해가 있었다. 당년에 (乙亥년) 또 한 처자를 취했다."

"그렇습니다." 장노판은 바로 점두했다.

이 명조는 申→卯→辰 (金→木→土) 삼상이 작동하는 명조이 다. 申卯 암합은 금극목이고 처궁 파손이므로 이 사람의 부부운 을 본다. 丙 관官은 申을 극하여 卯 재財를 구하고 또 일간과 丙 辛 합은 혼인을 이어주는 오작교 역할을 하므로 여기서 丙 관은 혼인 인자이다. 또 丙 관은 용신인데 대운 초입부터 남방 관성운 으로 가므로 丙 관 길신이 잘 작동한다.

---

126) 식신, 상관은 財의 근원이므로 식록, 또한 재물로 보기도 한다. 丙 관官 은 이미 합으로 가버리고 또 상관에 극을 당하므로 관으로 나가지 못 하는 사주이고 壬 상관격 주격을 따라 장사로 나간다. 丙 관을 버리고 차선의 인생을 선택하므로 소매상이다.
127) 養車 : 양계차養鷄車를 말하는 듯하다.

癸巳 대운은 오작교 丙 관이 힘을 얻어 작동하는 대운이다. 申 겁却의 작용은 중지되므로 결혼 대운이다. 그런데 巳운은 또 巳 丑金이 申을 작동시키므로 부부 이별의 운도 있다. 癸巳 대운은 처의 만남과 이별을 예측할 수 있다.

보통은 운을 중심으로 간명하므로 壬 상관격이 乙亥년 亥卯 목국 재성을 보면 길 세운으로 판단하고 더 이상은 진행하지 않는다. 여기서 기타 가족관계의 운을 살펴볼 때는 각각의 지지를 대입한다. 연지, 월지는 노부모운, 일지는 배우자운, 시지는 자식 운 등을 보는 것이다. 이때 고려할 사항은 월지를 제외한 기타 지지는 합이 있어도 충이 가능하다는 것이다.

35세 乙亥년의 형충파해합 도식은 亥卯 합 중심이나 辛亥 해 중심의 계산식 2개가 발생한다. 2개의 계산식 중에 유효한 계산을 찾아야 한다. 亥 1자字가 두 계산을 동시에 작동시킬 수는 없기 때문이다.

① 丑⌒巳　亥⌒卯　申⌒辰
② 丑⌒巳　亥 ↔ 申　辰 → 卯

위 계산식 2개 중에 두 번째 申亥 해害 중심 계산이 유효하다. 그 원리(mechanism)를 알아내길 바란다. 간혹 2~3개의 계산식이 나올 수 있기 때문이다.

乙亥년 이별 : 이별 징후는 2가지이다. 첫째 혼인 인자 丙 관官이 시간 壬 상관에 극을 받으므로 水운은 장래 처와 이별을 예측한다. 두 번째 대운 巳가 丑과 합한 비겁이 乙亥년 乙 재財를 극하므로 이혼의 징후이다. 천간은 앞이고 지지는 뒤이다. 乙이 극을 받으므로 처와 이별이 먼저 일어난다.

乙亥년 혼인 : 일지 卯 재財 처성, 처궁이 입궁해 있다. 亥가 申 겁劫을 제하므로 일지 卯 재가 살아나서 작동한다. 이것이 결혼 징후이다. 이별 뒤에 결혼이 일어난다.

처의 변화 : 이 사람은 卯 재가 처성인데 처의 변화가 극심하다. 그 이유는 卯 재가 도화이고 또 申 겁재의 극을 받기 때문이다. 도화가 혼인궁 혼인성이 되면 혼인 반복의 의미가 있다. 처와 이별하면 빠른 시일 내에 다시 처를 취하게 되므로 극처 취처가 적지 않다.

한편, 왕쇠법旺衰法에서 (卯巳←×—亥申辰丑) 巳亥 충이 가능할 듯하나 卯辰 천 때문에 申亥 해가 작동하여 亥가 파손되므로 巳亥 충은 불가하다.

乾『적천수천미』「세운歲運」(p.466)　　時 日 月 年
戊 己 庚 辛 壬 癸 甲 乙 丙 丁　　丁 庚 戊 乙
寅 卯 辰 巳 午 未 申 酉 戌 亥　　丑 辰 子 未

丙운은 반수泮水에 들어가 공부했다. 乙운 39세 癸酉년 辛酉월 사망했다.

금수 상관은 丁 관官이 용신이다. 丁 관을 돕는 戊乙은 다 희신이다. 乙酉 대운은 신왕한 운이라 戊 인印보다 乙 재財가 중요하다. 그런데 酉丑 금국 비겁이 乙 재 파손은 치명적인 용희신 손상이 된다. 그러나 乙酉 대운은 당장 辰酉 합, 子丑 합으로 酉丑 합이 해합되므로 (辰⌒酉 丑⌒子 未) 乙 재가 안전한 듯하다. 하지만 대운은 변화가 극심하므로 이것을 믿으면 안 된다.

39세 癸酉년이 되면 酉丑 합이 성립되고 乙丁이 다 파손되어 사망했다. (辰酉 丑酉 子未) 乙酉 대운 癸酉년 辛酉월은 乙 재 파손 시점이다. 시점은 우선 간점이고 상생상극의 논리는 후순위 간점이다. 시점과 상생상극 길흉 결과가 일치하면 운명이 작동한다.

乾 1941년생

48 38 28 18 08		時 日 月 年
壬 癸 甲 乙 丙		己 辛 丁 辛
辰 巳 午 未 申		丑 巳 酉 巳

37세 丁巳년 丙辰월 복권 1등 당첨되어 횡재했다.
40세 庚申년 甲申월 교통사고로 사망했다. (교운 8세 11월 12일)

甲午 대운 丁巳년에 복권 당첨 된 것은 상기 주원장 명조 분석을 잘 읽어보면 알 수 있다. 여기서는 사망 시점만 분석한다.

癸巳 대운은 정살丁煞의 왕지이다. 일지 巳火 관성 흉신이 재림했다. 현재 운 癸 식상은 정살의 용신이다. 원국 己 인印은 癸 식상을 파손하므로 흉신이 된다. 癸巳 대운은 천간 지지가 다 흉하므로 흉 대운이다.

庚申년 甲申월은 巳의 시점이다. 巳火 관성의 흉이 발생한다. 일주 자신의 중대한 흉이 있음을 뜻한다. 그것은 癸 식상 용신이

손상되는 것이고 이것이 사망 이유이다. 계산식의 결과도 흉으로
나온다.

坤 1984년

98 88 78 68 58 48 38 28 18 08	時 日 月 年
乙甲癸壬辛庚己戊丁丙	庚 乙 乙 癸
亥戌酉申未午巳辰卯寅	辰 巳 丑 亥

정신과 치료를 받다가 2005년 6월 19일 10시(23세 乙酉년 甲戌월 壬
午일 乙巳시) 조금 넘어 아파트 9층 창으로 뛰어 내렸다. 병원에
실려가 호흡은 하고 있으나…

辰丑 파破, 巳亥 충이 있다. 진축 파를 해합 인자로 볼 수 있는
사례이다. 巳丑 합은 해합된다. 庚 정관은 용신이라 파손되면 안
된다. 癸 인수도 겸용인데 丑土剋水로 파손되어 불리한 상이 있다.

丁卯 대운 卯 녹신은 신왕 운이고 乙 일간의 동향이 나온 것이
다. 丁 식신이 庚 관官 용신을 극하는 것은 좋지 않다. 아울러 대
운에서 卯 녹신이 노출되면 파손을 조심해야 한다.

23세 乙酉년, 酉가 대운 卯를 충하므로 卯 녹신이 파손되어 사
망했다. 亥卯 합은 해합되어 亥가 卯를 구하지 못한다. (酉→卯
亥→巳 丑辰) 시점론에서 '乙丑=乙酉=卯'는 같은 시점을 뜻한다.

丁卯 대운은 庚 관官이 손상되어 흉 대운 선언이 가능하고, 乙
酉년은 반대로 酉 편관이 卯 녹신을 파괴하여 흉이 되었으니 대
운과 세운이 반대로 작용하여 흉을 지었다. 이 역시 반국의 현상

이다. 정관은 본래 일주의 길신이지만 지지 관성이 녹신을 파손하면 관성이 흉신이 된다.

乾『맹사단명질례집』	1973년
93 83 73 63 53 43 33 23 13 03	時 日 月 年
癸 壬 辛 庚 己 戊 丁 丙 乙 甲	乙 辛 癸 壬
亥 戌 酉 申 未 午 巳 辰 卯 寅	未 酉 丑 子

17세 己巳년 학업 중단, 돈 벌러 나감. 18세 庚午년부터 23세까지 (卯운) 발재했다. 19세 辛未년 재운임. 24세 乙亥년 재운 좋음. 26세 丁丑년 큰돈을 벌었다. (범법 재물) 28세 己卯년 결혼. 29세 庚辰년 사기혐의로 체포, 무기형 받고 재산 몰수당함. 이혼.

癸 식신은 丑土에 극을 받고 丑未 충으로 토동하여 土 인수가 주격이지만 乙卯, 丙辰 대운은 동방 목 재성운이고 水木 식상, 재성이 작동하므로 재물운이다. 酉丑 금국 비겁은 흉신이다.

원국 丑未 충은 乙木 재성 파손이므로 동방 木 재성 대운을 만나면 손상을 복구하여 좋다. 未 세운도 木이 있다. 재물운이다. 동방 木운 丑년, 丑未 충은 발재 시점이다.

丙辰 대운은 丙 관官이 辰土 인수印綬를 달고 나타나면 辰은 관청이나 감옥을 뜻한다. 동방 木 재성 재물 대운이고 丙辛 합은 이 재물이 나의 재물이 된다는 의미이다. 또 수국 식상이 丙 정관을 극하는 것은 범법으로 감옥에 가는 것이다.

26세 丁丑년, 火土는 水 식상을 제하는 길운이다. 원국 丑土

작동 시점이다. 丑년은 辰土를 파하여 동요케 한다. 丑土 인수가 동하면 원국의 丑未 충이 작동하고 이때 木 재財가 개고하는 시점이 된다. 다만 丑은 辰도 동요시켜서 음수陰水 식상이 나오므로 음지에서 취득한 부정한 재물이다.

29세 庚辰년은 丙辰 대운 辰의 시점이다. 金水 식상 흉신이 작동하여 丙 관官을 극하므로 감옥에 갔다.

乾 200억 부자　　　　　　　1937년

94 84 74 64 54 44 34 24 14 04　　時 日 月 年

辛 庚 己 戊 丁 丙 乙 甲 癸 壬　　庚 壬 辛 丙

亥 戌 酉 申 未 午 巳 辰 卯 寅　　子 子 丑 子

역학동 명리마당에 등재(2014)된 2백억대 재산가이다. 대기업 기획팀에 있다가 나와서 火 재성財星 대운에 재물을 만지기 시작했다. 돈에 대해 인색하다. 자식에게 만 원도 잘 안 줄 정도이다.

辛 인수가 용신인데 丙辛 합으로 丙 재財가 辛 인印을 극한다. 남방 巳午未 운은 丙 재 흉신의 뿌리가 왕해진 것이다. 남방운은 연지 丙 아래 子도 작동하는 시점이다. 또 월지 丑土 정관이 작동하는 시점이기도 하다. 따라서 火 재를 제어해도 길하고 火가 작동하여 丑土 정관이 왕해져도 길하다.

남방운이 되면 3子가 일어나서 火 재를 제어할 수 있다. 여기서 水 비겁이 火 재성 흉신을 제거하는 것은 극의 순간 발재가 일어남을 뜻한다. 또한 구두쇠를 뜻한다.

乙巳 대운은 巳丑金 인수가 투출하여 辛 인수를 복구하므로 길운이다.

丙午 대운은 3子가 작동하여 午 재를 충제하여 발재한다.

丁未 대운은 1未 3子의 자미 해가 작동하여 子 비겁이 발동하므로 이때도 丙 재가 무기력해지므로 재물운이 작용한다.

戊申 대운 이후도 土水가 丙 재를 제어하므로 재운이 계속된다. 水火가 재물을 만들어내는 구조는 발재가 크다.

乾 이율곡李栗谷　　　　　　1536생(寅시 3대운)

93	83	73	63	53	43	33	23	13	03		時	日	月	年
辛	庚	己	戊	丁	丙	乙	甲	癸	壬		壬	丁	辛	丙
亥	戌	酉	申	未	午	巳	辰	卯	寅		寅	未	丑	申

13세 戊寅년 진사 합격. 29세 乙丑년~31세 丁卯년 사이 9번 시험에 모두 수석 급제하여 역사적으로 전무후무한 구도장원공九度壯元公이 되었다. 8월 대과에서 장원급제하여 호조좌랑戶曹佐郞에 임명되어 첫 벼슬길에 올랐다. 47세 壬午년 正월 이조판서, 12월 병조판서. 48세 癸未년 〈시무육조時務六條〉를 계진하고 십만양병설을 주청했으나 받아들여지지 않았다. 49세 甲申년 正월 16일 (丙寅월 甲午일) 새벽, 지병으로 사망. (이율곡 사망 후 8년 만에 임진왜란이 일어남.)

『연해자평』은 시상 정관 귀격이라고 하고『자평진전』은 재왕생관, 식신대관이라고 한다. 원래 식신은 길신이지만 壬 관官이 辛

재성과 나란히 있으면서 입관하는 상이 보이면 월지 丑土 식신은 壬 정관을 극하는 흉신이 된다.

丑未 충은 세 가지 작용을 고려해야 한다. 첫째는 丑金 재성이 개고해서 壬 관을 돕는다. 두 번째는 未中乙木 인수 길신의 발동을 주시한다. 丑土 식상을 제어하는 木 인수 길신이 동방 木운 3~32세까지 30년간 작동하므로 이 시기에 역사적으로 전무후무한 9도 장원자(9번 수석)가 되어서 가볍게 수석 입관했다. 세 번째는 丑土 식신이 동하는 것이다. 토왕운은 좋지 않다. 土 식신은 壬 관官의 기신이라 혹 그가 말을 하면 말에 실수가 있을까 두렵다. 다행히 壬 아래 寅 인印이 丑 식食을 암합으로 제압하고 있으므로 23세 己未년 봄에 예안禮安의 도산陶山 이황李滉을 방문했고, 이황과 대화에서 그의 말은 거침이 없었으나 매우 조리가 있었다.

단명 징후는 丙辛 합이다. 辛 재財는 壬 관官의 에너지를 조달해주는 월령 용신인데 丙火 겁재劫財가 합으로 제거함으로써 辛 재는 무너지고 丑土 식신이 壬 관을 극하는 것이다. 따라서 이 명조는 火 비겁운이 최악의 흉운이 된다. 그 전 동방 목운 30년은 축토 식신이 제압되므로 안정적으로 벼슬이 연등했다.

남방운은 丙 겁劫 흉신이 작동하는 대운이다. 뿐만 아니라, 丑土 식신이 왕지를 만난 것이므로 흉 대운이다. 다행히 남방 첫 대운 乙巳는 乙 인수가 작동하여 丑土 식신을 제압하고 巳金 재도 작동하여 壬 관을 생하므로 무난하게 병조판서까지 올라갔다.

丙午 대운은 남방 正 비겁 대운이다. 전후좌우 어디를 둘러보아도 좋을 것이 없는 흉 대운이다. 원국 丙 겁劫이 작동되는 시점이고 寅午 화국이 丑土 식신 흉신을 왕성하게 해주고 있다. 丙午

대운은 丙 겁과 丑土 식상의 흉이 최왕해진다.

丙午 겁재 자체의 흉은 丙午가 辛丑 재격의 근원 丑金까지 파괴하여 흉이 된다. 대운 午는 해害로 丑金 재성 용신을 파괴하는 것이다. 원국 未寅에 火가 들어있고 午 대운이 합세하면 월지 丑金 재성을 궁지에 몰고 파괴한다.

49세 甲申년은 시지 寅과 연지 申 재성이 도위한 것이다. 申년은 申 위 丙이 작동하는 시점을 뜻한다. 寅午 합이 있어도 寅申충은 申 파괴가 가능하다. 金 재성 용신의 파괴 시점이다. 甲申년에 申 재성이 파괴되는 계산식은 다음과 같다.

未 ↔ 丑 午寅 ↔ 申 申 ↔ 寅

위 도식은 丙午 대운 甲申년 丙寅월까지 7자가 모여서 형충파해합하는 도식이다. 寅午 화국 해합은 불가하고 午火가 丑金 재財를 파괴하고 寅中丙火가 申金 재를 파괴한다. 사망 월일 丙寅월 甲午일도 모두 대운 丙午 비겁의 흉 시점이다.

乾 유성룡柳成龍										1542년(진시 8대운)[128]			
98	88	78	68	58	48	38	28	18	08	時	日	月	年
辛	庚	己	戊	丁	丙	乙	甲	癸	壬	甲	丁	辛	壬
酉	申	未	午	巳	辰	卯	寅	丑	子	辰	丑	亥	寅

---

128) 서애 류성룡은 『서애집西厓集』의 연보年譜에 보면 중종대왕 37년 임인壬寅년 十월 초 一일 丁丑 辰시에 의성현 사촌리에서 태어났다고 기록되어 있다.

23세 甲子(1564)년 명종 때 사마시司馬試 합격.

50세 辛卯(1591)년 권율, 이순신, 신충원 등 천거.

51세 壬辰(1592)년 임진왜란 발발, 4도 도체찰사四道都體察使.

57세 戊戌(1598)년 영의정에 보직 중 임진왜란 끝나고 정인홍 등 북인의 탄핵을 받아 삭탈관직 당함. 낙향 후 징비록 집필.

66세 丁未(1607)년 5월(乙巳) 31일 (음력 5월 6일) 사망.

정관용재인 귀격이다. 亥 정관이 寅에 파되는 것은 흠결이다. 신약한 丁 일간에게 寅中丙 겁재는 일간의 근원인데 寅亥 합파合破는 丁 일간도 손해이고 또 亥 정관도 손상당하므로 좋지 않다. 丙이 파괴되는 시점은 丙운 아니면 巳 대운이 된다. 甲寅, 乙卯 인수운 20년 동안은 寅亥 파를 구하므로 영의정까지 올라갔다.

丙辰 대운, 壬 정관 용신은 식상을 싫어하는데 辰土 식상이 나오고 또 辰운은 壬 정관의 묘지이므로 관운은 무기력하고 대신 丙 겁劫은 안전한 대운이다.

57세 戊戌년은 戊 상관운이다. 戊 식상이 戌 묘지에 앉으므로 식상의 작용은 크지 않다. 또 辰戌 충에서 戌火가 손상되므로 土 상관의 작용력은 80~90% 이상 반감되었다. 그래서 수명 손상은 없었으나 불명에 낙직은 있었다. 관성과 식상이 전투를 벌일 때는 戌火 녹신의 손상은 큰 문제 삼지 않는다. 전부지공田父之功의 논리가 작동하기 때문이다.

丁巳 대운에 丁 일간이 나왔고 일주 자신의 사안이 나왔다. 丁이 巳에 앉은 것은 丁 일간이 왕을 얻은 것이다. 그런데 丁壬 합은 壬 정관과 丁 비比가 같이 파손되어 흉하다. 그리고 巳亥寅 삼

각三推이 작동, 巳亥가 파손된다. (辰↔丑 巳↔亥^寅) 巳운은 원국 寅亥 파破의 丙 파손 시점을 명확하게 보이고 있는 것이다.

66세 丁未년은 남방 세운 마지막 연도이다. 丁은 丁 일간, 丁 대운이 시행되는 시점이다. 丑未 충은 참이고 巳丑은 해합되고 巳亥 충이 작동하여 巳와 亥는 동반 파괴된다. (寅↔亥↔巳 丑 未 辰) 寅亥巳 삼각三推은 3자字가 서로 파손된다.

巳월은 巳亥 충을 작동시키는 시점이다. (巳月↔寅亥→巳 丑 ↔未 辰) 대운, 세운에 보였던 巳亥 충이 66세 丁未년 巳월에 재현되어 사망했다.

乾 조 바이든			1942년[129]
97 87 77 67 57 47 37 27 17 07			時 日 月 年
辛 庚 己 戊 丁 丙 乙 甲 癸 壬			甲 丁 辛 壬
酉 申 未 午 巳 辰 卯 寅 丑 子			辰 丑 亥 午

역사학 정치학 전공, 윌밍턴에서 변호사 활동. 29세 庚戌(1970)년 뉴캐슬 군 의회 의원 당선. 31세 壬子(1972)년 (만 29세) 11월 민주당으로 연방 상원의원 최연소 당선. 동년 12월 18일 부인과 딸 교통사고 사망. 36년간 상원의원으로 활동. 79세 庚子년 11월 3일 (丙戌월) 대통령 당선.

정관용재인은 과거에는 승상 명조이지만 현대에는 황제까지

---

129) https://www.astrotheme.com/astrology/Joe_Biden 사이트에 나온 출생 시이다. 태어난 장소; 펜실베이니아 주 스크랜튼.

오르는 것이 가능한 귀격이다. 신약관왕은 甲 인印이 귀중한 용신이다. 유성룡은 연지가 寅이지만 바이든은 午이고 천간은 같다.

丙辰 대운 47세 戊辰(1988)년 대통령 경선 도중 포기. 유성룡은 戊戌년에 식상이 작동하여 삭탈관직하나 바이든은 戊辰년에 戊 식상이 작동할 때 대통령 경선 도중 포기했다. 戊 식상은 입관을 막는 흉신인 것이다.

丁巳 대운 남방운은 신왕 길지이다. 丁壬 합은 壬 관官이 파손되어 흉하다. 丑午해害, 巳亥 충으로 巳丑 금국은 해합되고 亥 정관은 파손되나 甲 인수는 또 하나의 용신으로 작용한다. (亥↔巳丑←午辰) 巳丑 금국이 해합되어 辛 재성이 세력을 잃고 壬 관官 돕는 일을 하므로 의원직을 유지한다. 巳亥 충의 결과는 巳亥가 파손되지만 午 녹신은 안전하므로 수명 손상을 면했다.

己未 대운은 아직 남방 대운이다. 甲己 합으로 甲 인印이 己 식상을 제하여 壬 관은 안전하다. 또 亥未 목국 인수가 작동, 壬 관을 보호한다. 己未 대운은 土 식상은 제어되고 木 인수와 壬 관성은 잘 작동하므로 경쟁에서 유리한 대운이다.

79세 庚子년은 庚 재성이 甲 인印을 극하면 亥未 목국 인수가 일어나 작동하므로 안전하다. 또 子辰 수국 관성은 壬 정관을 왕성하게 할뿐만 아니라 金木의 중간에서 상극을 소통하므로 庚 재財의 금극목은 불발하고 되레 庚 재가 壬 정관을 생하는 일을 한다. 그 결과 대통령 선거에서 당선되었다.

乾『명리정종』조시랑	時 日 月 年
丙乙甲癸壬辛庚己戊丁	丁甲丙丙
午巳辰卯寅丑子亥戌酉	卯寅申午

대운이 북방北方으로 행하여 대발大發하였다. 戊己土운에 회화생
김회火生金하니 길하고 寅 대운은 寅中丙火가 申中庚金을 충극
沖剋하며 왕병旺丙을 생왕生旺하게 하여 병신病神을 조왕助旺하게
함으로 종망終亡했다.

천간 丙丁火 식상이 가득하고 午戌 화국 식상까지 범람하여
월지 申 편관을 극하므로 신살申煞의 손상이 지나쳐서 제살태과
하다. 火로부터 申 편관을 살리는 북방 水 인수운은 대길했다.

壬寅 대운은 丙火 식상이 나타나므로 원국 丙의 시점이다. 이
렇게 시점이 나타나면 반드시 계산식을 대입해 보아야 한다. 결
과가 흉하면 흉발이 크다.

卯 申 ↔ 寅午　　卯 申 ↔ 寅午⌒寅

壬寅 대운, 월지는 합이 충해 오면 충 불가하므로 午寅 합이
申을 구한 것이다. 그런데 寅 대운이 되면 1:1 寅申 충이 성립되
어 월지 신살申煞이 손상된다. 연과 시는 거리가 멀어서 卯午 파
의 효과는 없다. 寅 대운은 화국은 범람하고 또 신살이 손상되어
사망했으므로 이 사람은 정 사주팔자 수명대로 살다갔다.

乾命 1966년

55 45 35 25 15 05	時 日 月 年
壬 辛 庚 己 戊 丁	丁 甲 丙 丙
寅 丑 子 亥 戌 酉	卯 寅 申 午

庚子 대운, 44세 己丑년 戊辰월 심장마비로 급사했다.

앞 명조와 동일 명조이다. 그런데 이 사람은 壬寅 대운까지 가지 못하고 庚子 대운 44세 己丑년 戊辰월에 사망했다.

庚子 대운은 庚 편관이 천간에 노출되었다. 월지가 노출되면 파손을 유심히 살펴야 한다. 庚은 子에 앉아서 약한 상태이고 왕성한 丙丁火 식상이 경살庚煞을 극剋하여 제거했다. 庚子 대운에 寅午 합, 申子 합이 卯을 만난 것이므로 申子 수국은 안전할 듯하나 子卯 형이 되어 이 수국은 파손된다. (卯↔子申↔寅午)

44세 己丑년은 申子 수국 인수가 파손되는 시점이다. (卯↔子申↔寅 午→丑) 천간에서도 己丑년 戊辰월은 土 재財가 水 인印을 극하니 丙丁火 식상이 달려들어 경살庚煞을 파괴한 것이다. 그렇다면 원국에 있는 申이 파괴되는 시점은 庚 대운과 寅 대운이다. 시점은 이렇게 대운 중에 몇 번씩 나타나기도 한다.

동일 명조 한 사람은 庚 대운에 사망했고 또 한 사람은 寅 대운에 사망했으니 사망 시기가 2차에 걸쳐 있는 것이다. 같은 명조인데도 사망 시기가 앞의 사주와 무려 20년의 차이가 있다. 그렇다면 사망은 운보다 사람에게 어느 정도 책임이 있을 것이다.

즉, 평상시 섭생과 운동을 꾸준히 하고 복을 지으면서 겸허하게 살아가면 庚子 대운을 넘기고 寅운까지 살 수 있지만, 하늘을 무시하고 겸허하지 않으면 1차 사망운에 하늘이 걷어가는 것이다. 그래서 사람은 항상 자만하지 말고 하늘 앞에 고개를 숙이고 겸손해야 한다.

坤 1981년 06:05(출생 시)

94 84 74 64 54 44 34 24 14 04	時 日 月 年
庚 己 戊 丁 丙 乙 甲 癸 壬 辛	癸 壬 庚 辛
子 亥 戌 酉 申 未 午 巳 辰 卯	卯 申 寅 酉

20세 庚辰년 재수해서 전문대 유아교육과를 졸업하고 유치원에 근무. 33세 癸巳년 연초부터 모델로 직업을 변경해서 재미있어 했는데 소화가 안 되어 내시경 검사를 했더니 위암 발견, 범위가 너무 넓어서 수술을 못하고 항암치료를 받았다. 34세 甲午년 투병하다 35세 乙未년 2015년 12월(己丑월) 15일 오전 6시경 사망.

寅 식신격이 용신인데 庚辛 인수에 극을 받고 또 申 인印의 충까지 받는다. 식신은 소화기관을 주관한다. 대개 寅 식신이 손상되면 소화가 안 되고 단명하다.

甲午 대운에 甲 식신 용신이 투출한 것은 寅의 파괴 시점을 뜻한다. 甲이 庚辛에 노출된 것이다. 寅午 화국 재성이 庚辛을 방어하려 하나 癸 겁재가 火를 극하고 있으므로 방어가 불가하고 甲 식신 용신은 그대로 파괴된다. 계산식을 대입해 보면, 寅午 합이 寅申 충은 구하려 하나 卯午 파가 작동하므로 寅午 합은 풀어져

서 寅申 충이 유효하다. 연시간의 卯酉 충은 불가하다. (卯↔午 寅↔申 酉) 화국 재성은 작동이 불가하고 천간 庚辛 인수가 甲 식신을 극하므로 甲午는 흉 대운이다.

33세 癸巳년 巳 재財 희신이 申 인印을 제어하는데 癸 겁재가 상극하上剋下로 巳火 재성을 극하므로 찬 기운의 습격을 받아 위 암 발병했다.

34세 甲午년은 흉 대운 甲午가 작용하는 시점이므로 병이 낫 지 않았다. 다만 대운에서 파괴된 火 재財가 세운에서는 午戌 합 이 살아나므로 사망 시점이 아니다.

35세 乙未년 午未 합 역시 寅申 충을 격발하는 세운이다. (未 ^午寅↔申 酉) 또 대운 甲庚 충, 세운 乙辛 충은 寅 식신의 세 력을 끊어내는 것이다. 대운 흉, 세운 흉, 己丑월 흉까지 나타나 므로 종명을 피하지 못했다.

坤 1961년

		時	日	月	年
92 82 72 62 52 42 32 22 12 02					
庚 己 戊 丁 丙 乙 甲 癸 壬 辛		癸	壬	庚	辛
子 亥 戌 酉 申 未 午 巳 辰 卯		卯	辰	寅	丑

癸巳 대운 : 한의사 남편이 주식하다가 20억 빚 남기고 심장마비 로 사망.

乙未 대운 : 부동산을 사기만 하면 대박 나서 천억대 부자가 됐 다.

丙申 대운 : 55세 乙未년 현재 임대료 수익도 엄청나고 세금도

엄청나서 관리 부담으로 정리 중이라 한다.[130]

앞의 명조와 천간은 같으나 지지는 다르다. 寅 식신은 역시 소화기관을 주관한다. 앞 명조와 다른 것은 원국에 寅申 충이 없어서 평소 위장 장애가 없다는 것이다. 그리고 癸 겁재는 한동안 寅 식신을 보호하는 희신 역할을 한다.

전조는 寅申 충으로 손상된 寅이 甲午 대운의 甲으로 투출하여 파괴 시점이 되나 이 명조는 건강한 寅이 甲운에 손상된다. 이것은 분명 흉운이다. 그런데 寅午 재성이 癸 겁劫에 극을 받기는 하나 寅午 화국이 와해된 것은 아니므로 남방 화세는 여전히 유효해서 庚 인印이 甲 식신을 극하는 강도는 약하다. 甲午 대운은 甲 식신이 손상되어 흉운은 분명하나 적어도 사망에 이를 정도의 대흉운은 아니었던 것이다.

또 전조는 세운 癸巳, 甲午, 乙未의 甲乙 木이 천간에서 무기력하게 떠 있었으나, 이 조는 33세 癸酉 35세 乙亥년의 癸乙의 뿌리가 유력했고 길 세운이다. 또 34세 甲戌년은 寅午戌 화국이 庚辛 인수를 극하므로 어려움을 잘 극복했다.

乙未 대운 乙辛 충은 乙 상관을 제해서 寅 식신을 맑게 만들었고 또 원국 寅卯辰과 未운은 木 식상이 왕旺한 것을 뜻하는데 未운에 丑未 충은 왕목旺木 식상 용신이 발동하는 발복운이 되어 부동산 대박이 난 것이다.

결과적으로 두 명조가 길흉운은 같으나, 甲午 대운에 甲이 원국의 파괴 시점인지 아닌지의 차이가 큰 차이를 만들었다.

---

130) 역학동 http://cafe.daum.net/2040/MsI/49145

乾 1954년

99 89 79 69 59 49 39 29 19 09 　　時 日 月 年

甲 乙 丙 丁 戊 己 庚 辛 壬 癸 　　乙 庚 甲 癸

寅 卯 辰 巳 午 未 申 酉 戌 亥 　　酉 申 子 巳

68세 庚子년 2020년 4월 15일에 국회의원(21대) 초선 당선.

子酉 파, 申巳 형은 유효하다. 巳 편관이 申 녹신을 파괴하는 것이 주 간점이다. 다행히 癸 상관이 천지합 상극하上剋下로 사살 巳煞을 제한다. 금수 상관이지만 巳 편관이 흉신이기 때문에 水 식상은 용신 역할을 한다. 癸 상관이 길신이므로 土운은 위험하다. 서북 대운은 申 녹신을 보호하므로 안전했다.

남방운은 巳를 돕고 또 토왕운이라 癸 상관이 파손되는 것을 조심해야 한다.

己未 대운, 甲乙 재성이 己 인수를 제거하여 癸를 살리므로 길하다.

戊午 대운, 甲乙 재성이 戊 인수를 파괴하여 癸 상관은 안전하다. 지지 申子 합은 해합(酉午↔子申↔巳)되나 巳가 작용력이 없어서 申은 안전한 대운이다. 甲午, 乙未년 甲乙 木도 길 작용을 한다.

68세 庚子년 子午 충은 午 관성을 제거하므로 길하다.

午 ← 子　巳 ↔ 申子 ↔ 酉

庚子년은 午巳酉 3자字가 子申子 3연합을 해합하므로 申子 합은 풀어진다. 이때 해합 결과도 반드시 살펴보아야 한다. 子午 충은 원래 子 상관은 안전하고 대운 午 관성은 손상되므로 사살巳煞이 힘을 받지 못한다. 월지 子는 酉에 파손되나 庚子년의 子 상관은 안전하므로 월지 子 상관이 복구된 것이고 길신으로 작용하므로 국회에 입성했다.

乾『적천수천미』「논지지論地支」	時 日 月 年
辛 庚 己 戊 丁 丙 乙 甲 癸 壬	癸 丙 辛 戊
未 午 巳 辰 卯 寅 丑 子 亥 戌	巳 午 酉 辰

부잣집에 태어났다. 子운으로 바뀌자, 가산을 탕진하고 자신도 죽고 말았다.

辛癸 재관은 길吉을 짓는 용희신이다. 甲子 대운 甲 인印은 戊 식신 흉신을 제어하는 길신인데 辛 재財가 甲을 파괴하므로 길변위흉, 흉운이 된다.

천간 癸水 정관은 길신이지만 지지 子 정관은 일지 午를 충하는 흉신이 된다. 일지 午는 子辰 합의 子가 충할 수 있으므로 이것이 사망 징후이다. (巳酉 辰子→午) 丙 일간의 巳 녹신 손상이 아니고 午 겁재의 손상이라 적어도 사망 대운은 아니라고 생각할지 모르겠으나, 수명 간법에서는 옆에 있는 巳 녹신보다 직하에 있는 午 겁劫이 더 중요하다는 것을 알려주는 사례이다.

甲子 대운은 子午 충이 아니면 직접 사망 이유를 찾을 수 없

다. 세운 亥子년이 시지 巳 녹신도 파괴하면 巳午가 다 파괴되므로 甲子 대운은 巳午가 파괴되는 대운이라 할 수 있다. 사망 예후에서 녹신만 중요한 것이 아니고 丁巳, 丙午처럼 일간의 근원이 겁재이면 겁재가 녹신과 같은 역할을 한다.

乾『적천수천미』「형상形象」　　　時 日 月 年

癸 壬 辛 庚 己 戊 丁 丙 乙 甲　　　壬 丙 癸 壬

亥 戌 酉 申 未 午 巳 辰 卯 寅　　　辰 午 丑 子

초운 **甲寅, 乙卯**에 화살생신化殺生身하여 일찍이 반수泮水에 놀았고 재물은 유여有餘했다. 후운 丙辰으로 교차하자 비단 방신幇身하지 못할 뿐만 아니라, 도리어 관살官殺의 극을 받아서 형처극자刑妻剋子하였고, 가업파산家業破散했다. 申년[131]에는 암중暗中에서 살국殺局을 도우므로 사망했다. 소위 助(인수)는 길하나 幇(비겁)은 도리어 해로운 것이다.

천간에 관살이 가득하다. 辰丑 파, 丑土 상관이 제살신인데 卯운은 丑을 건드리지 못하나 乙 인수는 丑 상관을 극할 수 있다. 그런데 乙의 근원 卯가 子卯 형으로 부서진다. (午→丑子↔卯) 乙卯는 한 오행이기 때문에 을근乙根 卯가 손상되면 乙 인수도 무기력하므로 丑 상관이 잘 작동한다. 또한 子卯 형은 子水 관성을 제거한 것이 되어 乙卯 대운은 길 대운이다.

丙辰 대운에 丙 비比가 나온 것은 일간 丙 일간의 사안을 나타

---

131) 32세 甲申년일 가능성이 높다.

낸 것이다. 辰은 원국 水의 시점이다. 申년도 水의 시점이다. 대운, 세운이 水 관성의 작동 시점을 나타내어 사망했다.

乾 『연해자평』 「희기喜忌」 한탁주韓侂冑 1152년

99 89 79 69 59 49 39 29 19 09	時 日 月 年
辛 庚 己 戊 丁 丙 乙 甲 癸	丙 己 辛 壬
酉 申 未 午 巳 辰 卯 寅 丑 子	寅 巳 亥 申

평주評註 : 앞에는 영달하나 뒤에는 곤욕스럽다. 己는 壬 재財를 용한다. 申은 장생이다. 己는 丙 인印을 용한다. 寅은 장생이다. 이 사맹은 흉국이다.[132] (韓平原 명조, 丙辰 대운 56세 丁卯년 음 11월 24일 참수로 사망.)

사맹이 다 있으면 사맹 누구하고든 충돌하기 때문에 천간이 흉신이면 길국이 되나 천간이 길신이면 흉국이 된다. 연주 壬申은 생의 전반부이고 壬 재성이 용신이고, 생의 후반부 丙寅은 丙 인수를 쓰는 명조이다. 壬丙 용신의 지지가 申寅 장생인데 모두 파손되어 흉국이 된다.

연지 申은 寅巳 형 때문에 寅巳의 공격은 없으나 申亥 해로 亥 재財가 파괴되는 것이 첫 번째 간점이다. 다행히 대운이 북방지로 시작하여 亥 재성을 살리고, 甲寅, 乙卯 관성 대운은 寅亥 합,

---

132) 『연해자평』 권1 「논희기」 "壬申, 辛亥, 己巳, 丙寅, 此命先榮後辱, 己用甲 爲官, 亥中有甲木長生, 己用壬爲財, 申中有壬水長生, 己用丙爲印綬, 寅 中有丙火長生, 此爲四孟凶局."

326 형충파해합 간법

亥卯 합이 亥 재를 살려서 전반부는 길운이 연속되었다. 파국을 운이 살린 것이다.

丙辰 대운은 丙寅 후반부의 시점이 나온 것이다. 寅巳 형으로 파괴된 丙 인印이 辰 관대 위에 앉았기 때문에 원국 寅巳 형을 구했다고 볼 수 있는 상황이지만, 申辰 수국이 丙 인을 파괴하는 바람에 寅巳 형으로 巳가 파괴되는 시점이 된다. 이것은 己 일간의 장생 巳가 파괴된 것이기도 해서 수명 손상 시점 대운이 된다.

56세 丁卯년은 丁壬 합이 되어 연간 壬 재財가 제거되는 바람에 세운에서 반국이 일어났다. 壬 재 용신이 제거되어 丙火 인수가 살아나지만 丙火 인수가 살아난 것을 좋다고 할 수 없는 입장이다. 丁卯의 卯 편관이 亥를 짚고 일어나서 己 일간을 파괴하기 때문이다. 乙卯 편관 대운은 辛 식신이 방어해서 길했으나 丙辰 대운 56 丁卯년에는 丙辛 합이 辛 식신을 작동하지 못하게 해서 卯 편관이 己 일간을 제거한 것이다.

대운은 운명이고 세운은 대운의 시점이다. 흉 대운이 선언되면 세운에서 반국이 되어도 그 반국이 대운 흉을 지지한 것이다.

乾 1978년 18:30(출생 시)

97 87 77 67 57 47 37 27 17 07	時 日 月 年
乙 甲 癸 壬 辛 庚 己 戊 丁 丙	丁 丙 乙 戊
丑 子 亥 戌 酉 申 未 午 巳 辰	酉 子 卯 午

40세 丁酉년 2월 : 작년丙申부터 지금까지 빚만 더 늘고 직장 변동이 많다. 도대체 자리를 잡을 수 없다. 일하던 곳에서는 임금

도 체불되고 있는 상황이다. 가는 곳마다 평탄하질 않으니 답답
하다.

41세 戊戌년 9월 : 중반부터 몸에 부상을 입어 두어 달 쉬다 8월
중순부터 다시 일을 하기 시작했다. 현재 부동산 분양하는 일에
종사하고 있다. 성격하고는 맞는 것 같은데 금전적으로는 재미
가 없고 진짜 먹고살 정도만 벌린다. 활동이 많으니 경비도 많이
들어간다. 계속해야 될까요?

42세 己亥년 12월 : 직장인이고 남자이고 아직 미혼입니다. 2018
년보단 2019년이 좀 더 좋았습니다. 내년 庚子년에는 어떨지 알
고 싶습니다.

월지의 형충파해는 『자평진전』의 학설을 준용한다는 것을 잊
으면 안 된다. 즉, 월지의 형충파해는 양자가 서로 형충파해되는
것이고 합이 있으면 형충파해가 구해지는 학설이다. 그러나 나머
지 월령 이외 지지는 『적천수천미』식 형충파해합이 유효하다.

『명통부明通賦』에서 이르길 子午卯酉는 사패지국四敗之局이라
했다. 子卯午 삼전살도 삼각 글자가 다 손상되나 자오묘유도 2자
씩 충돌하여 다 파괴된다. 그러므로 자오묘유가 다 모이면 역시
4자 전체가 손상되는 것으로 보고 대운에서 복구된 글자에 따라
원국의 길흉에 영향을 미친다고 생각하면 된다. 특히 월지는 간
법의 기준점이므로 길신이면 파괴되어 흉한 것이고 흉신이면 파
괴되어 길한 것으로 본다.

이 명조는 卯 인수 길신이 파괴된 것이므로 어쨌거나 卯 인수
를 복구하는 운이 길하다. 午운은 1卯 2午가 되어 卯를 구해서 길

운이고, 未운도 卯未 합이 구해서 길신 卯 인수가 잘 작동하고 있는 중이다.

40세 丁酉년 卯酉 충은 卯未 합이 卯를 구해서 길하다. 또 丁도 卯를 구하는 인자가 될 수 있다.

41세 戊戌년은 식상, 재물운이지만 9월은 酉월이라 몸을 다쳐서 쉬었다.

42세 己亥년은 亥卯未 목국 인수가 잘 작동하므로 길하다.

43세 庚子년은 子↔未卯↔午가 작동하므로 卯 인수에게 불리하므로 좋지 못한 1년을 보낼 것이다.

乾 건륭황제乾隆皇帝

96	86	76	66	56	46	36	26	16	06		時	日	月	年
丁	戊	己	庚	辛	壬	癸	甲	乙	丙		丙	庚	丁	辛
亥	子	丑	寅	卯	辰	巳	午	未	申		子	午	酉	卯

청淸나라 건륭황제乾隆皇帝의 명조이다. 옹정제의 넷째 아들이고, 중국 청나라 제6대 황제(재위 1735~1795) 60년간 통치, 건륭제(乾隆帝, 1711. 9. 25~1799. 2. 7)라 한다. 25세(乙卯) 즉위, 85세(乙卯) 하위. 아들 17명, 딸 10명을 두었다. (위천리의 명보에는 사망 일시가 陰 1797년 87세 (丙辰년) 1월 3일 진시로 기록되어 있다.) 사서史書에는 "1799년 (89세 己未) 正月 홍력은 병이 나서 많은 명의들의 치료를 받았지만 효과를 보지 못하고, 초사흘 날 양심전養心殿에서 세상을 떠났다."라고 기록되어 있다. 조부 강희제康熙帝의 재위 기간 (61년)을 넘는 것을 꺼려 재위 60년에 퇴위하고 태상황제가 되었

는데, 이 태상황제의 3년을 합하면 중국 역대 황제 중 재위 기간이 가장 길다. 사고전서四庫全書를 편찬했다.

건륭 황제, 子午卯酉가 다 있어서 사패지국四敗之局이지만, 대운의 흐름이 좋아서 오랫동안 황제의 자리를 보위했다.

양인도 관살혼잡이 흉신이다. 관살혼잡은 식상과 신왕운이 기본적인 길신이다. 그런데 酉 양인이 卯의 충으로 파손되었으므로 운에서 酉 양인을 살리는 것이 중요하다. 일단 천간에 辛 겁재 투출은 길상이다. 申 대운은 酉를 도와 酉金을 복구해서 길운이고, 未운은 午未 합, 卯未 합이 酉를 구했고, 午운은 卯午 파가 酉를 구하고, 巳운은 巳酉 합이 卯酉 충을 구하고, 辰운에 辰酉 합 길, 卯운은 1酉 2卯라 충이 안 된다. 庚寅 대운은 천간 庚 비比가 관살혼잡을 방어하고, 己丑 대운은 酉丑 합이 길국이다.

未운은 卯未 합이 酉를 구한다. (子↔午 未卯←酉)

25세 乙卯년 즉위 이유는 子卯午 삼전三戰으로 酉 양인이 구해져서 길하다. (子↔午↔卯 未卯←酉)

子운은 子가 卯酉 2자를 형파하는 것이다. 그 결과 子卯酉 3각 형충파하여 卯酉의 손상이 있고 월지 酉 손상이 흉인데 중요한 것은 길신 子 식상도 손상된다는 것이다. 관살혼잡의 용신이 식상인데 子 식상이 파괴되므로 비로소 흉 대운 선언이 가능하다.

87세 丙辰년은 子辰 합 때문에 卯酉 충이 되어 사망 시점이다.

89세 戊午년 역시 子午 충은 卯酉 충이 되어 사망 시점이다.

이 2년 중에 하나를 선택하라 하면 당연히 87세 丙辰년이 될 것이다. 병살丙煞이 사망 시점을 뜻하기 때문이다.

乾 백억 부자   1946년

96 86 76 66 56 46 36 26 16 06   時 日 月 年

丁 丙 乙 甲 癸 壬 辛 庚 己 戊   丁 庚 丁 丙

未 午 巳 辰 卯 寅 丑 子 亥 戌   丑 子 酉 戌

백억대 부자이다. 70세 乙未년 현재 사업체를 운영하고 있다. (교운 7세 01월 15일)

양인격, 丙丁 관살혼잡은 문제점이고 인비식印比食이 길신인데 酉 양인이 戌에 해害를 받으므로 파격이다. 그런데 파괴된 것이 살아나면 발재가 큰 법이다. 관살을 제복하는 金水 대운이 60년 간 흘러가므로 갑부가 되었다. 水火 교역이 재물을 만들면 재물이 크다.

乾 1952년

98 88 78 68 58 48 38 28 18 08   時 日 月 年

庚 辛 壬 癸 甲 乙 丙 丁 戊 己   壬 戊 庚 辛

寅 卯 辰 巳 午 未 申 酉 戌 亥   子 申 子 卯

사이렌 불고 아기를 낳았다. 씻기고 나서 첫 곡밥할 때 첫 닭이 울었다. 18세 丙午년 인천 외삼촌 집에서 유학하면서 인생이 확 바뀌어 약사가 되었다. 丙申 대운은 평범했고 안정했다. 乙未 대운부터 운이 좋아지기 시작했고 甲午 대운은 돈을 잘 벌었다. 63세 癸巳년, 64세 甲午년 장사가 잘 되었다, 그러나 무릎 관절이

子申 합, 卯子 형은 유효하다. 월지 子 재격이 卯 관성에 손상되나 申子 수국이 발생하므로 여기서 월지 子 재財의 파손은 타격이 크지 않다. 亥운에 亥卯 합이 子 재를 구하고, 戌운에 卯戌 합이 子를 구하고, 酉운 卯酉 충도 子를 구하고, 申운 申子 합도 子를 구하고, 未운 卯未 합이 子를 구하고, 午운 卯午 파가 子를 구하고, 巳운 申巳 합은 월지 子를 구하지 못하나 巳火가 녹신이기 때문에 녹신운에 월지 子 재성은 흉신이 되므로 子 제거는 되레 좋다. 수명에 지장이 없을 것이다. 辰운 子辰 합이 子를 구하고, 卯운은 1子 2卯형이 가능하므로 월지 子가 파괴되므로 흉하다.

종재의 상인데 남방운에 발재했다. 그 이유가 무엇인가? 전부 지공田父之功 명조는 신왕신약을 논하지 않는다. 이 명조는 정격도 가능하고 종재도 가능하다. 종재라고 해도 子 재격이 중심이고 子卯 형 때문에 子 재財가 손상되어 종재에서도 파격이다. 남방 지지가 계속 파격을 구했다. 그래서 귀貴는 성취하지 못하나 부는 성취한 것이다.

乾 도개 박재완			1903년
92 82 72 62 52 42 32 22 12 02			時 日 月 年
甲 乙 丙 丁 戊 己 庚 辛 壬 癸			丁 乙 甲 癸
寅 卯 辰 巳 午 未 申 酉 戌 亥			亥 亥 子 卯

10세 전에 곽면우郭俛宇 선생 문하에 입문해 사서삼경을 수학했다. 1928년 26세 때 금강산 돈도암頓道庵을 비롯한 여러 명산대찰에서 수도를 했다. 1948년 46세 戊子년 대전에 정착하여 명리 연구와 후진 양성을 기하다가 1974년 甲寅년 72세 『명리요강』 출판. 1992년 9월 28일 90세에 사망했다. (90세 壬申년 己酉월 戊申일)

子 인수격이 丁火 식신을 쓰는 명조이다. 子卯 형은 亥卯 합 때문에 일단 불가한 상이다. 그런데 월지 子는 子卯 형이 불가하나 연지 卯는 亥卯 합이 있어도 子卯 형이 가능하다. 연지는 『적천수천미』식을 따라서 왕자와 쇠자를 가려서 형충파해를 보기 때문이다.

따라서 연월의 子卯 형은 성립하고, 월지 子는 불형이라 파괴가 없지만, 연지 卯 녹신은 형을 받아 파괴가 가능하다. 형으로 卯가 파괴된 이유는 3水가 세력을 형성하여 卯를 파괴하기 때문이다. 亥子 水는 본기이고 亥中甲은 여기이므로 水보다 木이 약하다. 그러므로 子卯 형은 卯 녹신이 손상된다. 녹신은 수명 손상 징후이므로 예의 주시해야 한다.

乙卯 대운에 卯가 나와서 1子 2卯 운이 되나 운에서는 子卯 형이 가능한 것으로 본다. 만일 세운에서 申년 등을 만나면 1卯는 申卯 암합이 파괴하고 그러면 비로소 완전한 子卯 형이 작동되는 것이다.

이 명조에서 卯 녹신이 파괴되는 시점은 卯운과 子운밖에 없다. 亥운은 亥卯 합이 형을 구하고, 戌운은 卯戌 합이 형을 구하고, 酉운은 辛酉 편관이 나타나서 시간 丁 식신이 용신이 되므로

子酉 파로 子 인수의 파손은 길운을 짓는다. 申 대운은 申子 합이 亥卯 합을 유도하여 子卯 형을 구하고, 未운은 卯未 합이 형을 구하고, 午운 午子 충에서 깨지는 것은 午이므로 형을 구하고, 巳운 巳亥 충은 亥卯 합을 유도해서 형을 구하고, 辰운에 申子 합이 형을 구해서 卯 녹신이 안전하다. 만일 丑운이 있다면 子丑 합이 형을 구한다. 그러므로 오로지 子운 卯운만 子卯 형이 작동한다.

乾 자강 이석영										1920년			
95	85	75	65	55	45	35	25	15	05	時	日	月	年
壬	辛	庚	己	戊	丁	丙	乙	甲	癸	己	壬	壬	庚
辰	卯	寅	丑	子	亥	戌	酉	申	未	酉	子	午	申

법대를 졸업했다. 법관 손님이 많았다. 子酉 귀문이 시에 있어서 처자로 인해서 속을 많이 썩었다. 재화財火가 주작이라 부인이 말을 잘한다. 본처 놔두고 서울 와서 두 번째 처와 살았다. 丙戌 대운이 최고의 전성기였다. 돈을 많이 벌었다. (하루에 80명 봄) 丁亥 대운에 손님이 서서히 줄었다. 戊子 대운에 병에 걸렸다. 치매水多 걸려서 3~4살 어린애와 같았다. 庚申년(61세)에 풍병風病이 나서 4년 고생하다가 64세 癸亥년 사망했다. 『사주첩경』 저자이다.

己 정관격, 지지에서 午 재성 용신이 金水의 궁지에 몰려 있으므로 子午 충이 가능하여 午 재성 길신을 파손한다.

丁亥 대운은 申亥 해가 午 재財를 구하여 무난했다. (酉↔子申

↔亥 午)

戊子 대운 子午 충은 유효하다. 무살戊殺이 水를 방어하려고 해도 쇠신충왕왕신발衰神沖旺旺神發이 작동하여 水가 동한다. 64세 癸亥년 戊癸 합은 무살을 파괴한다. 북방 세운 초입 亥년에 사망했으므로 水가 분명한 사망 인자이다.

乾『자평진전』「논편관」심낭중	時 日 月 年
甲癸壬辛庚己戊丁丙乙	辛辛甲丙
辰卯寅丑子亥戌酉申未	卯亥午子

살대잡관煞帶雜官은 거살거관去煞去官이 다 청귀淸貴하다. 악통제의 명은 거관유살去官留煞했다. 대저 관은 귀기貴氣인데 거관이 어찌 거살과 같겠는가? 어찌 월령이 편관임을 알지 못하는가? 살이 용신이지 관이 용신이 아니다. 각각 그 중한 바를 따라야 한다. 만약 관격잡살官格雜煞이 거관유살去官留煞했다면 이와 같이 청귀라고 말하지 못할 것이다. 심낭중은 子午 충으로 극살剋煞[133]해서 거살유관去煞留官했다.

午 편관격을 子가 충하여 거살유관했다. 길국이다. 『자평진전』식 충은 서로 손상으로 본다. 심낭중과 반대로 월지 子를 午가 충해도 월령 子가 손상된다. 심낭중은 오살午煞이 충제를 받아 길국

---

133) 상충相沖이 있고 극충剋沖이 있다. 子午 충에서 수극화로 인식하면 극충이다. 경촌은 상충과 극충을 다 인정했으나 충으로 개고開庫는 인정하지 않았다.

이 되었으나 원국이 살대정관이라 운보는 법에서도 거관거살을 불구하고 여전히 식상운이 길하다고 했다. 명리는 일단 관살혼잡하면 흉으로 인정하기 때문에 거살유관도 식상운을 길하다고 보는 것이다. 『자평진전』에서 유일하게 子午 충을 적용한 예문이다.

그런데 위 원문 중에 "만약 관격잡살官格雜煞이 거관유살去官留煞했다면 이와 같이 청귀淸貴라고 말하지 못할 것이다."라고 한 문장은 대단히 중요한 문장이다. 이 문장은 우선 관살혼잡도 월지가 정관인가 편관인가 따라서 월지 충이 길인가 흉인가 판단한다는 것인데, 편관격이 정관을 대하고 있는 관살혼잡은 월지 편관격을 충하는 것이 좋은 바이지만, 정관격이 편관을 대해서 관살혼잡하다면 월지 정관격 충은 좋지 않다는 의미이다. 관살혼잡은 무조건 제하는 것이 좋다는 생각에 주의를 요하는 말이다. 관살혼잡해도 월지 정관격 충은 조심해야 하는 것이다.

乾『명리요강』1923년

90 80 70 60 50 40 30 20 10 00	時 日 月 年
丁戊己庚辛壬癸甲乙丙	丙辛丁癸
未申酉戌亥子丑寅卯辰	申巳巳亥

출생 후 호화생활로 30세까지 부국富局이었다. 癸운부터 가정이 점패했고 子운에 투기사업 하다가 대패하니…

巳 정관격이다. 丁巳는 정관대살이다. 申巳 형, 巳亥 충은 유효하다. 월지 巳 정관이 亥에 충을 받는 것은 흉국이다. 월지 정관

격이 파괴되면 정관, 편관이 혼잡해도 정관을 복구하는 木火 재성 관성운을 만나야 한다. 그런데 중년 이후는 계속 水 식상운을 만나기 때문에 실패의 연속이다.

坤 1973년 07:50(출생 시)

98 88 78 68 58 48 38 28 18 08	時 日 月 年
丁 丙 乙 甲 癸 壬 辛 庚 己 戊	壬 辛 丁 癸
卯 寅 丑 子 亥 戌 酉 申 未 午	辰 亥 巳 丑

24세(丙子)에 첫딸을 낳고, 29세(辛巳)에 둘째 딸을 낳았다. 방송통신대 유아교육학과 졸업 후 유아원 선생으로 취업했다. 42세 甲午년 여름, 팔을 다쳐서 수술하고 깁스를 했다. 어린이집에서 2달간 400만 생활비를 대줌.

월지 巳火는 정관이다. 巳亥 충이 보이고 巳丑 합이 巳를 구하고 있다. 庚申, 辛酉 대운에 금수 세력만 논하면 금수가 태왕하여 수왕화약水旺火弱하다. (水4.5→火2) 하지만 巳丑 합이 보호하고 있어서 巳火 정관은 손상되지 않았다. 金水의 세력이 태왕하다고 월지 합을 무시하고 함부로 巳火가 손상된다고 하면 안 되는 것이다. 가장 큰 이유는 명조 내에 辰丑土가 있다는 것이다. 申 대운에 신진합은 辰土가 동하고 酉 대운에 辰酉 합, 酉丑 합은 辰丑土가 동하므로 水의 작용이 대폭 위축되어서 巳火는 안전했던 것이다.

42세 甲午년은 丑午 해가 작동, 3:3 해합이 된다. (亥→巳 午→丑 酉⌒辰) 酉丑 월겁격은 해합되고 巳亥 충은 유효해서 巳 정관이 손상되어 좋지 않다. 巳火는 원래 土로도 보고 또 巳中庚金이 있는 것인데 파손되어 뼈를 다쳤다. 다만 甲午의 甲 재財가 巳火를 생하고 午 관성의 작용도 유효하므로 관성이 왕한 중에 巳정관이 손상된 것이라 100% 흉 세운은 아니고, 또 대운이 아닌 세운에서 巳 정관이 손상된 것을 감안하면 10~20%의 소흉이 작용한 것으로 추론할 수 있다.

乾 1955년

92 82 72 62 52 42 32 22 12 02	時 日 月 年
丁 戊 己 庚 辛 壬 癸 甲 乙 丙	丙 庚 丁 乙
丑 寅 卯 辰 巳 午 未 申 酉 戌	戌 辰 亥 未

癸未 대운 40세 甲戌년 화재가 나서 본인과 부인이 같이 소사燒死하고 말았다.

亥未 목국에서 木 재財가 투출하여 재격財格이다. 재격이 관살혼잡을 만난 것이라 편관 제복운 土金水 인비식印比食 운이 길하다.

癸未 대운은 남방 관성운으로 들어가서 관살의 최왕지가 된 것이 대흉의 요인이다. 癸 상관은 관살혼잡을 제거하는 길신인데 未土에 앉은 것이라 유효가 크지 않다. 未戌 형은 火土가 작동하기 때문이다.

40세 甲戌년은 未戌 형이 작동되는 시점이라 불이 일어났다. 火土가 입묘한 것만 보고 개고한 것을 깜박하면 평생이 한이 될 것이다. 화재는 火가 부족해도 일어나고 火가 지나쳐도 일어난다.

乙 재성은 처인데 未운에 입묘했다. 재성이 최약할 때이다. 乙 재財는 무기력하여 土를 제어하는 것은 불가하고 되레 丙丁火에 타버릴 뿐이다. 그래서 이 화재로 처도 사망한다.

坤 1969년 16:00(출생 시)

99 89 79 69 59 49 39 29 19 09	時 日 月 年
丙 乙 甲 癸 壬 辛 庚 己 戊 丁	戊 壬 丙 己
戌 酉 申 未 午 巳 辰 卯 寅 丑	申 戌 子 酉

52세 庚子년 己丑월 14일 壬戌 딸을 사칭했던 보이스 피싱에 당함. 평소 상품권 등으로 딸과 카카오톡을 주거니 받거니 했다. 주민등록 복사본을 보내주어, 카드를 만들어 순식간에 물건 산 것까지 치면 거의 1천만~천5백만 원 정도 손실을 볼 것으로 생각하고 있다.

戊己 관살혼잡 명조는 金水 인비와 木 식상이 길신이다. 원국 子酉 파는 金水 인비 길신 손상이고 이것이 실현되면 흉하다.

辛巳 대운, 남방운은 戊己 관살이 최왕한 시점이라 좋지 않다. 그나마 辛 인印이 보인 것은 반가운 일이므로 절반의 길운은 작동한다.

52세 庚子년 천간은 庚 인수 길신이 작용한다. 다만 庚은 대운 巳의 시점이라 찜찜하다. 2子 1酉이지만 세운 子는 酉 파손이 가능하다. (巳申 子子酉 戌) 원국 子酉 파가 실현되는 시점이다.

己丑월 천간 己 관성은 흉신이다. (巳申 子子酉 丑戌) 지지

丑戌 형은 酉 인印의 파손이므로 좋지 않다. 다만 세운 子는 손상되어도 원국 월지 子는 안전하므로 손해가 크지는 않다.

坤 1965년 01:00(출생 시)

93 83 73 63 53 43 33 23 13 03		時 日 月 年
己 戊 丁 丙 乙 甲 癸 壬 辛 庚		壬 癸 己 乙
丑 子 亥 戌 酉 申 未 午 巳 辰		子 未 卯 巳

27세 辛未년 결혼하고 행복한 세월을 보냈다. 丙子(32세)년 丁酉월 보험회사에 입사하여 재미있었고 자신감으로 일하여 인정받고 돈도 제법 모았다. 甲 상관 대운(42~46세)은 취미생활로 헬스로 몸만들기를 한다고 4천을 썼다. 47세 辛卯년에는 자기사업장을 차려 투잡(two-jop)을 했는데, 계약이 몇 배로 늘고 정신없이 일이 풀려 연봉이 3~4배가 오르며 지금(55세 己亥)까지 유지되고 있다. 일이 잘 풀려 나가던 중 54세 戊戌년은 몸이 안 좋아지다가 55세 己亥년 丙寅, 丁卯월은 입원했다. 4월 20일 현재 부서를 하나 더 만들어 2019년 6월부터 2020년 4월까지 책임자를 하기로 약속했다.

식신태왕해서 己 편관이 부서짐이 극심하다. 남방 대운은 己 편관이 왕지를 얻으므로 비로소 乙 식신이 일을 찾았고 壬癸 비겁운이 乙 식신을 생해주므로 사람이 돕고 재물은 불어나기 시작했다. 卯 식신은 길신이 되고 설계사 직업으로 두각을 나타내기 시작한 것이다.

운이 서방지로 달리면 卯 식상태왕이 제어되므로 이 또한 길운이 된다. 乙酉 대운 현재 입원해서 쉬어야 할 정도로 돈을 잘벌고 있다.

乾 1975년 (교운 양 1세 5월 15일 04시)

90 80 70 60 50 40 30 20 10 00	時 日 月 年
己 庚 辛 壬 癸 甲 乙 丙 丁 戊	壬 壬 己 乙
巳 午 未 申 酉 戌 亥 子 丑 寅	寅 子 卯 卯

18세 壬申년 정혼했다. 20세 甲戌년 연탄가스로 사망했다. 함께 있던 약혼녀는 사망하지 않았다. (20세 甲戌년, 丙寅月, 庚寅일 연탄가스로 사망)

子卯 형으로 일지 子 손상도 좋지 못하고 乙剋己로 월간 己 정관 손상도 흉하다. 둘 다 卯 상관이 흉원이다. 丁丑 대운은 북방운에 진입해서 子 비겁은 왕성해 졌으나 북방운에 己土는 절지에 들어간 것이라 己 관官 파손 시점이다.

戊寅 대운은 土의 장생이라 己土가 안전해서 무난하다.

丁丑 대운은 己土의 시점이고 己土의 기력이 약간 남아있지만 寅丑 합이 丑土를 파손하므로 丑 대운은 己 손상 시점이다.

20세 甲戌년 甲 상관은 寅의 시점이다. 戊己 관성은 술묘戌墓에서 입묘한다. 丙寅월은 甲의 시점이다. 甲 상관 흉신이 장생, 녹왕으로 왕하다.

이 명조는 혹 丁丑 대운을 넘기면 乙亥 대운이 다음 사망 시점

이다. 乙亥가 연주 乙卯를 재현하기 때문이다. 실제 동명 사주가
있었는데 그 사람은 乙亥 대운 36세 壬辰년에 사망했다.

乾『적천수천미』「간지총론干支總論」(p.77)　時 日 月 年
己 庚 辛 壬 癸 甲 乙 丙 丁 戊　　　　　壬 乙 己 乙
巳 午 未 申 酉 戌 亥 子 丑 寅　　　　　午 亥 卯 丑

처음 戊寅 대운과 丁丑 대운에서는 재성財星이 생을 만나서 유산
이 넉넉했다. 丙子 대운으로 바뀌니까 午火를 충거沖去하여 일시
에 패진敗盡되었고, 乙亥 대운은 처와 자식을 모두 팔고서 머리
를 깎고 중이 되었는데, 역시 절에서도 청정한 계율을 지키지 못
했고 결국 추위와 굶주림으로 죽고 말았다.

己 재성이 용신인데 도와주는 글자가 없는 외로운 재성이다.
丁丑 대운은 己土의 북방 절지가 분명하나 약간의 丑土 기운은
남아있고 또 寅의 파손도 없으므로 잘 지내었다. 乙亥 대운은 己
재성을 파괴하여 사망했다.

乾 돤치루이段祺瑞 총리　　　　　　1865년
90 80 70 60 50 40 30 20 10 00　　時 日 月 年
己 庚 辛 壬 癸 甲 乙 丙 丁 戊　　　壬 乙 己 乙
巳 午 未 申 酉 戌 亥 子 丑 寅　　　午 亥 卯 丑

어려서 가난하여 책을 읽지 못했다. 17세 辛巳년 아버지 권유로

군 입대. 1896년 (32세 丙申) 결혼. 39세 癸卯 5월 북양군사학교 교사. 1911년 (47세 辛亥) 신해혁명辛亥革命 이후 위안스카이(袁世凱) 총통 밑에서 육군총장이 되었다. 1916년 (52세 丙辰) 총리, 뒤이은 3정부에서도 계속 총리직에 있었다. 1926년 (63세 丙寅) 퇴임. 72세 丙子년 戊戌월 戊子일 사망.

앞 명조와 동일 명조이다. 乙亥 대운에 군대에 있었다. 32세 丙申년은 서방 관성운이고 申亥 해는 배우자궁이 움직이고 丙 상관이 생토하여 결혼했다.

辛未 대운 辛 편관은 흉신이고 未土 재성이 생살하므로 흉이 큰데 방어할 丙丁火가 없다.

72세 丙子년은 壬이 丙 상관을 극하므로 丙辛 합은 불가하고 신살辛煞 유효, 子未 해, 子卯 형, 子丑 합, 子午 충이 접촉 인자이고 각자 계산식이 성립되지만 그중에서 子卯 형이 유효하다. (子卯 午丑 未亥) 卯 녹신을 파손하고 丙 상관이 파손되어 좋지 않다.

甲申, 乙酉월은 甲乙 비겁이 목을 도우므로 무난했고 戊戌월은 아직 서방 세운이고 신살辛煞을 생하는 월이라 사망했다.

한 사람은 乙亥 대운에 사망했고 한 사람은 辛未 대운에 사망했으므로 운명은 고정된 것이 아니라는 것을 알 수 있다.

乾 백억 발재 1970년 08:10(출생 시)

98 88 78 68 58 48 38 28 18 08	時 日 月 年
戊 丁 丙 乙 甲 癸 壬 辛 庚 己	甲 壬 戊 庚
子 亥 戌 酉 申 未 午 巳 辰 卯	辰 戌 寅 戌

가을·겨울에는 작든 크든 남의 돈이든 내 돈이든 오천, 일억 정도의 재물은 한 번에 들어오곤 합니다. 辛巳 대운 32세 辛巳년 가을에 어떤 일로 인해 백억에 가까운 돈도 벌었습니다. 집에 가져다주고 형제들 나누어 주고, 지금(49세)은 한 푼도 없지만요. 甲申, 乙酉 대운에는 발복할 것을 믿고 기다리지만 많이 힘든 상황입니다.

칠살용재, 무살戊煞이 장생에 앉았고 寅戌 화국 재성의 생도 있으므로 戊 편관이 왕하다. 戊 편관을 제하는 甲 식신도 辰에 통근하므로 편관을 제압하는 식신이 우직하다. 편관과 식상이 중하면 스케일이 큰 사람이다.

칠살용재는 火 재성이 길운이므로 화운에 발재한다. 辛巳 대운 32세 辛巳년은 辛 인印의 장생이라 흉신 인수가 중重하다. 寅戌 합 때문에 寅巳 형은 불가하다. 다행히 남방운 巳 재財는 파손되지 않으므로 巳火 남방운에 왕금旺金 인수는 나약해진다. 원국 일시 辰戌 충은 火 재 길신이 손상되는데 남방운에 火 재가 복구되므로 발재운이다. 개고발재는 백억 발재도 가능하다.

편관이 있는 명조가 이렇게 편관의 뿌리가 깊고 제하는 식상의 뿌리도 깊으면 대부분 부자의 사주이다. 안타깝게도 이 사주

는 壬午, 癸未 대운에 壬癸 水 비겁 흉신이 火 재성 길신을 덮어
주어 더 이상 辛巳 대운과 같은 발재는 일어나지 않는다. 甲申, 乙
酉 대운에도 서방 金 인수가 흉신이므로 겨우 생계하는 운일 뿐
이다.

乾『명리요론』제4권(p.218)   1940년

97	87	77	67	57	47	37	27	17	07	時	日	月	年
戊	丁	丙	乙	甲	癸	壬	辛	庚	己	甲	戊	戊	庚
子	亥	戌	酉	申	未	午	巳	辰	卯	寅	子	寅	辰

초년 己卯 대운 고생이 심했고 庚辰, 辛巳 대운은 무난히 직장
생활을 하며 결혼도 했다. 壬대운 36세 乙卯년에 직장을 나와서
부동산업계에 뛰어들어 午대운에서 癸未 대운까지 많은 돈을 벌
었다. 그 후로는 재산관리만 하면서 62세 현재까지 무탈하게 지
내고 있다.

　　甲寅 편관은 庚辰 식상이 용신이다. 편관이 태중하고 편관의
용신 庚辰 식상도 강력하므로 재부財富의 등급이 크다. 다만 남방
火 인수운은 金 식상이 약해지므로 길운이 주춤거릴 운이지만 다
행히 辛巳 대운 巳 인印은 寅巳 형이 파손하므로 辛金 식상 길신
이 작동하여 월급 정도는 받았다.
　　壬午, 癸未 대운은 壬癸 재성이 흉신 火 인수를 제하므로 비로
소 발재發財하여 부를 얻으나 천간이 길을 지으면 대부는 불가하
고 대부분 소부이다. 대신 水火가 길국을 지으면 재부가 크기는

하다. 서방 대운까지 재물이 계속 늘어날 것이다.

坤 1948년   壬辰년 65세

96 86 76 66 56 46 36 26 16 06   時 日 月 年

甲 乙 丙 丁 戊 己 庚 辛 壬 癸   庚 戊 甲 戊

辰 巳 午 未 申 酉 戌 亥 子 丑   申 寅 寅 子

癸丑, 壬子, 辛亥 대운 고생을 좀 했고 庚戌 대운부터 일이 잘 풀리기 시작해서 현재 戊申 대운 잘살고 있다. 남편이 운영하는 회사(특수 기술 보유한 튼튼한 회사임) 부사장이고 남편 재산 외 자신의 재산만 백억 정도 된다. (역학동)

甲寅 편관을 庚申 식상으로 제하므로 편관이 태중하고 식상도 중하다. 甲 편관의 뿌리가 중하고 법제가 적당하면 왕후장상의 명이라고 했는데 딱 그 이론에 그대로 적용되는 명조이다. 子도 양陽으로 볼 수 있으므로 8자 전체가 양기 충만하다. 매우 활동적이고 스케일이 큰 사람임을 알 수 있다. 남편이 처를 부사장으로 앉힐 때는 그만한 능력이 있기 때문일 것이다. 그런데 간혹 이런 여자를 막상 만나보면 체구가 단아하니 작고 눈에서 빛이 나는 경우가 있는데 참 아이러니하다.

명조에 庚 식상 용신을 방해하는 火 인수가 없어서 水 재성은 편관을 돕는 흉신이 된다. 초운 水 재성운은 甲 편관을 생하므로 고생이 많았다. 대운이 서방 金 식상食傷으로 가자 대발한 것이다. 편관을 법제하는 이런 사주는 재부의 급수가 높다.

乾 록펠러 1839년 10대운

00	90	80	70	60	50	40	30	20	10		時	日	月	年
辛	壬	癸	甲	乙	丙	丁	戊	己	庚		壬	癸	辛	己
酉	戌	亥	子	丑	寅	卯	辰	巳	午		子	亥	未	亥

고교 졸업 후 월급으로 번 돈 1천 달러와 아버지한테서 빌린 돈 1천 달러를 합해 친구와 함께 21세 己未(1859)년 곡물중개회사를 차렸다. 1861년 남북전쟁이 터지면서 회사는 성공을 거둔다. 25세 癸亥(1863)년 정유소를 짓고 석유 사업 시작한지 2년 만에 그 지역의 가장 큰 정유소가 되었다. 34세 壬申(1872)년에는 클리블랜드의 거의 모든 정유소를 장악했고 1900년도 60대는 미국에서 생산되는 석유의 90%를 차지한 세계적인 갑부가 되어 수많은 기부를 행했다. 99세 丁丑(1937)년 (5월 23일) 사망. 2016년 현재 록펠러 자산은 빌 게이츠의 3배이다.

己未 편관이 득령하고 亥未 목국 식상이 중첩되므로 왕한 편관과 왕성한 식상의 세력 둘 다 막강하다. 왕성한 亥未 식상이 未 묘지에서 일어난 것이라 나약한 뿌리가 왕성해진 것이고 또 월간 辛 인수가 木 식상을 제어하므로 제살태과는 아니고 正 제살국이다.

己巳 대운은 己 편관이 투출하나 巳火 남방운이 辛 인수를 제하므로 식상이 잘 작용하여 양기兩己 편관을 제어할 수 있다. 특히 己巳 대운 25세 癸亥년에 정유소를 세운 것이 주효했다. 戊辰 대운도 관성운이지만 어쨌거나 동방 식상운이므로 왕성한 木 식

상이 작동, 제관제살이 충분해서 발전을 거듭했고 30대에 이미 거금을 성취했다.

동방운은 거침없는 식상 용신 대운이고 천간 丙丁 재성은 辛 인印 기신을 제하는 길운이고, 乙丑, 甲子 대운에도 그의 발전은 멈추어지지 않아 세계적 갑부가 되었다.

壬戌 대운은 戌土 관성의 묘지라 己 편관은 나약해지지만 대신 서방운은 辛 인印 흉신의 왕지라 불리하다.

99세 丁丑년 丑未 충은 土金 관성, 인수 흉신이 작동하는 세운이고 또 나약하지만 丑戌未 삼형이 未土 편관을 도와 작동해서 사망했다. 99세 노년은 나약한 관성운에도 사망한다.

> 乾 『연해자평』 「논형합論刑合」　　時 日 月 年
> 辛 庚 己 戊 丁 丙 乙 甲 癸 壬　　辛 丙 辛 丙
> 丑 子 亥 戌 酉 申 未 午 巳 辰　　卯 子 卯 子
>
> 이 명은 연월일시에 모두 형합刑合을 대하고 있다. 子水가 丙火를 충하고 겸하여 신身은 또한 약하다. 甲午 대운 31세 丙午년, 태세가 아울러 양인이고 2子가 午를 충한다. (有二子沖午) 양인羊刃이 형합을 갖추어서 주색과 음일淫佚로 죽었다.

천간은 丙辛 합이고 지지는 子卯 형이 있어 형합격이라고 한다. 이렇게 천간 지지가 다 묶이고 파괴되면 쓸 만한 오행 한 자도 남지 않는 상태와 같아지므로 좋지 못한 팔자로 본다. 격국으로 보아도 卯 인수격이 형으로 파괴되고 배우자궁 子도 파괴되어

가정도 직업도 없다. 2개의 丙辛 합은 여인을 탐하고 주색에 빠지는 상이다.

『오행정기五行精記』에 子卯午는 삼전살三戰殺이라고 했다. 삼형처럼 삼각 글자가 동시에 손상된다. 그러나 월지가 낀 子卯午 삼전살은 불가하다는 것이 『자평진전』의 입장이다. 다만 운에서는 卯午 파, 子午 충이 동시 충돌이 가능하므로 인동이 작동하여 子卯 형도 가능하다. 시차가 적용되는 삼전살은 가능하므로 월지 삼전살은 운에서만 가능한 것이다. 삼전살도 대운, 세운에 따라 변화가 무궁하므로 상황에 따라 달리 추단해야 한다.

甲午 대운 31세 丙午년은 운에서 子卯午 삼전살이 된 것이다. 삼전살로 卯 인수가 파괴되어 흉하다. 丙 일간의 근원 午의 파괴도 주시해야 한다. 卯午 인비 파괴가 사망 원인이다.

乾『명리요론』제4권	1956년
92 82 72 62 52 42 32 22 12 02	時 日 月 年
辛 庚 己 戊 丁 丙 乙 甲 癸 壬	辛 丙 辛 丙
丑 子 亥 戌 酉 申 未 午 巳 辰	卯 申 卯 申

잡기에 능했고 가정사는 뒷전이었다. 巳, 午 대운이 가장 길했다. 乙未 대운부터 재산의 탕진이 많았다. 직장을 나와서 판매사원으로 일하고 있으나 빚으로 고생이 많다. 申酉 대운도 좋은 대운이 아니며 딸만 3명 두었다. - 辛巳년 기록 -

『연해자평』「논형합」과 비슷하나 子卯 형이 없어 형합격은 아니지만 申卯 합이 卯 인수 길신을 파괴하는 것은 같으므로 흉국이다. 甲午 대운 卯午 파는 1午 2卯이므로 월지 卯는 큰 피해가 없다. 또 남방운 자체가 卯 인수를 보호하고 金 재성을 파괴하는 길운이므로 巳午 대운도 잘 보내었다.

乙未 대운은 申剋卯의 시점이다. 乙 인수 용신이 未 묘지에 앉았기 때문이다. 매사 불발하고 사기 당하는 운이다. 서방운에는 丙丁 비겁이 金 재성을 제하므로 약간의 길함은 있을 것이다.

乾 1974년

97 87 77 67 57 47 37 27 17 07	時 日 月 年
戊 丁 丙 乙 甲 癸 壬 辛 庚 己	癸 戊 戊 甲
寅 丑 子 亥 戌 酉 申 未 午 巳	丑 子 辰 寅

15세 戊辰년 단배團輩들과 함께 살인에 가담했다. 17세 庚午년 20년 형을 받았다. 27세 辛巳년 모범수로 13년 만에 가석방되었다. (하노사 추단 안건)

녹겁용재이대살[134]이다. 己巳 대운에 합살하므로 건녹격이 합살 존재한 것이고 또 巳丑 식상이 투출하여 칠살용재운이 된다. 癸 재격은 용신이 되므로 戊己 비겁은 흉신이 된다. 巳운은 戊 比가 작동되는 시점이다. 편관 간법에서 합살되면 재성이 길신이

---

134) 『자평진전』「논녹겁취운」 "合煞存財 則傷食爲宜 財運不忌 透官無慮 身旺享." 녹겁격이 합살 존재하면 재운을 꺼리지 않는다고 했는데 여기서는 癸 재격도 가능한데 戊 건록과 합이 되므로 戊 比는 흉신이 된다.

되는 것을 기본적으로 알고 있어야 풀 수 있다.

15세 戊辰년은 원국 戊癸 합 사건이 일어나는 시점이다. 시주 癸丑 재성이 유근하고 戊辰 비겁도 유력하므로 이 戊癸 합 파재 건은 사안이 크다. 실제 친구들과 이 해에 살인 사건을 일으켰다.

己巳 대운에 巳 녹신은 자신이고 巳上 己 겁재는 타인이다. 친구들과 어울려서 군비가 水 재성을 제거하는 범법을 저지른다. 이때 水 재성은 피해자로 본다. 갑살甲煞이 己와 합한 것은 길한 운을 지은 것이고 또 巳丑 금국 식상도 길운을 지으므로 자신의 사망 건은 아니다. 다만 巳 녹신 남방운 자체가 불미하다.

戊 비比와 己 겁재는 나와 나의 무리를 뜻한다. 癸 재성은 격이므로 癸 손상은 재물로 인한 사건이고 큰 사안이다. 군비의 상대 癸 재성은 피해자의 재물과 인명이다. 원국 자체가 토왕土旺한데 巳운 남방 대운은 土비겁이 최왕지를 얻어 작용한 것이다. 巳운 15세 戊辰년에 2戊 비比가 癸 재財를 타격함이 강력하므로 살인 사건이다.

감옥에 가는 것을 戊가 辰土 감옥의 상을 달고 있고 己가 巳 녹신을 달고 있기 때문이다. 여기서 巳=戊이므로 巳와 辰은 다 戊癸 합의 시점이다. 감옥에 간다.

乾 장지동張之洞 총리　　　　　1837년 8대운

88 78 68 58 48 38 28 18 08　　　時 日 月 年

己 庚 辛 壬 癸 甲 乙 丙 丁　　　戊 戊 戊 丁

亥 子 丑 寅 卯 辰 巳 午 未　　　午 申 申 酉

장지동은 26세 壬戌 1862~82년까지는 학자, 교육행정가로 근무
했고, 46세 壬午 1882~1907년(71세)까지는 지방관 총독에서 점차
승진하여 중앙정부의 총리대신이 되었다. 3번 결혼했으나 부인
이 모두 먼저 죽었고, 6남 4녀를 두었다. 오랫동안 높은 관직에
있었음에도 불구하고 재산을 모으기는커녕 생활에 곤란을 받을
정도로 가난해서 총독 시절에 자기 물건을 저당 잡힌 일도 있었
다. 73세 己酉 1909년 10월 (癸酉) 4일 병으로 사망(病卒).

　　청나라 말 정치가, 장지동 사주는『팔자대전』「권신편」에 실린
이후 중국의 명리학자들은 모두 이 명조를 제시하고 있다. 월지
申 식신격에서 戊 비比가 투출하나 戊生申하여 월지 申 식신격
은 유효하다. 본래 申 식신격은 丁 인수를 싫어하는 바이지만, 월
간 戊 비가 통관하고 있다. 남방 火운은 戊 비의 생을 받은 申 식
신 용신이 잘 작동하여 교육가로 출발했다. 남방 火운은 丁火 인
수의 왕지에만 해당되는 것이 아니고 戊 비의 왕지에도 해당되기
때문에 火土金 상생 길국이 작용한 것이다.

　　辛丑 대운, 원칙적으로 북방 水 재운은 申 식신의 길운이지만 戊
일간은 쇠약해지는 시점이다. 丑土는 金 식상의 입묘운이지만 酉
金 상관과 합이 되어 金이 살아난다. 대신 申 식신격이 잡되어 식

신에 상관의 기질이 첨부된다. 申 식신격은 본래 신약운에도 길운이 작용하지만 식상혼잡이 신약한 운을 만나면 기력 소모가 크다.

72세 戊申년은 申 식신이 주관하여 무난하게 1년을 잘 보냈다.

73세 己酉년은 酉 상관이 주관하여 식상혼잡이 되었다. 壬申월은 申 식신이 주관하여 잘 넘어갔으나 癸酉월은 酉 상관이 주관하여 戊 일간의 탈기가 극심하여 더 이상 이어가지 못하고 사망했다.

乾『적천수천미』「전국戰局」	時 日 月 年
壬辛庚己戊丁丙乙甲癸	辛 壬 壬 壬
子亥戌酉申未午巳辰卯	丑 申 寅 申

초운 癸卯, 甲辰 대운은 木의 부족한 부분을 도와서 가정의 도움이 넉넉했다. 乙巳 대운에서는 형충이 함께 보여서 형상이 말이 아니었다. 丙午 대운이 되자 군겁쟁재群劫爭財의 상이 되어 천간에서는 火를 살려줄 방법이 없었으니 가정이 깨어지고 자신도 죽고 말았다.

寅 식신격은 길신이고 용신인데 좌우 천간에서 申金 인수가 寅 식신을 파괴하고 있다. 본래 월지 2申 1寅은 충 불가하지만 이 경우처럼 3金이 寅을 궁지에 몰면 월지 寅이 파괴되는 것으로 본다.

그러므로 寅 식신을 복구하는 水木 북동운이 길한 것이 원칙이고 金이 병病이므로 남방 火운도 길하다. 다만 이 명조의 경우는 천간에 3壬 군비가 저격수(sniper)가 되어 기다리고 있으므로

火 재財를 보면 즉시 제거되어 길변위흉이 되므로 火운을 무조건 좋다고 보면 안 된다.

乙巳 대운의 巳는 寅申 충의 시점이므로 고난이 많다. 다만 巳 火 남방이 파손되지 않으므로 어려운 가운데 대흉은 없었다. 丙午 대운은 金 인印을 제거하여 길할 것으로 생각되지만 천만의 말씀 이다. 3壬이 丙을 보면 즉시 충하여 丙 재 희신이 파괴되는 것이 다. 따라서 이 명조는 일평생 癸卯, 甲辰 수목운만 기쁨이 있다.

坤『맹사단명질례집』			1953년
94 84 74 64 54 44 34 24 14 04			時 日 月 年
甲 癸 壬 辛 庚 己 戊 丁 丙 乙			丁 甲 甲 癸
子 亥 戌 酉 申 未 午 巳 辰 卯			卯 辰 寅 巳

"식신은 딸이야. 巳中丙, 寅中丙이 모두 딸이야. 인사상형寅巳相 刑하는 까닭으로 규녀閨女가 사死해. 이것을 의지해서 보건대 그 녀는 늦어도 2004년(52세 甲申)에 일개 (차녀) 딸이 극사剋死해." 이 로 인해 둘째 딸의 사주를 보게 되었고 하노사는 다음과 같이 말 했다. "46세 戊寅(1998)년에 이 여아는 일장一場 대병大病이 발생 한다. 자궁子宮의 병이야. 2004년(甲申)까지만 산다." 과연 명주의 차녀는 자궁암으로 52세 甲申년경에 사망했다.

卯辰 천, 寅巳 형은 유효하다. 연지 巳 식신은 차녀이다. 寅巳 형 으로 巳 식신이 손상된다. 주 내에 木이 왕해서 월지 寅 녹신 손 상은 없다. 대운 중에 寅巳를 나타내는 것은 巳辰未이다. 이 중에

巳는 복구이므로 아니고, 辰은 癸水가 있어서 시점으로 적합하지 않다. 未운이 寅巳 형의 시점 가능하다. 未운에 차녀 사망이 있다.

46세 戊寅년은 寅巳 형의 시점이다. 그런데 대운이 남방운이고 또 寅 세운은 丙이 왕성한 장생지이다. 寅巳 형의 시점 가능하고 巳 파손도 분명하나 寅년은 원국에서 손상된 巳가 왕성해진 세운이라 丙이 완파되지는 않는다. 巳 파괴 시점이 아닌 질병 시작 시점으로 논한다.

52세 甲申년 또한 명백한 寅巳의 시점이다. 申 세운은 巳火 식신의 병지病地에 닿아 巳火의 강함이 수그러들 때이다. 申이 辰 수국을 달고 巳 식신을 형하면 이때 巳는 파손된다. 金水木 상생하여 寅申 충은 불가하다. 시점을 잘 따져보면 긍정되는 면이 많다.

乾 김종오金鍾五 대장										1921년			
95	85	75	65	55	45	35	25	15	05	時	日	月	年
庚	辛	壬	癸	甲	乙	丙	丁	戊	己	庚	辛	庚	辛
寅	卯	辰	巳	午	未	申	酉	戌	亥	寅	酉	子	酉

26세 丙戌(1946)년 1월 15일 군사 영어학교 1기생 육군 참위(소위)임관. 30세 庚寅 6월 한국 전쟁 당시 육군 대령으로 제 6사단의 사단장이었다. 7월 준장 진급 이후 9사단 사단장으로 부임하여 백마고지 전투에서 중공군과 전투를 벌여 승전했다. 한국 전쟁 이후 합동참모 의장과 제15대 육군참모 총장을 맡기도 하였고 5·16 군사정변 직후 국가재건최고회의 최고위원. 45세 乙巳 1965년 4월 육군 대장으로 예편. 46세 丙午 1966년 3월 (辛卯) 30

일 오전 9시 25분 신당동 자택에서 폐암으로 사망했다.

금수 식신은 귀격이다. 子 식신은 용신이고, 재관은 희신이다. 천간에 군비가 가득해 재성은 보면 안 되고 관성이나 식상을 만나야 운이 좋다. 월지 1子 2酉는 불파이므로 子 식신은 안전하다.

丁酉 대운은 1子 3酉가 되어 子가 궁지에 몰린 것이고 子酉 파로 월지 子 식신이 파손된다. 그렇지만 천간 정살丁煞은 안전하게 작동했다. 신강살천身强煞淺은 살煞이 권력으로 작용한다.[135] 丁酉 대운에 한국전쟁을 잘 치러내었다.

丙申 대운은 申子 합으로 식신이 살아나고 또 丙辛 합은 丙 관官이 파손되므로 고관에 오르지는 못했으나 子 식신 용신은 잘 작용하므로 순탄하게 장교 복무가 가능했다.

乙未 대운 남방운은 乙 재성 길신이 乙庚 합으로 파괴되고 子未 해로 子 식신도 파괴되어 흉 대운이다. 게다가 46세 丙午년 丙 관官도 丙辛 합으로 파손되고 午가 未를 도와서 子 식신 용신 파괴 시점이 된다. 卯월은 未의 작동 시점이라 사망 월이 분명하다.

乾 장극동張克東										1932년			
94	84	74	64	54	44	34	24	14	04	時	日	月	年
己	戊	丁	丙	乙	甲	癸	壬	辛	庚	辛	癸	己	壬
未	午	巳	辰	卯	寅	丑	子	亥	戌	酉	巳	酉	申

타이완 숙박업계의 제왕으로 불리우던 사람이다. 조년에는 가난

---

135) 『淵海子平』「繼善篇」 "身强煞淺 假煞爲權"

한 집안의 출신이었다. 70년대 丑운에 상계에서 두각을 나타내었다. 두뇌는 총명했다. 甲 대운에 돈을 많이 벌어서 부자(10억여 원/대만화)가 되었다. 寅 대운 49세 庚申년에 실패했고 50세 辛酉년에 도산하고 감옥에 갔다. 60세 辛未년에 폐암으로 사망했다.

장극동의 명조는 여러 간법이 겹쳐있어서 보기가 쉽지 않다. 己 편관은 무근하다. 신강살천身強煞淺은 살煞이 권력이 되는 것이 명서의 법칙이다. 이 이론에 의하면 신왕운 북방 30년간 발전이 컸던 것이 납득이 간다. 그러나 己 편관이 왕해지면 제살하는 것에 역점을 두어야 한다.

甲寅 대운은 기살己煞이 寅 장생을 만난 것이라 제살신 甲 식상이 용신이 된다. 그런데 태왕한 辛金 인수에게 파괴되므로 흉운이 된다. 乙卯 대운도 기살의 卯 목욕에 닿은 것이고 卯는 火土 근根이 가능하므로[136] 제살하는 乙 식상이 용신인데 또 辛金 인수에 파괴된 것이다.

60세 辛未년은 辛 인수 흉신이 작동하는데 전혀 방해하는 글자가 없어서 사망했다.

---

136) 火가 木을 만나면 화근火根이 가능하다. 木에서 火가 일어나기 때문이다. 水가 金을 보면 수근水根이 가능하다. 그러나 木이 水를 보면 목근木根이라고 할 수 없고, 金이 土를 보아도 금근金根이라고 할 수 없다. 음양이 다르면 동류상동同類相動이 불가하다.

　　관官이 중첩하면 살煞과 같아진다. 戊 상관이 용신이고 투출한
木 인수는 기신이고 申金 재성은 희신이 된다. 卯戌 합, 申寅 충
은 유효하다. 월지 寅木 인수는 원래 길신이지만 寅木은 잠재되
어 흉이 적고 투출한 乙 인수는 흉 작용한다.

　　乙巳 대운은 寅巳申 삼형이 되어 3자가 다 파괴된다. 이중에
戊 상관 용신의 근원 巳의 손상이 가장 큰 손해이다. 乙 인수가
戊 상관 용신을 파괴하면 壬 중관이 丁 일간을 파괴한다.

　　인수가 흉신이 되면 어진 마음의 반대인 흉수가 된다. 그의 올
바른 생각(戊)이 파괴되어 사람을(巳) 헤치는 것은 두려워하지 않
는다. 여기서 피해자는 巳 겁재로 본다.

137) 역학동 http://cafe.daum.net/2040/MsI/60277

다. 午 대운은 쇠신衰神이 왕신旺神을 충하여, 몇 번이나 벼슬 기회를 기다렸으나 벼슬에 나아갈 수 없었다. 현재는 변두리의 정자에서 거듭된 이별의 슬픔을 달래고 있다.[138]

금수 상관이 己 인수를 쓰는 명조이다. 甲寅, 乙卯 재성운은 己 인수를 파괴하므로 학문을 할 수 없었다. 丙辰, 丁巳에 이르러서는 火土 인수가 작동하여 이로출신으로 주목까지 올라갔다.

戊午 대운 戊 인印은 분명 길운이고, 남방 午 관성운도 己 인수를 돕는 길운이 맞지만, 이때 子午 충을 잘 살펴보고 길흉을 판단해야 한다. 원국은 辰戌 충, 子卯 형이 되지만 午운을 만나면 子卯午 삼전이 작동하여 午 정관이 손상된다. 戊午 대운의 戊 인印은 안전하여 일신상의 문제는 없지만 戊午의 근원 午 정관의 손상은 더 이상 출사하지 못하는 대운이 된 것이다.

```
乾 양력 1972, 12, 15 06:40        39세

98 88 78 68 58 48 38 28 18 08     時 日 月 年

壬 辛 庚 己 戊 丁 丙 乙 癸          己 庚 壬 壬

戌 酉 申 未 午 巳 辰 卯 寅 丑        卯 辰 子 子
```

일식조리사다. 요식업 직장에 다니고 있다. 39세 현재 기혼이다.

---

138) 壬戌 壬子 庚辰 己卯 : 癸丑 甲寅 乙卯 丙辰 丁巳 戊午 : 此金水傷官當令 喜支藏暖土 足以砥定中流 因時財爲病 兼之初運水木 以致書香不繼 至三旬外 運逢火土 異路出身 仕至州牧 午運衰神沖旺 台省幾時無謫宦 郊亭今日倍離愁.

금수 상관이 己 인수를 쓰는 국인데 甲寅, 乙卯 재성 대운이 己 인수를 파괴하므로 木운에는 공부가 될 수 없다. 다행히 子辰 합, 子卯 형이 유효하고 卯가 월지 子 상관을 손상하는 것은 길국 이다. 乙卯 대운은 대운에서 2卯 1子 형은 가능하므로 子 상관을 파괴하여 1子 상관은 보내버린 바라 아쉬운 대로 요리사는 성취 한 것이다.

乾 1934년

96 86 76 66 56 46 36 26 16 06	時 日 月 年
甲 癸 壬 辛 庚 己 戊 丁 丙 乙	甲 乙 甲 甲
申 未 午 巳 辰 卯 寅 丑 子 亥	申 丑 戌 戌

31세 甲辰년부터 사업 시작, 33세 丙午년 丙申월에는 공장에 화재가 나서 3도 화상을 입고 죽었다가 깨어났다. 40세 癸丑년까지 빚을 내어하다가 우연히 일본 무역업자를 만나서 화학약품 수입해서 파는 것이 이문이 남기 시작, 그 사람 기술 이전으로 가내 수공업 공장을 했고 일본에 수출하면서 돈을 벌었다. 戊寅, 己卯 대운 20년간 수십억을 벌었다. 61세 甲戌년 사업을 접고 건물에서 나오는 집세로 생활하고 있다.

월지 戌土 재성이 용신인데 천간에 木 군겁이 즐비하여 좋지 못하다. 다행히 丑戌 형이 戌火 식상을 일으켜서 甲乙 비겁의 극을 소통하고 木火土 상생이 작동하여 土 재물이 안전하게 동하는 상이 하나 있다.

또 하나의 상은 지지 丑戌 형으로 개고한 일지 丑金은 관성이지만 재물로 본다. 서방 대운이 발재가 가장 크다. 그러나 巳운이나 丑운은 진금眞金 운이라고 할 수 없으므로 발재가 작다.

이 명조는 火金이 동시에 만나지 말아야 한다. 火 식상도 재물인자이고, 金 관성도 재물 인자인데 둘이 서로 만나면 손재가 일어나고 흉이 발생하기 때문이다. 金운이나 火운이 따로 일어나야 발재한다.

丁丑 대운은 丑金이 丁火를 달고 오므로 이 대운 내에 손재가 예상된다. 언제인가? 33세 丙午년 丑午 해는 丑 대운의 金을 파손하는 丁 식상의 시점이다. 丙申월은 월에서 火剋金이 나타난 것이고 월령 申은 천간 丙 상관이 극할 수 있으므로 申金이 파괴되는 월 시점이다. 이때 화재가 일어나 죽을 고비를 넘겼다. 일지 丑土에서 나온 金은 재물만 아니라 신체로도 볼 수 있다.

戌에서 개고한 火 식상은 재물 인자이다. 동방운은 火를 도우므로 발재운이다. 지지 寅 대운부터 火 식상이 생을 만나서 발재하기 시작했고, 지지 卯운도 火를 도우므로 발재했다.

辰土 재성 대운도 발재운이다. 寅 대운에 인술 화국이 발동하여 화학재료에 관심을 갖게 된 것도 다 팔자 소관이라 해야 할 것이다.

卯辰 천穿, 子卯 형은 유효하다. 丙己 재관이 용신인데 癸 양인
이 丙 재財를 파괴하고 己 정관이 癸를 방어한다. 고로 火土 재관
이 용신이고 길운이다. 卯운은 1子 2卯 형이 유효하므로 子 양인
이 파괴되어 길하다. 남방 재성 대운은 원칙적으로는 길운이다.
그러나 남방 지지가 파괴되면 흉이 되므로 무조건 길하다고 보면
안 된다.

壬午 대운은 천지 합으로 壬 비比가 午를 극한다. 또 午운은
午子卯 삼전살이 작동하여 午子卯가 다 파괴된다. 운에서는 월지
를 낀 삼전살이 가능하다. 이때 子 양인이 파괴된 것은 좋은 일
이지만, 삼전살로 인해 누구의 손해가 치명적인가를 생각해야 한
다. 여기서는 당연 午 재성 파괴가 치명적이다. 壬午 대운은 흉
대운인 것이다.

63세 辛巳년은 남방 세운 첫 연이지만 원국에서 파손된 丙이
辛巳 세운에 巳로 나왔으므로 원국의 丙이 파손되는 시점인지 아

니면 丙이 복구되는 시점인지 잘 구분해야 한다. 세운에 巳가 나왔고 巳上에 辛이 丙辛 합하여 원국 월간 丙 재財를 거듭 파괴한다. 이것은 丙의 복구가 아니고 파손 시점이다. 결과적으로 남방 午 파손 대운과 남방 巳 세운에 원국 丙 재가 파괴되어 사망한 것이다.

그런데 辛巳 대운은 월간 丙을 丙辛 합으로 파손하지만 지지 巳가 파괴되지 않아서 丙을 복구하는 대운으로 본다. 대운은 운명이고 세운은 시점이라는 것을 잘 생각해봐야 한다.

坤 1939년

99	89	79	69	59	49	39	29	19	09	時	日	月	年
己	戊	丁	丙	乙	甲	癸	壬	辛	庚	壬	己	己	己
卯	寅	丑	子	亥	戌	酉	申	未	午	申	酉	巳	卯

결혼하여 아들 둘을 낳고 남편 덕으로 생계할 수 있었으나 申 대운에 남편과 사별하게 되었다. 그후 춘천 막국수집을 하여 申, 酉, 戌 대운에 수십억을 벌었다. 乙亥 대운 66세 甲申년 애인과 재산 문제로 법정투쟁(巳申 형)하고 있다. 간이 나쁘다고 한다.

식신생재 壬 재성이 식상의 용신이다. 신왕하고 재왕하므로 그릇이 좋다. 다만 천간 3개의 己 비比는 군비이고 군비는 壬水 재성을 파괴하는 흉신이다. 다행한 것은 巳酉申 金 식상이 土金水 상생하여 壬 재財를 생하여 살리고 있다. 따라서 壬 재는 뿌리가 깊은 재성이고 이것이 발재의 상이다.

壬申, 癸酉 대운은 원국에서 파괴된 壬 재를 식상과 재성이 복구하여 작동하므로 발재를 일으켰다. 이렇게 파괴된 것이 복구되면 발재가 크다. 다만 개고 발재가 아니어서 수백억 발재는 아니고 수십억 발재는 가능하다.

乙亥 대운 乙 편관은 남자이고 또 흉운을 일으키는 글자이므로 남친과 관사 발생한다. 申亥 해, 巳亥 충은 남자와 헤어지는 상이다. 酉申 金 식상이 동하기 때문에 손해가 크지는 않으나 을살乙煞이 흉으로 작용하므로 정신적 손해는 있다.

乾 1911년

91	81	71	61	51	41	31	21	11	01		時	日	月	年
庚	辛	壬	癸	甲	乙	丙	丁	戊	己		癸	戊	庚	辛
辰	巳	午	未	申	酉	戌	亥	子	丑		亥	申	寅	亥

일본 도쿄에서 사온 실전 추명집에 나온 사주입니다. 1911년 일본 남자인데, 丁亥 대운까지는 비천한 삶을 살았으나 丙戌 대운부터 일로 발전하여 乙酉, 甲申, 癸未 대운까지 실로 엄청난 부를 거머쥐었고, 辛巳 대운에 작고했다고 합니다. 특히 乙酉, 甲申 대운에는 거침이 없었다고 합니다.[139]

寅亥 합, 申亥 해, 寅申 충이 있다. 이 명조는 亥↔申→寅 3상 三象이 있고 삼상론은 형충파해합에서 중요한 이론이다. 원국은 申亥 해 때문에 寅申 충은 무효라는 생각이 들 수 있으나 金운이

---

139) 역학동 http://cafe.daum.net/2040/MsI/42531

되면 1亥 2金이 되어 申은 안전한 것이고 申이 복구되면 寅을 충한다.

여기서는 寅이 편관이므로 寅申 충은 편관을 제어한 공이 발생한다. 지지 수목의 세력은 3이고 金의 세력은 1이므로 1:3의 제국이다. 寅 편관의 세력이 왕하므로 편관을 제하는 金 식상은 용신이고 金운은 길운이 된다. 오행에서 金은 재물이기 때문에 金이 낀 제국은 개고제국이 아니어도 수백억 부옹에 다가갈 수 있다. 실제 이 사람은 戌, 酉, 申, 未 40년에 거부가 되었다.

남방운은 申金의 약효가 떨어지므로 재운은 사라진다.

辛巳 대운은 申巳 형으로 申金 식상이 손상되므로 흉 대운이 된다. 원래 편관이 있는 명조는 지지 남방 인수운이 金을 직접 극하지 않으면 길운으로 작용하는 것이 원칙이다. 그런데 巳 인수가 申 식신을 직접 접촉하여 극하는 흉신이 된 것이다. 巳申亥 삼각이 일어나서 사망했다.

乾 1992년

10 91 81 71 61 51 41 31 21 11		時 日 月 年
庚 辛 壬 癸 甲 乙 丙 丁 戊 己		乙 庚 庚 辛
寅 卯 辰 巳 午 未 申 酉 戌 亥		酉 辰 子 未

31세 辛丑년 2월 현재, 500만 원으로 비트코인에 투자한 것이 10억이 되어 대박난 사람이다. 28세 戊戌년에 500만 원으로 시작했고 庚子년에도 벌었다. (교운 양 11세 8월 3일 18시)

辰酉 합, 子未 해가 유효하다. 未土 인수는 子 상관을 제하는 용신이 된다. 戊戌 대운 未戌 형은 火土가 발산한다. 火土 관인官 印은 길신인데 戊戌년에 火土가 작동할 때부터 비트코인에 투자한 것이다. 己亥년은 비트코인이 한참 상승할 때인데 이때 많이 올랐을 것이다.

30세 庚子년의 子를 보면 未가 작동하므로 子 상관을 부수어 발재가 가능하다. (子酉 酉辰 子未) 31세 辛丑년에도 未가 작동하여 子 상관을 부순다. (丑酉 酉辰 子未) 이 2년은 子 상관을 제압하므로 발재가 가능한 해이다.

乾『팔자명보총람八字命寶總覽』(p.586)	時 日 月 年
己 庚 辛 壬 癸 甲 乙 丙 丁 戊	丙 乙 己 乙
卯 辰 巳 午 未 申 酉 戌 亥 子	戌 巳 丑 丑

대부大富이다.

乙 일간의 재물은 己土인데 연지 乙 비比에 파손된다. 파손된 재성이 복구되면 발재가 큰 법인데 丑戌 형에서 火 식상이 개고하여 己 재財를 돕는다. 개고 발재운을 만나면 발재의 급수가 더욱 커진다.

한편 丑戌 형은 金도 개고하여 파손된다. 지지 金은 정관, 편관이 구분되기 전의 순금純金이고 오행에서 金은 재물이다. 순금이 극을 받으면 파금되어 파산하지만 파금이 복구되면 발재가 크다. 원국 丑戌 형으로 파손된 金이 丙戌 대운부터 서방 金운을 만나고 또 30년간 金이 작동하므로 발재가 크다.

남방 火운은 金이 절기絶氣되지만, 대신 己丑土 재성이 왕성해지는 대운이고 또 남방운은 파손된 己丑 재성이 복구되면서 동시에 火 개고 발재운이다. 이 남방 30년간의 대운도 발재의 급수가 크므로 60년간 개고발재가 작동하여 대부大富가 되었다.

乾『맹파명리』오나시스										1906년			
93	83	73	63	53	43	33	23	13	03	時	日	月	年
己	庚	辛	壬	癸	甲	乙	丙	丁	戊	庚	己	己	乙
卯	辰	巳	午	未	申	酉	戌	亥	子	午	未	丑	巳

전구全球에서 수부首富인 희랍의 선박왕 오나시스(希臘船王奧納西斯) 명조이다. "이 사람은 대부옹으로 그의 재산은 나라의 절반에 해당할 정도로 많습니다. 부친은 상인으로 丁亥운으로 갈 때 일찍이 떠돌던 난민이었습니다. 丙戌운 중에 성공했고, 乙酉운 중에 전쟁으로 횡재, 대발하여 자산이 백억이 넘었습니다. 甲申 대운에는 사람에게 함해陷害를 받았고, 다시 癸巳년(48세)에 관사官事가 있어 한 번에 10억 달러는 손실 당했습니다. 癸未 대운에는 자기가 거대한 선박을 제조하여 세계 정상급 부옹이 되었습니다. 壬午운 壬子년(68세), 그의 유일한 아들이 비행기 사고로 죽었고, 3년 후인 乙卯년(71세)에 자기도 또한 병을 얻어 세상을 떠나게 되었습니다."

午丑未 3상(火 → 金 → 木)이 간점이다. 원국은 火剋金만 유효인 듯하나 서방운이 되면 金剋木도 간점이 된다. 이때 丑辛 식신은 발재 인자이다. 午丑未 3상三象을 분석하면 아래와 같다.

午丑 해 : 원국 지지 午未巳는 3火이고 1丑辛 식신은 용신인데 태약하므로 午丑 해로 왕화가 丑辛 식신을 궁지에 몰고 파괴한다. 丑辛 식신이 파괴되므로 서방운은 식신이 복구되어 개고 발재운이고 남방운은 흉하다.

丑戌 형 : 丙戌 대운은 丑戌 형이 작용한다. 戌火와 丑辛 식신이 개고된다. 戌운은 서방운이라 개고 발재가 작동하는 대운이다.

丑未 충 : 丑辛 식신과 未乙 관성이 개고 인자이다. 원국 丑未 충은 서방 대운에 작동한다. 甲申, 乙酉 대운은 丑辛 식신이 복구되므로 서방운은 丑未 충이 가동되는 대운이기도 하다. 申酉 식상은 개고 발재운이다. 甲乙 관성은 未乙이 개고 복구되는 운이라 명성이 멀리까지 진동한다. 乙酉, 甲申 대운은 천간 지지가 다 개고 발재 대운이므로 이 20년에 나라의 절반을 거머쥔 거부가 되었다.

이렇게 3상 개고가 중복되어 발현하면 발재 급수가 기하급수적으로 커진다. 다만 申 대운 48세 癸巳년은 (午未 丑巳 申巳) 남방 인수 세운이고 申金 식상을 파손하여 10억 달러 손해가 있었다.

癸未 대운은 癸 재성이 식상격의 용신이 되므로 火 인印을 제어하고 또 未 비比가 金 식상을 생하므로 여전히 발재운이다.

壬午 대운 壬 재財 역시 발재 인자이다. 다만 시지에 있는 午 火 녹신 자식궁이 나타난 것이고 천간 壬水 재성은 자식의 동정을 보는 것인데 壬 재가 파손되면 자식이 위태롭다. 실제 68세 壬 子년에 子午 충으로 午가 子 재를 파손하여 자식이 사망했다.

午 대운은 원국 午丑 해의 午 인印이 작동하는 흉운 시점이고

또 일지 未 비比의 시점이기도 하다. 未中에 乙 편관이 있다. 午운은 월지 丑金 식신 용신을 파괴하는 시점이고 또 연간 을살乙煞이 작동하는 시점이다.

71세 乙卯년은 편관 왕운이 己 일간을 파손한다. 午 대운이 丑辛 식신 용신을 파손하고 乙卯 세운이 己 일간을 파손하여 대운과 세운이 용신과 일간을 동시에 파손하여 사망했다.

乾 1973년 19:50(출생 시)

時	日	月	年
庚	丁	乙	癸
戌	未	丑	丑

90 80 70 60 50 40 30 20 10 00
乙 丙 丁 戊 己 庚 辛 壬 癸 甲
卯 辰 巳 午 未 申 酉 戌 亥 子

28세 庚辰년 결혼, 신혼여행에서 돌아온 날 친구들에게 죽도록 맞았다. 결국 3개월 후 이혼, 이후 우울하게 지내다 33세 乙酉년 (2005) 음력 6월 24일 사망했다.

남명男命, 丑戌未 삼형이 식상이다. 丑戌未는 시세지형이다. 세력이 강한 자가 약한 자를 극하고 여기餘氣가 묘신墓神을 극한다. 丑戌未 삼형이 되면 3자字의 묘신墓神이 다 부서지는 특수 논리이다.

丑戌未 삼형도 기본적으로 토동하는 원리에 적용된다. 이 명조는 지지 4토가 동하여 土 식상은 최왕자이고 癸水 편관은 최약하다. 乙 인印은 희신이고 庚 재성은 乙 인을 제거하는 기신이다. 서방 대운은 庚 재財 기신이 작동하는 흉 대운이라 주목해야 한다.

壬戌 대운은 아직 서방운이고 丁壬 합은 입궁이고 金 재성운

이라 결혼 대운이다.

28세 庚辰년 辰戌 충은 辰土와 水 관성이 작동하여 길흉이 다 있다. 庚 재財는 결혼운이다. 그런데 辰戌 충은 丑未 충을 유도하여 未中乙 인印이 손상되므로 배우궁 손상이 있다. (辰戌 辰戌 丑未) 庚辰년 당년에 결혼과 헤어짐이 나타나 있다.

辛酉 재성 대운은 재대칠살이고 흉 대운이다. 33세 乙酉년은 대운 辛酉가 乙 인수 길신을 파괴하는 시점을 나타냈다. 세운이 대운 시점을 나타내어 사망했다.

乾『맹사단명질례집』1955년 丙寅년 32세

93 83 73 63 53 43 33 23 13 03		時 日 月 年
己 庚 辛 壬 癸 甲 乙 丙 丁 戊		庚 丁 己 乙
巳 午 未 申 酉 戌 亥 子 丑 寅		戌 丑 卯 未

효 : "시는 늦은 저녁 먹을 때입니다."

夏 : "戌시로 추정된다. 너는 일개一個 가가哥哥가 있고 일개 매매妹妹[143]가 있다."

두부로는 점두했다. 상기 출생 시진時辰은 10분 정확한 것은 아니다. 하노사는 일반적으로 먼저 형제자매 다소多少를 추정해서 교정한다. 그것을 대면에서 맞추기 때문에 시진을 몰라도 크게 문제되지 않는다.

夏 : "자네의 형은 자네에 비하여 나이 차이가 크다.[141]"

---

140) 가가哥哥는 형이고 매매妹妹는 누이이다.
141) 2가지를 생각해 볼 수 있다. 첫째는 己가 형인데 未와 같고, 연지에 있으

됴 : "그렇습니다. 우리의 세수는 12년 차이입니다. 모두 양띠입니다." 두부로의 뺨에는 신뢰가 가득했다.

夏 : "자네는 소시小時 때 상학上學하지 못했구나.[142]"

됴 : "그렇습니다. 엄장께 다만 이름을 쓰는 것을 배웠을 뿐입니다."

됴 : "두부 장사해서 돈을 별로 못 벌므로 명년에 두부콩을 가는 작방作房을 열까하는데 어떻겠습니까?"

하노사는 곧 가가대소하고 말했다.

"자네는 장래에 억만 부옹이 될 거네."

이 한마디에 두부로와 나는 함께 대경실색하고 말았다. 노사는 그를 위로하는 목소리로 말했다.

"안심하게. 자네는 두부방을 열어서 일정 기간만 할거네."

됴 : "제가요 … 저는 또 글을 모르는데요!"

夏 : "자네는 운이 좋아. 아주 좋은 시절을 만날 거야. 장래에 자네는 더 이상 두부장사는 하지 않고 큰 사업을 할 거네. 맨 마지막으로 자네는 방지산의 주점(酒店: 호텔)을 열어서 억만 거부가 될 거네. 자네는 1991년(43세 丁丑)부터 발재發財하네. 1년마다 전년에 비하여 돈이 많이 쌓일 거야."

나중에 들으니 그는 과원果園을 열었다. 다시 왔다간 후 들으니 북경에서 발전했다고 했는데, 10여 년간 그의 소식이 끊어졌다가

므로 나이 차가 많다. 둘째는 기의 지지는 卯이고 나의 지지는 丑므로 나이 차이가 크다. 戌은 양이므로 여자이고 뒤에 있으므로 동생이다.

142) 득령한 木인수는 왕旺하지만 丁일간은 멀리 未戌에 나약하게 근根이 있을 뿐이므로 약하다. 따라서 丁은 왕목 인수를 다 흡수하지 못한다. 고로 학업하기 어렵다. 인수가 파괴되었을 때와 일간에 비해 인수가 지나치게 왕했을 때는 학력이 없다.

남명男命, 丑戌未 삼형이 식상이다. 월지 卯 인수가 戌을 합하므로 木火의 세력이 최왕하다. 丑戌未 삼형은 시세지형이므로 암장신 여기와 묘신이 다 동한다. 이 중에 왕한 자가 약한 자를 제한다. 월지 卯가 火를 생하므로 火 비比가 최왕자이고 丑金 재財는 약자이다. 丑戌未 화극금이 지지의 간점이다. 이 명조는 천간 간법에서는 卯 인수가 간점이고 지지에서는 丑戌 형 火剋金이 간점이 된다.

卯未戌 목화가 결당하여 丑金 재성을 충제하고 있으므로 손상을 복구하는 金 재성운은 발재가 크다. 개고 발재는 억만 부옹이 된다. 접촉 인자는 戌이므로 丑戌 형이 작동하는 시섬은 서방 戌 대운 43세 丑년부터 시작이다. 서방 金운은 乙 인수 용신이 무기력한 운인데도 묘하게도 73세까지 운 천간에서 水木이 乙 인수를 구하고 있다.

원래 乙 인수격은 귀격이지만 인수가 제대로 작동하려면 동방 목운으로 가야 크게 발휘된다. 서방운은 乙 인印이 무기력하다. 다행히 천간이 乙 인을 도와 乙 인수격이 명맥은 유지할 수 있었고 이것은 상계의 도덕을 잘 지키는 사람임을 뜻한다. 서방 대운에 金 재성이 발동하는 사람이므로 관귀官貴는 성취하지 못하고 재부財富를 얻은 것이다. 이처럼 간혹 천간과 지지가 달리 작동되는 경우가 있는데 당연 천간보다 지지의 작용 규모가 더 크다.

乾 1980년 12:15(출생 시)

92 82 72 62 52 42 32 22 12 02	時 日 月 年
丁 戊 己 庚 辛 壬 癸 甲 乙 丙	甲 丙 丁 己
卯 辰 巳 午 未 申 酉 戌 亥 子	午 戌 丑 未

학교 성적이 좋지 못해 대입 시험을 포기했다. 30대 초반 동대문 매장에 취업, 34세 壬辰년 11월 결혼. 35세 癸巳년 겨울부터 부친 공장을 돕다가, 36세 甲午년 9월 자신의 가게를 차리고 은행 대출을 받아 박리다매 5백 원, 천원 떼기 장사를 했다. 바쁘기만 하고 남 좋은 일만 시켜주고 자신은 실익이 없어 2~3년 하다가, 39세 丁酉년부터 정상 영업하고 있으나 큰돈은 못 벌고 고전하고 있다. 시장에서 수금할 1억 원도 회수하지 못한 채 39세 戊戌 40세 己亥년에도 은행 대출을 갚지 못해 전전긍긍하고 있다.

남명男命, 丑戌未 삼형이 식상이고 상관격이다. 午가 未戌 火를 도우므로 이 丑戌 형은 戌火의 세력이 크다. 戌火가 丑金 재財를 제하는 것이 간점이다. 서방운은 분명 金 재성이 복구되므로 발재의 운인 듯하다. 그런데 서방 대운, 서방 세운에도 대발하지 못하고 허덕이고 있다. 그 이유가 무엇인가? 분명 이유가 있다. 독자들이 알아보기 바란다.

이 사람은 자영업을 그만 두고 직장에 들어가서 생계해야 할 사람이다. 또 한 명의 동일 명조가 있는데 그는 전문대 졸업 후 컴퓨터 프로그래머로 직장에서 안정적인 수익을 얻고 있다. 다만 39세 戊戌년까지도 결혼은 하지 못했다.

남명男命, 丑戌未 삼형이 식상이다. 申이 丑中癸水를 생하므로 丑戌 형은 丑水 관성이 戌火 녹신을 제하는 수극화가 간점이다. 戌은 丙일간의 근원인데 극을 받으면 수명이 위태롭다. 다행히 土가 중중하여 水 관성을 방어하여 북방운에 수명 손상은 막고 있다.

그런데 이 사람은 土 식상이 지나치게 중중한 것이 또한 화근이 된다. 대운이 金水로 가서 壬癸 관성이 노출되면 왕토중토旺土重土가 벌떼처럼 일어나서 壬癸 水 관성을 파괴하므로 벼슬도 없고 사업도 실패하므로 도무지 아무것도 이루지 못하는 것이다. 다만 주원장처럼 왕토가 水 관성을 극하는 것은 수명 손상을 막는 일이라 사망은 모면하고 있을 뿐인 것이다. 이 명조는 서방 金 재성운과 木 인수운이 최길한 대운이다.

58세 甲戌년 위암 수술을 받았지만 다른 부위로 암 세포가 전이되었다. 59세 乙亥년 회복하지 못하고 사망했다.

남명男命, 丑戌未 삼형이 식상이다. 월지 巳火 겁재가 삼형의 火를 생하므로 화세가 주이다. 丑戌未 삼형은 시세지형이므로 未丑 형 火剋金이 간점이다. 金 재성이 용신이므로 辛丑庚子 金水 대운은 화세를 약화시키고 丑金 재성을 복구하므로 재물운이다. 다만 丑운은 서방 대운이 아니어서 억만 부옹의 재물운은 아니다.

己亥 대운, 金 재성 용신은 己 식신의 생금을 좋아한다. 또 己 식신은 丁 일간을 대리하기도 하는데 己가 亥 절지에 않은 것이 1차 불리한 상이다. 다음 亥未 목국 인수가 己 식신을 파괴하므로 수명이 위태로운 대운이다.

58세 甲戌년은 甲 인印이 己土 상관 길신을 극하는 것은 土의 파괴이고 또 己가 술묘戌墓에 들어간 것이라 대수술을 했다. 다만 戌은 火 비比의 묘지墓地라 신왕을 약화시키므로 金 재財 용신이 완파되지 않아서 사망은 면했다.

59세 乙亥년은 북방 수목 왕운이고 또 대운 己 식신이 파괴되는 시점이라 사망했다. 己亥의 파손은 곧 丁未의 파손이다.

坤『맹사단명질례집』   1936년

94 84 74 64 54 44 34 24 14 04   時 日 月 年

戊 己 庚 辛 壬 癸 甲 乙 丙 丁   丁 丁 戊 丙

子 丑 寅 卯 辰 巳 午 未 申 酉   未 丑 戌 子

66세 辛未년 현재, 가난한 노파이고 일찍 남편 사망했고, 3남 2녀 중에 2녀는 이혼했고, 큰 아들은 정신병이 있고, 아들 2명은 병신이다. 모두 근근이 살아가고 있고 자신은 신장이 나쁘다.

여명女命. 丑戌未 삼형 식상은 흉명이다. 명서命書에 여명 상관형은 남편, 자식 덕이 없고,[143] 또 시부모 덕도 없고 가난하다[144]고 했다. 丑戌未 삼형은 시세지형이다. 子水가 丑中癸水를 도우므로 丑戌 형은 시제지형에 의해 水剋火가 간점이다. 水 관성은 제신이고 남방 火 비겁운은 火가 개고하여 발한 것이다. 그런데 남방운은 土 식상의 왕지이기도 하다. 월지 戊戌 상관이 왕지를 얻은 것이므로 글자 그대로 丑戌未 삼형이 작동하는 시점이 된다. 남방 火운 30년은 위 명서『연해자평』에서 말하는 기구한 사연이 작용하는 흉 대운이다. 다만 천간에 甲乙 인수운이 극토하는 공이 있어서 겨우 가난은 유지한다.

노년 동방 목운은 未中乙木 인수가 개고하여 작동하므로 戊 식상을 제거하는 것이 강력해서 좀 편안함은 얻겠으나 노년 木 인수 개고 운에도 불구하고 팔자는 크게 바뀌지 않을 것이다. '여

---

143)『연해자평』「곤랑도화」p. 419 "女命傷官刑子剋夫爲決."
144)『연해자평』「여명시결」p. 790 "女命傷官福不眞."

명 축술미 삼형은 흉명'이라는 것이 운명의 법칙이기 때문이다.

坤『사주임상록』(p.463) 　　　　1927년

10 90 80 70 60 50 40 30 20 10 　時 日 月 年

庚 己 戊 丁 丙 乙 甲 癸 壬 辛 　丁 丁 庚 丁

申 未 午 巳 辰 卯 寅 丑 子 亥 　未 丑 戌 卯

초·중년은 기생을 하면서 천하게 살았고, 남이 낳은 손녀 같은 어린 딸을 데려다 키웠다. 말년 60이 넘으면서 중부中富집에 재취댁으로 들어가 살다가 5~6년 후 남편이 죽자, 남편이 남긴 집 한 채와 조금 남긴 돈을 가지고 70이 넘도록 근근이 살아가고 있다.

여명女命, 丑戌未 삼형 식상 흉명이다. 연지 卯 인印이 火를 생하므로 지지 최왕자 火 비겁이 흉신이고 丑戌 형 화극금이 간점이다. 戌월에 卯 인은 도화이고 도화가 강력하다. 도화가 있는 팔자가 초·중년 壬子, 癸丑 관성운을 만나므로 卯 도화가 생기를 받아 동하고 또 壬子, 癸丑 관성은 자신은 식혀주는 시간으로 초년부터 기생을 한다.

甲寅, 乙卯 동방운은 卯 도화가 작용하는 대운이라 여전히 기생이 직업이다.

이 명조는 丑戌 형 화극금이 중요 간점이다. 만일 서방 金 재성지로 가면 부옹의 첩이 될 것인데 북방지로 가므로 개고 발재가 없다. 만일 명중에 辰이 있었다면 북방 관성운은 개고 운이 되므로 기생이 되어도 유명한 기생이 되었을 것이다.

노년 남방운은 戌土 상관이 庚 재財를 생하는 운이 작동할 것이므로 재운은 있으나 군비쟁재가 심하여 크지 않고, 또 丑戌未 삼형살이 작동하는 운이라 더 이상 남편은 만나지 못하고 외롭게 임종한다. 이 명조가 만일 서방 金운을 만난다면 재물운이 좋은 것은 확실하나 남편, 자식, 기타 인덕이 없는 것은 바뀌지 않을 것이다. 그야말로 운명이다.

坤『맹사단명질례집』										1955년			
97	87	77	67	57	47	37	27	17	07	時	日	月	年
乙	甲	癸	壬	辛	庚	己	戊	丁	丙	己	丙	乙	乙
未	午	巳	辰	卯	寅	丑	子	亥	戌	丑	戌	酉	未

16세 庚戌 상모喪母. 19세 癸丑년 상부喪父, 결혼. 38세 壬申년 신장병이 발병했다.(평소 몸이 좋지 못했다.) 40세 甲戌년 이혼, 딸 2명은 남편에게 주었다. 43세 丁丑년 6월 신장병이 위중했다. 자신이 오래 살지 못한다는 것을 알고 눈을 팔아서 자식에게 8만 위원을 남겨주고 납월癸丑에 사망했다.

여명女命. 丑戌未 삼형 식상 흉명이다. 이 사례는 재극인으로 사망을 유추할 수 있고 시세지형의 논리로 푸는 것도 가능하다. 酉金이 水를 생하므로 水가 최왕자이다. 丑戌 형 水剋火가 간점이다. 水 관성이 제신이고 火 비比가 피제신이다. 동방 목운은 土 식상을 제어하므로 가장 좋은 대운이다. 다만 연과 시간의 丑未 충은 불가하므로 동방 목 인수운은 개고운이 아니다.

중년 북방운은 일지 戌火 녹신이 손상되는 시점이다. 북방 관성운은 재물도 가정도 자식도 좋지 못한 대운을 건너가는 중이다. 다만 주원장처럼 왕토의 방어가 있어 사망은 면했다.

丑 대운은 원국 丑戌 형 수극화의 시점 丑이 나왔다. 이것은 중요한 사안이다. 丑운은 일지 戌火 녹신이 손상되는 시점이고 사망 시점이다. 水가 문제이므로 신장에 병이 발생한다.

38세 壬申년은 水의 장생이므로 신장병水病 발병 시작 연이다. 亥子년으로 갈수록 병은 깊어지지만 사망 연은 아니다. 丑戌 형 수극화가 작동하는 시점은 丑운 丑년 丑월이 사망 시점이다. 시점과 운이 일치했다.

乾『팔자명보총람八字命寶總覽』(p.405)									時	日	月	年
己	戊	丁	丙	乙	甲	癸	壬	辛	庚	己	丙	己	戊
巳	辰	卯	寅	丑	子	亥	戌	酉	申	丑	戌	未	辰

부옹富翁이었다.

남명男命, 己未 상관격이 태중한 것은 흠이나 辰戌丑未가 다 모여서 5행이 개고 인자이다.

서방 金 재성운은 재성 개고 발재운이므로 부모대부터 발재운이다.

북방 水 관성운은 관성 개고운이고 亥子丑은 천간에 甲乙 木 인수가 투출하여 왕토旺土 식상을 극하므로 발재운이다.

동방 木 인수운은 개고 발재운이고 노년 길하다.

이렇게 되면 태어나서 노년까지 부옹으로 일생을 마친다.

己巳 대운 이후는 火 비겁比劫 개고운이고 흉신 상관이 왕성하므로 흉 대운이다.

乾 빌게이츠   1955년[145]

96 86 76 66 56 46 36 26 16 06   時 日 月 年

丙 丁 戊 己 庚 辛 壬 癸 甲 乙   辛 壬 丙 乙

子 丑 寅 卯 辰 巳 午 未 申 酉   亥 戌 戌 未

40대에 세계적 부자에 오르고 50대에 세계 갑부 1위를 여러 번 달성했다. 재산 기부를 많이 했고 자식에게는 1천만 (10억) 달러만 남겨줄 것이라고 했다. 2014년 현재 (60세 甲午) 순자산 760억 달러 세계 갑부 1위, 40대부터 20년 동안 15번이나 1위에 올랐다.

칠살용재, 戊土 편관을 제하는 乙 상관과 丙 재財가 용신이다. 木火 식상 재성이 빌게이츠의 직업이다. 전기와 선을 통해 전 세계인과 교역했다. 남방운 30년은 재성 길운이고 또 未戌 형의 개고운이기도 하다.

庚辰 대운 辰戌 충은 火 재財가 개고하는데 동방 식상운이 木 生火하므로 발재운이다. 庚 인印은 흉신이므로 기부를 통해 많은 재산이 지출되고 있으나 여전히 세계 갑부 1위를 유지 중이다.

---

145) 출생 시 : '자서전' 2곳에 오후 9시 조금 넘어서 출생했다 하고 21:00분을 시간 보정하면 중앙 120도, 2도x4분=8분, 21시+8분=21:08분이 된다. 亥시이다.

乾 『체와용』 1918년　　　　丙戌년 89세

91 81 71 61 51 41 31 21 11 01　　時 日 月 年

辛 庚 己 戊 丁 丙 乙 甲 癸 壬　　庚 丁 辛 戊

未 午 巳 辰 卯 寅 丑 子 亥 戌　　戌 亥 酉 午

癸亥 대운에 戊土의 덕으로 무난하였고, 21세 戊寅년 결혼하여 23세 庚辰년 객지로 떠났으며, 乙丑 대운까지 4남 3녀를 두고 어려운 생활을 하다가 45세 壬寅년부터 갑자기 사업이 번창하여, 62세 己未년까지 큰 부자가 되었으며 63세 庚申년에 사업에 손을 떼고 쉬었는데 혈압, 기관지 등 건강이 나빴으며 69세 丙寅년 이후로 차츰 회복되었다. 80세 戊寅년 겨울에 운명했다.

　辛酉 재격 용신이 시에서 庚戌 재성을 만난 것은 재성이 중첩된 것이고 재성이 중첩되면 재성 1개를 제거하는 운이 청淸한 길운이 된다. 酉戌 해는 戌火가 개고하여 왕유旺酉를 제해서 길국이다. 또 丙寅, 丁卯 20년간 신왕운을 만난 것이고 丙丁 비겁이 개고하여 1金을 제거하여 개고 발재 부자가 된 것이다. 만일 1金을 제거하지 못했다면 평범하고 가난한 삶이었을 것이다.

　중년 북방 亥子丑 대운은 명조 안에 있는 午戌 화국 비겁比劫 길신의 뿌리를 제거해버리므로 도무지 발전이 없이 곤궁하게 살았다. 『자평진전』에 재성이 중첩하면 1개를 제거해 버리거나 아니면 정관을 만나 재생관으로 누설해야 한다고 했던 내용에 딱 부합하는 사례이다.

乾『팔자명보총람八字命寶總覽』(p.888)

時	日	月	年

戊	丁	丙	乙	甲	癸	壬	辛	庚	己	丁	庚	戊	戊
辰	卯	寅	丑	子	亥	戌	酉	申	未	丑	辰	午	辰

승상丞相, 중운 후 30년간 북방 대운 마땅히 귀현하다.

丁 정관 용신이 戊 인수를 찬 정관패인 귀격이다. 인수는 정관을 보호하는 중요한 희신이다. 정관격이 이렇게 재성 아니면 인수를 대동하거나, 정관격이 재성과 인수를 다 쓰면 귀격이 된다, 만일 재성이나 인수가 없고 정관만 홀로 있으면 고관무보孤官無補가 되어 낮은 공무원이다.

이 명조는 戊 대운이 일생에서 가장 좋다. 신왕운이 정관을 쓰므로 최상이고, 辰戌 충으로 戌火 정관이 발동하기 때문이다. 이때 연등하여 고관의 기틀을 잡았을 것이다. 午 정관 용신이 북방 식상운으로 가므로 수 방어운이 길운이 된다. 癸亥 식상운은 戊癸 합이 제어하고 甲乙 재성운은 水를 방어하고 火를 생하는 길운이 된다.

甲子 대운 甲 재財는 戊 인수를 극하는 작용이 있으나 한편으로는 甲生火도 작용한다. 결과적으로 수목화토 상생이 작동하게 되므로 북방운에 甲 재는 水 식상을 방어하는 일과 午 관官을 생하는 역할을 동시에 해서 길을 짓는다. 子午 충은 주변 辰土 때문에 子가 제어되므로 큰 문제없다.

午 정관은 남방운을 만나는 것이 최상이고 북방 水 식상운은 최하위 운이다. 水木 대운 중에 木 재財를 만난 것은 그중 다행한

일이지만 木은 어디까지나 흙을 제어할 뿐이므로 대발하는 운은
아니다. 다만 한 단계씩 올라가는 공무원 직업으로는 최상이다.
乙丑 대운에 丑土 인수가 작용하므로 비로소 고관이 가능하다.
이 명조가 만일 원국에 辰戌 충이 있었다면 북방 식상 대운이 더
욱 나빠지게 되므로 발전이 매우 느렸을 것인데 辰戌 충이 없어
서 북방운에도 무난하게 벼슬을 했다.

乾 1948년

98 88 78 68 58 48 38 28 18 08	時 日 月 年
戊 丁 丙 乙 甲 癸 壬 辛 庚 己	丙 庚 戊 戊
辰 卯 寅 丑 子 亥 戌 酉 申 未	戌 午 午 子

40대 초까지 명문대 동양철학과 교수로 재직하다 현행 교육의
문제점을 통감한다면서 대학을 떠났다. 이후 5~7년을 길을 찾지
못하다가 癸亥 대운부터 독자적으로 각종 강연과 방송으로 자신
의 길을 닦아서 유명인이 되었다. 甲子 대운에도 청소년을 위한
그의 철학 강의는 계속되었다. 색깔(사상)이 분명하고 거친 표현
을 적절히 용해시켜서 잘 구사하는 사람이다.

丙午 관살혼잡한 명조가 戊 인수를 쓰므로 그의 강직함이 학
문으로 승화되었다. 조열함이 지나쳐서 건조하다. 子水 식상은
원래 병살丙煞의 용신이지만 子午 충으로 子가 파괴된 상태이다.
金水가 길운인데 다행히 서북방으로 60년간 흘러가므로 팔자보
다 운이 좋은 사람이다. 앞 승상 명조와 운이 반대이다.

壬戌 대운은 壬水 식상 용신이 戌土에 파괴된다. 이때는 戌土 인수 흉신이 주主가 되므로 제도권을 박차고 나와서 다른 길을 찾아보았지만 수년 동안 길을 찾지 못했다. 북방 癸亥 대운에 癸는 파손되어도 亥水는 안전하므로 60% 길운이 작동하여 재야 학자로 명성을 얻기 시작했다.

아쉬운 것은 원국에 辰이 없어서 水 대운에 대발하지 못한 것이다. 만일 일지가 辰이었다면 辰戌 충이 작동했을 것이고, 그렇다면 어찌 재야 학자에 그쳤겠는가? 당연 일류 대학에 초빙을 받아 당당히 제도권 안의 학자가 되었을 것이고, 또 학자로서 동양 3국에 그의 이름이 넉넉했을 것이다.

乾 이가성李嘉誠 1928년[146]		庚子 년 93세	
94 84 74 64 54 44 34 24 14 04		時 日 月 年	
己 戊 丁 丙 乙 甲 癸 壬 辛 庚		丁 庚 己 戊	
巳 辰 卯 寅 丑 子 亥 戌 酉 申		亥 午 未 辰	

개인 재산 30조 원을 소유하고 있는 이가성李嘉誠은 중국(홍콩 포함)인 중에 제일 갑부이자 아시아 최고이고, 세계 부자 10위에 들어있다. 종교는 불교. 1928년 중국 남부 광둥에서 출생한 이가성은 일찍이 폐병으로 아버지를 여의고 13세에 학업을 포기할 수밖에 없었다. 이 해부터 맨주먹으로 출발하여 17세 때 완구상의

---

146) 인터넷에 양 1928년 7월 29일과 백과사전에 음 1928년 6월 13일, 두 자료가 있는데 두 자료 생일은 음력과 양력만 틀릴 뿐 같은 날이다. 생시에 대해서도 중국 포털 사이트는 대부분 亥시로 나온다.

총지배인을 했고, 23세부터 홍콩의 부동산을 사들이기 시작, 30대에 부자가 되었고 장강長江그룹 총회장이 되었다. 70세가 되는 2천 년대에 그는 세계 최고의 부와 명예를 한꺼번에 쥐었다. 1처 2남. 92세 현재 건재하다.

庚 일간 午월 생자는 승상이 최고의 지위였지만 庚 일간 未월 생자 중에 이가성은 세계 갑부에 올랐으므로 庚 일간은 午월보다 未월 생자가 더 좋은 명이라고 할 수 있다. 월지 未에서 재관인 삼기가 다 투출해서 귀격이다. 원국은 己 인수격이다. 남방운을 만났으면 학문과 권력을 겸했을 것이나, 북방운을 만나 학자의 길을 가지 못하고 亥未 목국 재격이 주격이 되어 사업 경영의 길로 나아갔다.

재부의 등급이 높은 것은 戊 대운에 일주가 신왕해진 상태에서 辰戌 충, 未戌 형으로 木火 재관이 발동하여 1차 발재운이 작용했다. 이때 부동산을 사들인 것이 훗날 부자의 기반이 되었다. 또 북방 수운은 丁 관官의 흉지인데 亥, 甲, 乙 木 재성이 통관 생화하여 丁 관을 잘 작동시킨 것이 30년간 발재의 이유이다. 앞의 승상과 다른 것은 북방운에 단순한 재성이 아닌 재격이 주도했다는 것이다. 재격은 재부의 급수가 더 크다. 강력한 木 재격이 건토에 뿌리를 내리고 식상 흉수를 흡수하여 아름다운 丁火의 꽃을 피워낸 것이다.

또 丙寅 대운의 寅은 戊己 土의 장생이기도 하므로 丙寅 대운은 庚 일간이 土의 생을 받아 왕성해지는 길 대운이다. 이가성은 丙寅 대운까지 연속 50년간 길운을 지어 거부가 되었다.

乾 1944년

99 89 79 69 59 49 39 29 19 09   時 日 月 年

甲 乙 丙 丁 戊 己 庚 辛 壬 癸   甲 丙 甲 癸

寅 卯 辰 巳 午 未 申 酉 戌 亥   午 寅 子 未

출생 시 : 오시라고 했다. 공군사관학교 졸업 후 지방 유지의 처자에 장가갔다. 처덕이 있다. 47세~48세(己巳, 庚午) 대령 승진에 떨어져 방위산업체에 근무했다. 1995년(53세 乙亥) 7월 2일 오전, 7시경 차사고로 사망했다. (53세 乙亥년 壬午월 甲午일 戊辰시경) 2남 출산.

월지 子 정관이 용신 甲 인印을 대동하여 정관패인 귀격이다. 그러나 조열한 지지 寅午未 3자字와 子 정관 1자가 충돌한다. 未 식상이 子 정관을 파괴하는 상이 있다. 다행히 寅이 未를 합제하여 子 정관 귀기가 손상되지 않았다.

辛酉, 庚申 재성운은 子 정관을 도와 장교로 연속 승진했다.

己未 남방운은 未 식상 왕지이고 원국 연지 未가 子 정관을 파괴하는 시점이다. 천간 己 식상은 甲乙 인수에 파손되나 지지 未 운은 午의 합 때문에 파괴되지 않는다.

53세 乙亥년의 乙은 未土가 작동하는 시점이다. 첫 북방 수 세운이지만 寅亥 파가 작동해서 亥가 파손되어 子를 돕지 못한다. 이것은 되레 子 파손 시점이 된다. (未⌒午寅↔亥未→子) 壬午월은 대운 남방의 기운이 닿아서 午中己가 작용하는 시점이다. 甲午일 戊辰시, 화토가 작동하는 시기에 사망했다.

이 사람은 원국 未剋子가 1차 징후이고, 己未 상관 대운에 사망이 정해졌다. 천간만 들여다보는『자평진전』격국 간법으로는 사망 이유를 알기 어렵다. 子未 해를 보지 않으면 풀기 힘들다.

乾『명보命譜』(p.416) 황종희黃宗羲 명신종만력明神宗萬曆 38년

95	85	75	65	55	45	35	25	15	05		時	日	月	年
乙	甲	癸	壬	辛	庚	己	戊	丁	丙		丙	庚	乙	庚
未	午	巳	辰	卯	寅	丑	子	亥	戌		戌	辰	酉	戌

5대운. 청淸나라 유학자 여주 선생黎洲先生이다. 35세 甲申년 1844년 청나라가 세워졌다. 37세 丙戌년 국경을 감시하는 병부주사兵部主事가 되었고, 다시 감찰어사監察御史가 되었다. 40세 己丑년 국환國還과 해상까지 감시하는 진좌첨도어사晉左僉都御史가 되었고, 55세 甲辰년 고염대구문顧鹽臺求文 3편을 지었다. 청 성조聖祖 경희康熙 34년(1695년) 86세 乙亥년 7월 초 3일 卯시(乙亥 丙申[147] 辛酉 辛卯)에 사망했다.

辰戌 충, 酉戌 해는 유효하다. 양인은 본래 살煞이 용신이다. 辰戌 충은 辰酉 합을 해합한다. (戌↔辰酉←戌) 乙庚 합, 酉戌 해로 庚 비比와 酉 양인이 제거된 상태라 살이 흉신이 된다. 庚辰과 丙戌만 남아서 작동하므로 병살丙煞은 흉신이 되고 辰戌 충은 반갑다.

辛卯 대운에 丙辛 합은 합살 길운이고 卯戌 합은 辰酉 합을 복구시켜서 戌火를 방어했다. 壬辰, 癸巳운은 壬癸 水 때문에 잘 지

147) 原文에는 甲申월로 나오나 丙申월의 오기誤記인 듯하다.

나갔다.

甲午 대운은 午戌 화국火局이 작동, 丙이 부활하면서 86세 乙亥
년에 사망했다.

乾『적천수천미』「관살官煞」(p.169)　　時 日 月 年
戊 己 庚 辛 壬 癸 甲 乙 丙 丁　　壬 丙 戊 癸
申 酉 戌 亥 子 丑 寅 卯 辰 巳　　辰 午 午 丑

乙卯, 甲寅운에 토를 극하고 수를 보호하니 벼슬길이 수직으로
상승했고 癸丑운이 되자 금당에서 주목州牧으로 자리를 옮겼으
며 壬子운에서는 치중에서 황당黃堂을 거치게 되었으니 명리가
넉넉했다.

관살혼잡, 癸 정관이 丑에 뿌리를 내렸다. 戊癸 합, 丑午 해로
戊午가 천지에서 癸丑을 제거한다. 壬癸 관살 중에 癸 관官을 하
나 제거하므로 청淸을 얻었다.

乙卯, 甲寅 인수가 戊 식신을 파괴해도 지지의 丑午 천穿은 남
아서 癸 관官의 뿌리 丑金을 제어하므로 癸는 유명무실하고 임살
壬煞은 용신으로 잘 작동한다. 戊가 파괴되어도 癸 관의 흉작용을
걱정할 필요가 없는 것이다. 그래서 일찍 벼슬에 오르고 북방운
은 황당에 이르렀다.

癸 정관이 巳에 뿌리를 내리지 못해서 癸 관官의 뿌리 손상이 없다. 壬癸 관살혼잡은 흉국이므로 戊 식상이 혼잡을 제거하는 전용 제살제관 용신이다.

乙卯, 甲寅 대운에 戊를 극파하면 壬癸가 달려들어 丙 일간을 극한다. 戊 식신을 버리고 木 인수를 남기는 것은 큰 것을 버리고 작은 것에 의지하는 것과 같다. 그러므로 대흉은 없으나 대신 발신하지는 못했다.

亥子丑 북방운은 관살 흉신의 왕지이다. 戊가 癸 관官을 보내고 임살壬殺 용신만 남겨두어서 북방운이 대체로 대흉은 아니지만 戊 식신이 작동하는 남방운이 아니고 壬癸 관살이 작동하는 운이라 만족스럽지는 않다. 앞의 명조는 혼잡의 뿌리를 제어했지만 이 명조는 천간을 제어한 것이라 그 차이가 큰 것이다.

1차 왕자의 난, 이복동생들을 숙청 및 처형. 정도전 숙청 및 처형(1398년 10월 5일). 34세 庚辰 2차 왕자의 난, 쿠데타 일으킨 친형을 제압, 3월에 세자 즉위, 11월 왕으로 즉위. (1400년) 56세 壬寅 1422년 5월 10일 사망(壬寅년 丙午월 丙寅일).

丙丁 관살혼잡하다. 卯未 합, 卯午 파는 유효하다. 癸卯 대운은 2卯 1午 파가 유효하다. 午 편관을 제거하고 癸 식상을 작동시키므로 가장 운이 좋을 때이다. 흉신끼리 충돌은 길조이다.

32세 戊寅년은 동방 木 재財운이다. 대운 卯木을 작동시키는 시점이다. 또 卯未 木 재財는 적인 戊 인수(정도전)를 제거하고 癸 식상 용신이 잘 작동하게 하므로 25세 연상인 정도전을 축출하고 정권 장악, 34세 庚辰년에 즉위했다.

庚子 대운은 子卯午 삼전살로 3자字가 모두 파손된다. 이중 대운 子 식상 손상이 치명적이다. 56세 壬寅년 寅午 화국火局 편관은 살아나고 壬 상관은 丁壬 합으로 무기력하므로 화국 편관이 사망을 주도했다.

乾『적천수천미』(p.143)									時 日 月 年
丙 乙 甲 癸 壬 辛 庚 己 戊 丁									己 己 丙 戊
寅 丑 子 亥 戌 酉 申 未 午 巳									巳 巳 辰 戌

초운 남방은 유업遺業이 풍영豊盈했다. 午운에 입반入泮하고 己未 극위(棘闈: 과거 시험)에 빼어나기는 했으나 거인舉人은 불가했다. (拔而不擧) 한번 庚申으로 바뀌니 청부화접(靑蚨化蝶: 파랭이가 변하

여 나비가 된 듯)이 된 듯 가업이 점점 소진되었고, 辛酉에는 재물
이 입춘 후에 상설霜雪이 내린 듯하여 사업이 황막해졌고 壬 대
운에 丙을 극하여 사망했다.[148]

겉으로는 화토 종상이나 암중에서는 辰水 재성이 戌火 인수를
辰戌 충하여 水火가 작동하는 상태이기 때문에 종세를 반대한다.
辰戌 충은 암중에서 土→水→火의 3상이 작용한다. 土에 水 재
財가 제거되므로 水가 겉으로 드러나기 전까지는 土 겁재 종격이
주격이 된다. 그러므로 남방 화토운은 火土 종격을 따르므로 학
문하고 길운이 연속되었다.

庚申 대운은 申辰 수국水局 재성이 겉으로 노출되므로 재격이
되고 이를 土 군비가 극하므로 재격이 파괴되고 庚 상관도 丙 인
印에 파괴된다. 재용상관국이 파괴된 것이다. 고로 이때부터 재물
이 점점 소실되기 시작한다.

辛酉 대운도 누설하는 辛 식신 용신이 丙辛 합으로 손상되어
재산 손실이 크다.

壬戌 대운은 壬 재격이 노출된 것이고, 壬 재財가 나타나자마
자 戌己 군비가 달려들어 제거해버리므로 壬 재격이 파괴되어 사
망했다. 戌운은 2戌 1辰 불충이라고 해도 戌 토동土動은 가능한
것이고 토동극임수土動剋壬水도 가능하다.

---

148) 『전천수편미』「논쇠왕」 "此造四柱火土 全無剋洩 土旺極者 似金也 初運
南方 遺業豊盈 午運入泮 己未棘闈 拔而不擧 一交庚申 靑蚨化蝶 家業漸
消 辛酉財若春後霜雪 事業蕭條 壬運剋丙不祿."

坤 1962년 04:00(출생 시)

92 82 72 62 52 42 32 22 12 02	時 日 月 年
壬 癸 甲 乙 丙 丁 戊 己 庚 辛	甲 戊 壬 壬
辰 巳 午 未 申 酉 戌 亥 子 丑	寅 寅 寅 寅

丁酉 대운부터 부모한테 간혹 '머리가 이상하다. 두통이 심하다. 팔다리에 힘이 없다.' 등을 호소했는데 52세 癸巳년 甲子월 辛酉일 뇌출혈로 사망했다.

甲 편관이 흉신이므로 서방운은 본래 길한 대운이다. 그런데 丙申 대운의 寅申 충은 쇠신충왕왕신발이 된다. 즉, 왕신 인살寅煞을 작동시키는 시점이다.

52세 癸巳년은 申巳 형과 寅巳 형도 가능하다. 어쨌거나 巳 녹신이 파괴된다. 또 巳년은 대운 丙申이 작동하는 시점이다.

乾 부항博恒   1722년

94 84 74 64 54 44 34 24 14 04	時 日 月 年
壬 辛 庚 己 戊 丁 丙 乙 癸	壬 壬 壬 壬
子 亥 戌 酉 申 未 午 巳 辰 卯	寅 寅 寅 寅

23년간 청대淸代 재상. 51세 壬辰년 병사病死. (1770년 7월 13일)

식신격은 재성이 길신인데 월지 寅 식신 중에 재성이 암장되어서 안전하다.

丙午 대운은 4寅에서 화국火局 재성이 중첩하여 일어나므로 水木火 상생하여 벼슬이 연등했다.

丁未 대운은 丁壬 합으로 丁 재財가 파손되고 寅未 암합으로 未 관官도 파손되므로 흉 대운이다.

51세 壬辰년은 壬 군비가 작동하는 시점이라 사망했다. 壬辰년 내에 월운, 일운, 시운이 있기 때문에 壬 비比가 辰 묘지에 들어가는 논리에 얽매일 필요 없고 원국의 壬을 재현한 것이 중요한 점이다.

乾 1970년

10 90 80 70 60 50 40 30 20 10	時 日 月 年
甲 癸 壬 辛 庚 己 戊 丁 丙 乙	丁 甲 甲 庚
午 巳 辰 卯 寅 丑 子 亥 戌 酉	卯 子 申 戌

31세 庚辰년, 아내와 친구가 정을 통하고 도주했는데 친구를 찾아내어 살해하고 辛巳년에 무기징역을 받았다.[149]

庚 편관이 간점이다. 일지 子 인수는 배우자궁이고 처덕이 없는 것을 뜻한다. 북방운에 처로 인한 흉이 있다. 일간 甲은 명주이고 월간 甲은 친구이다. 명주의 배우자궁 子는 申과 합이 되므로 명주의 처는 친구의 여자가 된다. 월간 甲의 처궁은 申인데

---

149) http://cafe.daum.net/2040/MsI/53585 인터넷에 올린 사람이 중국자료라고만 했는데 『맹파명리진보』에는 소국성의 제자가 제공한 자료라 했고 "此命之妻 與朋友私奔他伐 後將朋友殺死 現判終生監禁"이라는 문장이 나온다. 연도에 대한 기록은 없는데 아마도 다른 곳에 있는 듯하다.

子가 申으로 들어가고 申이 연간 庚에 도달한 것은 멀리 도망간 것이다. 멀리 갔으나 월간 甲 바로 옆에 경살庚煞이 되어 당도한 것이므로 도망간 것이 화근이 되어 월간 甲은 파손된다.

丁亥 대운 丁 상관은 戌土 재성(처)의 대리인이고 亥는 丁 처의 남편을 뜻하므로 부부 문제가 있다. 亥는 甲申을 뜻하므로 丁亥는 나의 처가 甲申의 처가 된다는 뜻이다. 고로 월지 甲은 형제가 아닌 친구로 해석한다. 북방 초입 亥운은 일지 子水가 申에 들어가는 시점이므로 원국의 庚剋甲 사건이 발생하는 대운 시점이다.

31세 庚辰년에 경살庚煞이 출현한 것은 연간 庚이 나타난 것이고 甲을 파괴하는 시점이다. 庚辰은 甲子와 합한 庚辰子甲과 甲申과 합한 庚辰申甲 양 쪽에 다 관련이 있는 庚이다. 즉, 일간 甲도 살심煞心이 일어나고 월간 甲도 살심이 일어나는 해석이 가능하다. 2丁 2庚 1水는 1庚→2甲과 같으므로 2甲 중에 1甲은 타격이 크고 1甲은 안전하다. 그렇다면 일간 甲의 경살이 작동한 것인지 월간 甲의 경살이 작동한 것인지 가려야 한다. 일간 甲은 子에 목욕이고 월간 甲은 申에 절이다. 甲子가 더 건강하다. 庚辰년의 경살에 타격을 받는 사람은 월간 甲인 것이다. 남편 甲子가 경살을 작동시키는 사람이라는 것을 알 수 있다.

결론적으로 이 명조는 처가 친구와 정을 통하고 도주했으나 31세 庚辰년에 친구를 찾아내어서 살해하는 상이 있다.

丁亥 대운의 형충파해합 계산식은 다음과 같다.

子 ↔ 卯亥 ↔ 申 戌

연, 시간 卯戌은 멀어서 합이 불가하다. 丁亥 대운에 申亥 해, 子卯 형은 유효하다. 亥 파손은 甲의 파손을 뜻한다. 亥운은 子 가정이 파괴되고 甲이 손상되는 대운인 것이다. 1:1의 형에서는 단순한 동이 아닌 파괴가 된다.

30세 己卯년의 계산식은 다음과 같다.

戌卯　亥 ↔ 申子 ↔ 卯

申子가 해합되는 것은 흉궁을 파손한 것이므로 가정운이 좋다. 己卯년 卯戌 합은 卯 다른 남자와 처성 戌 재財가 합한다. 이것은 처성이 다른 남자 친구와 합이 되므로 두 사람은 己卯년부터 친절한 사이이거나 도화 시작 연도로 보는 것이 가능하다.

소씨 맹파에서는 子卯 형을 구합(媾合: 성교)이라고 했다. 명리에서 子午卯酉는 성기로 볼 수 있기 때문이다. 그런데 합이 없이 순수 子卯 형만 있으면 서로 파괴되는 것이므로 子卯 형을 무조건 성교로 보면 안 된다. 다만 子午卯酉가 파손이 없이 작용하면 도화로 볼 수 있다.

31세 庚辰년의 계산식은 다음과 같다.

卯 ↔ 子　申 ↔ 亥　辰 ↔ 戌

亥, 申, 子, 卯는 파괴되고 辰戌 土 재성은 남는다. 일간 甲의 가정과 월간 甲의 가정 모두 파괴된다. 亥는 申을 뜻하므로 연간으로 도주한 친구를 찾아낸다. 亥가 申과 해가 되는 것은 신살申

煞이 동한 것이다. 천간 庚은 둔탁한 무기武器이다. 辰戌 충은 토 동이고 재성이 동한 것이므로 여자로 인한 문제이고 또 편관이 동하고 辰戌 土가 동하면 감옥을 뜻하므로 감옥에 간다.

31세 庚辰년은 경살庚煞이 월주 甲申의 甲을 파괴한다. 子 가 정궁은 파괴되나 처성 辰土는 안전하다. 그러나 처를 뜻하는 辰 土 재성은 水 흉신이 나온 근원지이므로 처도 약간의 감옥 생활 은 한다. 부부가 다 감옥에 가는 것이다.

| 참고문헌 |

1. 原典類

徐升, 『評註淵海子平』, 臺灣; 瑞成書局, 1985.

萬育吾, 『三命通會』, 臺灣; 培琳出版社, 1996.

張楠, 『命理正宗』, 臺灣; 武陵出版有限公司, 1986.

任鐵樵, 『滴天髓闡微』, 臺灣; 武陵出版有限公司, 1984.

徐樂吾, 『子平眞詮評註』, 臺灣; 武陵出版有限公司, 1987.

徐樂吾, 『滴天髓徵義』, 초간본, 1935.

2. 單行本類

空由晟, 『滴天髓衡義』, 上. 서울; 관음출판사, 2002.

金元熙, 『命理要論』, 서울; 淸觀陰陽學硏究院, 2005.

段建業, 邢銘芬 공저, 『盲師斷命?例集』, 중국; 時論造化有限公司, 2003.

류래웅, 『기문둔갑신수결』, 서울; 대유학당, 2005.

朴永昌 飜譯, 『子平眞詮評註』, 서울; (도) 신지평, 1998.

朴在玩, 『命理要綱』, 서울; 易門關書友會, 1999.

白雲起, 『秘傳四柱推命說』, 서울:大地文化社, 1981.

엄태문, 『사주건강, 질병, DNA』 1, 2, 3, 4권. 서울; 周珉, 2010.

吳淸植 飜譯, 『淵海子平』, 서울; 大有學術叢書, 2008.

袁樹珊, 『命譜』, 臺灣; 武陵出版有限公司, 1998.

李尙昱, 『四柱臨床錄』, 서울; 관음출판사, 2000.

李錫暎, 『四柱捷徑』, 서울; 韓國易學教育學院, 1996.

韓雨墨, 『八字命譜總攬 增訂』, 臺灣; 武陵出版有限公司, 1997.

형충파해합 간법

2021년 8월 20일 초판 1쇄 인쇄
2021년 8월 30일 초판 1쇄 발행

지은이   이영환
펴낸이   정창진
펴낸곳   도서출판 여래
출판등록   제2011-81호
주소   서울시 관악구 행운2길 52 칠성빌딩 5층
전화번호   (02)871-0213
전송   (02)885-6803

ISBN   979-11-90825-08-5 03180
Email   yoerai@hanmail.net
blog   naver.com/yoerai

값은 뒤표지에 있습니다.